高等院校**通识教育**系列教材

U0683854

新时代 大学体育与健康 教程

詹新寰／主编

彭澄升 肖舒鹏／副主编

人民邮电出版社

北 京

图书在版编目（CIP）数据

新时代大学体育与健康教程 / 詹新寰主编. -- 北京：
人民邮电出版社，2022.9
高等院校通识教育系列教材
ISBN 978-7-115-59900-1

Ⅰ. ①新… Ⅱ. ①詹… Ⅲ. ①体育－高等学校－教材
②健康教育－高等学校－教材 Ⅳ. ①G807.4②G647.9

中国版本图书馆CIP数据核字(2022)第150592号

内 容 提 要

本书为适应新时代大学体育教学改革、学生学习和体育锻炼需要编写，紧扣"健康第一"的教育理念。前三章主要介绍了体育健康基本知识，内容包括新时代大学体育与健康、科学健身、运动伤病的预防与救护。第四～第十九章对足球、篮球、气排球、乒乓球、羽毛球、网球、武术、武术散打、跆拳道、健美操、花样轮滑、拉丁舞、瑜伽、击剑、游泳、定向运动进行了较为系统的介绍。本书结构合理、题材丰富，大部分运动技术示范图片由体育教师、专业运动员或大学生拍摄，专家也为相关章节的撰写提供了专业指导。

本书既适合作为高等院校的大学体育教材，又适合作为体育运动爱好者的入门学习参考书。

◆ 主　　编　詹新寰
　　副 主 编　彭澄升　肖舒鹏
　　责任编辑　李媛媛
　　责任印制　王 郁　陈 犇

◆ 人民邮电出版社出版发行　北京市丰台区成寿寺路 11 号
　　邮编　100164　电子邮件　315@ptpress.com.cn
　　网址　https://www.ptpress.com.cn
　　固安县铭成印刷有限公司印刷

◆ 开本：787×1092　1/16
　　印张：17　　　　　　　　　　　　2022 年 9 月第 1 版
　　字数：447 千字　　　　　　　　2024 年 9 月河北第 3 次印刷

定价：53.80 元

读者服务热线：(010)81055256　印装质量热线：(010)81055316
反盗版热线：(010)81055315
广告经营许可证：京东市监广登字 20170147 号

　　"青年兴则国家兴，青年强则国家强。"2018年，习近平总书记在全国教育大会上强调"要树立健康第一的教育理念，开齐开足体育课，帮助学生在体育锻炼中享受乐趣、增强体质、健全人格、锤炼意志"，为学校体育工作指明了方向。2020年，中共中央办公厅、国务院办公厅印发了《关于全面加强和改进新时代学校体育工作的意见》，标志着我国高校体育工作进入了新的历史时期。新时代赋予了大学体育更高的历史使命，新时代的大学体育不仅具备增强体质和健全人格的功能，而且能发挥文化传承的功能，培养有人文精神和道德情操的大学生。

　　在各级领导的重视下，江西财经大学从20世纪90年代开始大学体育课程选修教学的探索，至今已成功开设了足篮排、乒羽网、武术、武术散打、跆拳道、花样轮滑、拉丁舞、瑜伽、击剑、定向运动等近20门体育选修课程，其中不少项目在江西省属首创。2021年，为贯彻落实党的新时代教育方针，江西财经大学印发《江西财经大学深化公共体育教育改革实施意见》，牢固树立"健康第一"教育理念，秉承"完全人格，首在体育"的精神，以"锻炼良好体质、掌握运动技能、培养运动习惯"为工作目标，推行大学公共体育改革，全面提升学校体育教学质量。

　　总结多年大学公共体育改革的探索和实践，我们认识到"授人以鱼，不如授人以渔"。督促大学生参加体育锻炼固然重要，更重要的是教会大学生科学锻炼的健康知识和运动技能，并且培养大学生"终身体育"的意识。体育课程应该兼具理论和实践内容，在大学体育教学的初级阶段加入健康、运动损伤等理论内容，这部分内容可以通过慕课的方式进行教学，以减少对课堂教学时间的占用；实践部分应突出对运动技能的教授，并适当加大体育课的运动强度，增加大学生进行技能练习和体育锻炼的时间。

　　本书共19章，由江西财经大学优秀的体育教师团队集体编写，詹新寰任主编，彭澄升、肖舒鹏任副主编，各章具体作者如下：第一章—新时代大学体育与健康由詹新寰、彭永善编写，第二章—科学健身由肖舒鹏、刘先红、陈俊文编写，第三章—运动伤病的预防与救护由严伟、冯婧编写，第四章—足球由吕卫华编写，第五章—篮球由张宁编写，第六章—气排球由黄琼华、马跃编写，第七章—乒乓球由曹清编写，第八章—羽毛球由屈丽萍编写，第九章—网球由夏长建编写，第十章—武术由刘春来、刘先红编写，第十一章—武术散打由钟冬根编写，第十二章—跆拳道由肖舒鹏编写，第十三章—健美操由李强编写，第十四章—花样轮滑由严伟、黄邦美编写，第十五章—拉丁舞由付艳编写，第十六章—瑜伽由余岚编写，第十七章—击剑由徐贞、吴超群编写，第十八章—游泳由曹清编写，第十九章—定向运动由余文斌编写。

本书由徐旭川担任顾问，最终统稿由詹新寰、彭澄升完成。

本书为适应新时代大学体育教学改革、学生学习和体育锻炼需要而编写，阅读对象包括大学生、体育教师和各类体育爱好者。在阅读本书的过程中，读者如能结合江西财经大学"大学体育与健康生活""体育保健学"两门慕课进行学习，效果更佳。

本书在编写过程中广泛参考了国内外相关文献，引用了相关研究成果，限于篇幅没有全部列出，在此对相关作者表示诚挚的感谢。虽然编者竭尽全力，但限于时间和水平，书中难免存在不妥之处，希望得到专家、同行和广大读者的批评指正。

《新时代大学体育与健康教程》编委会

2022 年 6 月

目 录
CONTENTS

第一章
新时代大学体育与健康

我国大学体育教育工作已经进入新的历史时期，新时代赋予了大学体育更高的历史使命。为贯彻落实新时代党的教育方针，我们必须牢固树立"健康第一"的教育理念，发挥体育运动对健康的促进作用，推行大学公共体育教学改革，全面提升大学体育教学质量，有效提高大学生体质健康水平，培养具备健康体魄、健全人格、人文精神和良好道德情操的新时代大学生。

第一节　新时代大学体育

我国大学体育在不断发展中已经进入了新时代，但"健康第一"始终是我国大学体育坚持的教育理念。这要求大学生必须正确理解健康的内涵，掌握健康与亚健康的内容和表现。

一、新时代大学体育的使命与功能

（一）新时代大学体育的使命

2020 年，中共中央办公厅、国务院办公厅印发了《关于全面加强和改进新时代学校体育工作的意见》，提出要以习近平新时代中国特色社会主义思想为指导，全面贯彻党的教育方针，坚持社会主义办学方向，以立德树人为根本，以社会主义核心价值观为引领，以服务学生全面发展、增强综合素质为目标，坚持健康第一的教育理念，推动青少年文化学习和体育锻炼协调发展，帮助学生在体育锻炼中享受乐趣、增强体质、健全人格、锤炼意志，培养德智体美劳全面发展的社会主义建设者和接班人。

（二）新时代大学体育的功能

新时代赋予了大学体育更高的历史使命，大学体育能够在促进个体发展和社会发展的过程中起到非常重要的作用。新时代大学体育主要有以下独特功能。第一，增强体质。大学生体质水平下降的问题已经引起全社会广泛关注，而大学体育是体育教育的最后阶段，也是全民健身的重要保障，大学体育的重要功能在于提高大学生的体育锻炼技能，使大学生养成终身体育锻炼的习惯，最终提高大学生的体质水平。第二，健全人格。教育学家蔡元培先生提出的"完全人格，首在体育"，至今影响深远。大学体育不仅能够教育大学生学会合作，学会生存，还能培养大学生的爱国主义、集体主义、社会主义精神和奋发向上、顽强拼搏的意志品质。第三，文化传承。教育是促进人类文明进步的重要手段，大学体育也应成为文化传承的重要载体。正如"更快、更高、更强"的奥林匹克格言激励了全世界青年去拼搏奋斗，2021 年国际奥委会又将"更团结"加入奥林匹克格言。大学体育不仅应具备增强体质和健全人格的功能，更应该发挥文化传承的功能，培养有人文精神和良好道德情操的大学生。

二、"健康第一"的教育理念

《关于全面加强和改进新时代学校体育工作的意见》要求学校体育必须坚持健康第一的教育理念。其实，"健康第一"一直是我国学校体育工作的重要指导思想。1999 年《中共中央国务院关于深化教育改革，全面推进素质教育的决定》指出："学校教育要树立健康第一的指导思想，切实加强体育工作，使学生掌握基本的运动技能，养成坚持锻炼身体的良好习惯。"由此我国正式提出了"健康第一"的学校体育指导思想。此后，教育部制定的《义务教育体育与健康课程标准》都将"健康第一"作为学校体育课程的基本指导思想。2018 年，习近平总书记在全国教育大会上再次强调"要树立健康第一的教育理念，开齐开足体育课，帮助学生在体育锻炼中享受乐趣、增强体质、健全人格、锤炼意志"，为学校体育工作指明了方向。

三、健康与亚健康

（一）健康

随着经济社会的发展，健康成为人们最为重视的问题之一。传统上，大家普遍认为"无病即健康"，但现代科学对于健康的定义越来越全面，健康的内涵越来越丰富。根据世界卫生组织对健康的定义，健康应该包括以下 4 个方面的内容。

1. 生理健康

生理健康是最基本的健康。借助规范的体检，人们可以通过各种检测手段及相关数据知道一个人是否生理健康。现在人们认为生理健康应该达到以下标准：精力充沛、不易生病、体重正常、睡眠良好、食欲旺盛、排便通畅、牙齿完整、眼睛明亮、皮肤柔润、体脉正常、性功能良好等。

2. 心理健康

心理健康是指人的精神、情绪和意识等方面处于良好状态，包括智力发育正常，情绪稳定乐观，意志坚强，行为规范协调，应变能力较强，能适应环境，能从容不迫地应付日常生活和工作的压力，能保持充沛的精力，乐于承担责任，人际关系协调等。

3. 社会适应良好

社会适应良好是指个体对于所处的环境能够做出积极的调整和适应，并能有效应对不良刺激，不让自己长期处于一种封闭、压抑的状态。简单地说就是能保持一种好的适应心态，与他人保持良好的沟通。体育运动对提升社会适应能力的作用不容小觑。在体育运动中形成的交往能力能使大学生顺利地适应不断变化的人际环境，学会以豁达平和的心态对待成功与失败，以良好的心态和自我调控能力对待挫折与疾病，从而保持生理、心理平衡和良好的社会适应。因此，积极参与体育运动对大学生的成长成才都是非常重要的。

4．道德健康

孔子曾经对弟子说：“知者乐，仁者寿。”所以现代健康观把道德健康纳入健康的范畴是非常有必要的。道德健康就是指个体能够辨别“真善美”和“假恶丑”，能够理解和掌握社会道德规范，并以此支配自己的思想和行为。

（二）亚健康

亚健康是一种非健康非疾病的临界状态。现在，亚健康已经不是一个罕见的现象，而是实实在在存在于我们身边，而且有向青年群体发展的趋势，所以我们要加大对亚健康的关注。亚健康分为以下 3 类。

1．生理性亚健康

生理性亚健康产生的原因多种多样，如年龄增长导致的“自然衰老”，这是我们无法避免的。另外现代生活节奏加快，使得人们用脑过度，身体器官超负荷运转，从而造成身体疲倦、力不从心、头昏、失眠等状况，也属于生理性亚健康。

2．心理性亚健康

心理性亚健康就是心理出现了亚健康，这种情况主要是由心理因素导致的情绪反应过激、行为异常造成的，当然也与人们自身的性格密不可分。心理性亚健康最常表现出来的症状是精神萎靡、记忆力下降、莫名烦躁等。

3．人际交往亚健康

人际交往亚健康表现为与社会成员的关系不稳定，心理差距变大，产生被社会抛弃和遗忘的孤独感。人们在社会中生存，不可避免地要与其他人接触。我们都是“社会人”，而要与人打交道也是我们每天都会面临的。随着社会的进步，人际交往频率不断增加，受到人际交往亚健康状态困扰的人也越来越多，所以这也是不能忽视的一方面。

第二节 体育运动与健康促进

随着社会的发展以及我国体育教育事业的发展，人们不再以单一的生物观看待体育运动的功能，生物-心理-社会的多维体育观已经逐步为体育教育界所接受，体育运动的多重功能也逐步被认识和开发。

一、体育运动对身体健康的促进

（一）发展肌肉，增长力量

在人体中，肌肉、骨骼、关节和韧带等共同组成了运动器官，使人体得以进行各种各样复杂精细的运动，而一切运动的原动力就是那些大大小小的肌肉。体育运动的一个突出作用是可以有效地发展全身肌肉，增长力量。人的肌肉内有丰富的毛细血管，在 1 平方毫米的肌肉中，约有 4000 根毛细血管，但这些毛细血管在安静时仅开放很少一部分（30～270 根）。进行体育运动时，肌肉的活动促使肌肉内的毛细血管大量开放，开放数量可达安静时的 20～50 倍；再加上心脏跳动加快、收缩力加强，流过肌肉组织的血量增加，肌肉所获得的营养物质增多，促使整个肌肉的体积增大、重量增加，从而实现肌肉发展。一般人的肌肉重量约占体重的 40%，经常锻炼的人的肌肉重量可占体重的 50% ~ 60%。

（二）增进健康，增强体质

经常进行体育运动，能对心血管系统、呼吸系统和消化系统等的功能产生良好的影响。体育运动可使心肌增强、心脏容量增大、血管弹性增强，从而提高心脏的收缩力和血管的舒张力，使心搏有力、心输出量增加。心脏在工作能力和储备能力都提高后，就能承受更大的负荷。经常运动还能使呼吸肌更发达，使呼吸慢而深，这样每次能吸进较多氧气，每分钟只要呼吸 8 ~ 12 次，就能满足机体需要。体育运动还能使血液中的红细胞、白细胞和血红蛋白含量增加，从而提高人体的营养水平、代谢能力和对疾病的抵抗能力。同时，肌肉的活动可促使胃肠蠕动增强，消化液分泌增多，消化和吸收能力提高，食欲增加。可见，体育运动能有效地增进人体的健康，增强体质。

（三）改善体形

人的体形是一种先天的自然形态，骨骼是体形的基础。四肢的长短、粗细，脊柱、胸廓等部位的发育状况和体形都有直接的关系。但是骨骼并不是构成体形的全部要素，人的体形还要靠肌肉与脂肪去塑造。体育锻炼对人的体形塑造十分重要：合理的锻炼能够促进脊柱、胸廓和骨盆等支持器官的发育，使胸大肌发达，胸脯显得厚实饱满，或使腿部肌肉强壮，走路更轻快有力，给人留下健美的印象……总之，体育锻炼一方面可使肌肉丰满结实；另一方面可以增加能量消耗和促进脂肪氧化，减轻体重。青春期是塑造体态体形的关键时期，大学生应积极参加体育锻炼，使体态体形得到最佳的塑造。

（四）提高中枢神经系统机能水平，培养顽强意志品质

体育运动是在中枢神经系统的支配调节下进行的有意识的活动。反过来，体育运动也能提高中枢神经系统的机能水平：提高神经过程的强度和集中能力，提高均衡性和灵活性，培养意志品质，从而提高机体对内外环境的适应能力。

随着现代社会的发展，各个领域的竞争日益加剧，对人们心理素质的要求也越来越高，而顽强的意志品质是大学生不可缺少的重要心理素质。一个意志薄弱的人，很难在竞争激烈的社会中立足，更难在事业上有所作为。日益改善的家庭条件，也使一些大学生从小在家庭的呵护下长大，缺乏意志品质锻炼，经不起挫折与失败。体育运动对培养大学生的意志品质有着特殊的作用，是其他教育形式不能代替的。

此外，由于体育项目多种多样，人们在体育活动中遇到的挑战也不尽相同，如身高、体重、体形、肌肉类型、协调性、灵敏性等方面的局限，对人们掌握某项技术要领或从事某项运动，往往会造成一定的困难。主动、勇敢地战胜这些困难并达到一定竞技水平，就是磨炼意志品质极好的途径。

二、体育运动对心理健康的促进

（一）增进心理健康

现代社会的激烈竞争也加重了人们的心理负荷，可能导致人们产生心理障碍甚至疾病。经常

参加体育运动能改变人们的生活方式，提高心理健康水平。通过参加体育运动，特别是自己擅长的项目，人们不仅可以获得非常美妙的快感，满足现实生活中的成就需要和尊重需要，而且可以调节和放松工作或生活所带来的紧张、焦虑等不良情绪。体育运动还能提高人们的社会适应能力。经常参加体育运动，与不同人群交流，可以提高个人对集体和社会的适应能力，培养个人的团结合作的精神、豁达合群的性格和愉快乐观的情绪，从而使个人更能适应各种人际关系，胜任多种社会角色。体育项目的多样性使人们可以在寒冬、酷暑、高山、高空、水下等不同环境中进行体育运动，有助于提高人们对自然环境的适应能力。

（二）提高自我知觉和自信心

自我知觉是个体对自我存在的评价。在体育锻炼过程中，项目内容、挑战、目标以及与其他个体的接触等方面的影响，有助于个体对自己的行为、形象进行评价，而且技术水平或身体素质的逐步提高会促进自我知觉的提高。研究表明，中等强度的有氧训练可使有氧素质和应付应激的自我感觉能力得到大幅度的提高，并能增加幸福感。大学的选修教学模式使大学生可以根据自身兴趣、能力等因素选择参加相应的体育锻炼，从而能顺利完成锻炼的内容，这对于提高大学生的自信心很有帮助。

（三）促进情绪情感的健康发展

体育运动可以丰富个体的情绪情感体验。体育运动本身蕴含着各种丰富的刺激感受，能相应地引起个体各种强烈而深刻的情绪情感。体育运动还有利于个体保持积极的情绪情感状态，个体可以宣泄、中和、抵消和转移消极情绪，如宣泄愤怒、压抑，减少焦虑、抑郁，缓解心理压力。通过体育运动，个体可以提高自我控制力和成就感、增强身体自尊、增加人际交往等，从而提高主观幸福感。适度的体育运动能促使人体释放一种多肽类物质——内啡肽，从而使人感觉到愉悦。

此外，参加体育锻炼对改善胆怯、优柔寡断、缺乏信心等也具有积极作用。

（四）形成积极的个性特质，完善人格

一个人在不同的情境下均表现出的一些特点为个性特质。积极的个性特质包括兴趣、创造性、坚持性、公正、感激、希望、自信、责任心、进取心和自我控制等内容。积极的个性特质有助于人们在正常状态下完善自身，获得幸福的人生。积极的个性特质的形成主要依赖于积极的生活体验。体育运动能够带来积极的生活体验，如参与体育运动能够宣泄身体能量，满足人本能的运动需要，从而使人获得身体上的快感；在体育运动中，身体控制能力的提高能增强自我控制感；运动中的成功及创造发挥，能给人带来自尊、自信和成就感；参与体育运动也能改善人际交往，带来归属感和安全感；此外，体育运动还可以改善体态体形和身体活动能力，改善个体的自我认识与自我评价。

三、体育运动对社会适应能力的促进

体育运动对实现大学生的社会化具有特殊的作用，主要表现在以下几个方面。

（1）体育运动不仅可以提高大学生的身体素质、运动能力、生活适应能力，使他们增长社会知识，还能对大学生思维意识的增强、道德品质的提高、行为规范的完善等产生重要的积极影响。

（2）体育运动是大学生的主要社交形式之一，对提高他们的社交能力、独立工作能力，都有

着积极的作用。

（3）体育运动为大学生提供了改变自身处境、争取个人事业成功的榜样，大学生可以从优秀运动员经过努力拼搏取得良好成绩的事迹中得到启示和鼓励。

体育运动促进大学生的社会化，这可以分为以下两个阶段。

（1）进入体育运动的社会化阶段：大学生接受各种社会影响，更加深刻认识体育运动，对体育运动产生兴趣并加入其中的过程。

（2）通过体育运动的社会化阶段：大学生通过参加体育运动，在身体、心理等方面发展成熟，为日后步入社会打下基础的过程。

在我国，体育运动的社会化价值尚未引起教育界和家庭的足够重视，还有待于进一步的开发和阐释。

第三节　大学生体质与健康

体质与健康之间具有非常紧密的关系，如何提高大学生的体质健康水平已成为社会关注的问题。目前，大学生体质健康测试工作已成为大学体育的重要内容，大学生应该适应大学体育的改革趋势，掌握提高体质健康测试成绩的锻炼方法，努力提高自身的体质健康水平。

一、体质与健康的关系

体质是人体形态、功能、素质、运动能力和心理适应能力的综合反映。体质会受到地域、性别、年龄、职业等因素的制约和影响，具有明显的人群与个体差异。体质的衡量标准主要有以下几个方面：（1）身体主要器官无疾病；（2）身体发育情况，体格和体形；（3）心血管系统、呼吸系统与运动系统功能；（4）运动与劳动等身体活动能力；（5）心理发育情况，抗干扰、抗不良刺激的能力；（6）对自然和社会环境的适应能力。

如前文所述，健康的内涵包括生理健康、心理健康、社会适应良好和道德健康。因此，体质与健康之间具有密切的联系。首先，体质是健康的前提和基础。人的健康最直接的体现就是体质健康。没有良好的体质，个人健康就成了无源之水、无本之木。其次，增进健康是增强体质的目标。从健康的内涵和外延来看，体质是个人健康的重要组成部分。我们努力增强体质的最终目的就是增进健康。

二、大学生体质健康测试

大学生的体质健康水平是大学生群体身体素质的重要体现，而我国大学生的体质健康水平在很长一段时间内逐年下滑，这一问题已经引起全社会的广泛关注。为贯彻落实"健康第一"的教育理念，提高大学生的体质健康水平，有关部门逐步加强管理并颁布了相关文件，如教育部印发了《国家学生体质健康标准（2014年修订）》（以下简称《标准》），各地方政府也积极出台相关实施意见，并贯彻实施。学生体质健康测试一般选择能够综合反映身体形态（体格、体形、姿势、身体成分、骨龄、发育成熟度等）、身体机能（循环、呼吸、感觉、平衡等）和身体素质（速度、力量、耐力、柔韧、灵敏等）和运动能力的项目。

根据《标准》，测试的标准分由各单项指标得分与权重乘积之和组成，满分为100分（见表1-1）。

学生的等级根据学生学年总分评定为优秀、良好、及格和不及格。每名学生每学年评定一次，记入《〈国家学生体质健康标准〉登记卡》。学生毕业时的成绩和等级，按毕业当年学年总分的 50%与其他学年总分平均得分的 50%之和进行评定。测试成绩评定不及格者，在本学年准予补测一次，补测仍不及格，则学年成绩评定为不及格。普通高等学校学生毕业时，测试成绩达不到 50 分者按结业或肄业处理。

表 1-1　大学生体质健康标准的单项指标与权重

单项指标	权重/%
体重指数（BMI）	15
肺活量	15
50 米跑	20
1000 米跑（男）/800 米跑（女）	20
坐位体前屈	10
引体向上（男）/1 分钟仰卧起坐（女）	10
立定跳远	10

三、影响大学生体质健康测试成绩变化的原因

（一）外部原因

1. 测试要求的改变

在有关部门日益重视大学生体质健康测试工作的大背景下，各高校陆续加大了大学生体质健康测试的执行力度，端正开展大学生体质健康测试工作的态度。教育部在每年体质健康测试工作结束后，会按照省份随机抽查各高校测试成绩的真实性和有效性。近年来各高校对大学生体质健康测试工作的要求更为严格，以便最大限度保证数据的真实性及准确性。

2. 测试项目的改变

大学生体质健康测试的测试项目并不是一成不变的，足球运球、排球颠球、篮球运球、跳绳、掷实心球、台阶试验等都曾经出现在测试项目中。2014 年测试项目改为表 1-1 所示的立定跳远、1 分钟仰卧起坐（女）、引体向上（男）、坐位体前屈等项目。测试项目的改变会导致部分大学生一时不能适应，这也是影响大学生体质健康测试成绩变化的原因之一。

3. 测试模式的改变

近年来，各高校体质健康测试工作的测试模式也有了改变。之前测试工作主要由人工操作进行体质健康测试和成绩上报，近年改为各种体质健康测试仪器和人工操作相结合的测试模式，后期数据审核、录入、核对和上报在数据管理平台进行，有效避免了以往在测试和数据上报过程中出现的误差，控制了体质健康测试成绩的差错率。

（二）内部原因

1. 不良的饮食习惯和生活习惯

保障身体健康的基础就是拥有良好的饮食习惯和生活习惯。调查发现，一些大学生在饮食方面存在较多问题，例如挑食、偏食、饮食不规律等，导致难以获得充足的营养，甚至出现肠胃等

方面的疾病。另外，不良的生活习惯也是大学生普遍存在的问题，例如沉溺网络、熬夜、吸烟、喝酒等。不良的饮食习惯和生活习惯是导致大学生体质健康水平下降的重要原因。

2. 缺乏体育锻炼的意识

快速有效提高体质健康水平的途径，无疑是经常参加体育锻炼。调查显示，大学生对体育锻炼与健康的关系表示认同，但是缺乏体育锻炼的意识。大学生体育锻炼普遍存在的问题是惰性较强，缺乏毅力，没有进行良好的自我监督，同时对自己的健康状况没有真实的了解。

3. 轻视体质健康测试工作

《标准》规定："学生测试成绩评定达到良好及以上者，方可参加评优与评奖；普通高等学校学生毕业时，《标准》测试的成绩达不到 50 分者按结业或肄业处理。"然而，我国部分高校并未严格执行相关规定，导致部分学生轻视体质健康测试，敷衍了事。

四、提高大学生体质健康水平的大学体育改革措施

当前我国大学生的体质健康水平不容乐观，各校可以采取以下大学体育改革措施来尝试解决。

（一）优化体育课程，加强体育锻炼

首先，可以考虑在现有的体育课程基础上，为高年级大学生增设体育选修课程，面向基础较好的大学生开设运动项目进阶选修课，为体质健康测试不达标的大学生开设体能辅导课，为身体状况异常或有特殊需求的大学生开设保健与康复课，为校体育运动队成员开设运动训练课。其次，校园体育活动的项目设置要更加丰富，规模要适当扩大，形成具有学校特色和传承性的体育活动文化。如课外中长跑锻炼、体育运动会、冬季长跑、趣味运动会、校园迷你铁人三项、户外素质拓展、环校园彩虹长跑等，都是可设置的项目。

（二）健全管理制度，建立干预机制

将体质健康测试成绩计入"体育成绩单"，毕业时测试成绩合格者，为其颁发"体质健康合格证书"；严格执行国家相关规定，将体质健康测试成绩与大学生评优评先和毕业资格挂钩。建立大学生体质健康状况研判与干预机制，根据大学生体质健康测试结果进行深入分析和研判，对测试成绩不合格的大学生进行培训和指导，进行积极的运动干预。学校有关职能部门和各学院应重视大学生体质健康水平下降的问题，宣传推动体育锻炼，普及体育知识，培养大学生参与体育锻炼的兴趣。

五、提高大学生体质健康测试成绩的锻炼方法

（一）肺活量

肺活量的大小主要与性别、身高、体重、胸围等因素密切相关。经常参加体育锻炼能对肺活量的提高产生良好的影响，比如，经常参加长跑、游泳、快步走、足球、篮球、网球、羽毛球、健美操、登山等运动项目都能提高肺活量。

（二）50 米跑

（1）小步跑：体会前脚掌快速扒地的动作和上下肢的放松协调配合。

高抬腿跑：跑步过程中增加大腿抬高幅度，逐步增大腿部力量和动作幅度。

（2）小步跑转入加速跑，50~60米。

高抬腿跑转入快速跑，50~60米。

后蹬腿跑转入快速跑，50~60米。

（3）顶风跑、顺风跑、上坡跑、下坡跑。

（4）30米、50米计时跑。

（5）重复跑60~80米：以中等速度反复练习。

另外，还可采用负重练习，以增强腿部力量，方法参照立定跳远项目的锻炼方法。

（三）立定跳远

（1）跳绳：各种方式、方法的跳绳练习均可。

（2）深蹲跳：身体全蹲后，双脚同步全力向上跃起，落地时屈膝缓冲。

（3）单脚跳：单脚全力向上跃起，落地时屈膝缓冲，完成一定次数后，换另一脚进行。

（4）跳台阶：双脚并拢站在台阶前，双脚同步发力起跳，跃上台阶，上下反复，逐步增加台阶高度。

（5）身体负重跳跃练习：身体负重做各种跳跃练习，可使用杠铃、沙袋、沙包等作为重物，须循序渐进，注意安全。

（四）1000米跑、800米跑

（1）匀速跑800~1500米：全程都以均匀的速度跑。

（2）中速跑500~1000米：要跑得轻松自然，动作协调，步子放开。

（3）间歇跑：以中速跑200~400米，再以慢速跑或走的形式间歇1分钟左右，接着以中速跑200~400米，间歇跑的速度、距离、间歇时间可以根据自身情况灵活安排。

（4）变速跑：以快速、中速、慢速交替进行跑步，速度、距离可以根据自身情况灵活安排。

（5）越野跑：在公路、公园、田野或山地进行跑步锻炼，在野外和地形复杂处要注意人身安全，防止受伤。

（6）跑台阶、跑楼梯练习。

（7）篮球、足球等项目的比赛。

（五）引体向上

（1）斜身引体向上10~20次，做4~5组。

（2）屈臂悬垂：两手反握杠与肩同宽，在助力下屈臂，使下颚超过横杠成屈臂悬垂；持续20~50秒，做2~3组。

（3）引体向上5~15次，做2~3组。

（六）坐位体前屈

（1）正压腿：站立于适当高度物体前，一腿直立，另一腿抬起架于物体上，双膝尽量绷直，上身下压，胸部尽量接触抬起的腿，然后上身恢复直立；一组10次，休息后换腿进行。

（2）侧压腿：站立于适当高度物体前，一腿直立，另一腿抬起架于高物上，上身尽量侧屈，头一侧尽量接触抬起的腿，然后上身恢复直立；一组10次，休息后换腿进行。

（3）正踢腿：直立于空旷处，两臂平举，单脚向前迈一小步，另一腿脚面绷直，急速有力向上踢腿，腿落下后恢复直立；一组 10 次，休息后换腿进行。

（4）并腿体前屈：并腿直立于空旷处，上身弯曲下压，两手尽量伸向地面，上身尽量贴近腿部，然后上身恢复直立；一组 10 次，休息后换腿进行。

（5）坐位体前屈：双腿伸直坐立于软垫上（或床上），上身弯曲下压，双臂前伸，尽量用双手触碰脚尖，双膝尽量绷直，然后上身恢复直立；一组 10 次，休息后重复。

（七）仰卧起坐

1. 垫上练习

（1）直腿仰卧起坐：仰卧于软垫上（或床上），双腿并拢伸直，两臂上举；上腹用力，使上身坐起，两臂前伸用手触脚；复原姿势后再连续做。

（2）仰卧团身：两手上举仰卧于垫上，双腿并拢屈膝，大小腿呈 90° 角；收腹起上身，同时双膝往上提，臀部随之离地，两臂抱腿，头尽量碰膝，仅腰部贴地；复原姿势后再连续做。

（3）仰卧交替肘触膝：双手抱于脑后，仰卧垫上，双腿屈膝，大小腿呈 90° 角；左膝上提，同时收腹夹肘起上身，尽力用右肘碰左膝；复原姿势后，再右膝上提，同时收腹夹肘起上身，尽力用左肘碰右膝；连续做。

（4）仰卧举腿：直体仰卧于垫上，用两手抓住垫子，连续做向上直腿举腿动作。

2. 垫上负重和其他器械练习

（1）斜板仰卧起坐：两臂上举，仰卧在稍有高度的斜板上，脚朝上，头朝下，将双脚固定；当上身起坐时，两手尽量往脚尖伸去；复原姿势后再连续做。

（2）支撑举腿：两臂伸直，支撑在双杠或其他物体上，身体保持正直，双腿并拢后，快速收腹举腿，使大腿与上身呈 90° 角，保持几秒，复原姿势后再做。

（3）悬垂举腿：双手正握单杠或肋木（背向肋木）悬垂，双腿伸直，最大限度地向上举起，复原姿势后再做。

（4）仰卧双腿举重物：仰卧于垫上，双手抓住固定物体，双脚夹重物或踝关节捆绑沙袋向上举起后放下，连续做数次或数十次。

（5）负重仰卧起坐：仰卧于垫上，双腿伸直，双手在头后持重物；腹肌迅速收缩，使上身坐起并前屈，然后再慢慢躺倒还原；反复练习。

第二章
科学健身

随着社会经济的发展，大学生的身心健康问题日益凸显。本章主要包括准备活动和轻松塑造好身材两部分，主要目的是帮助大学生掌握科学的健身方法。

第一节　准备活动

准备活动是指在比赛、训练或体育课正式开始之前，为克服内脏器官的生理惰性，降低肌肉的黏滞性，缩短进入运动状态的时程和预防运动创伤而有目的地进行的身体练习，以为即将来临的剧烈运动或比赛做好准备。

一、准备活动的作用

准备活动是让人体从安静状态转变到运动状态的桥梁，能使练习者从生理和心理两个方面都为即将参加的运动或比赛做好充分的准备。合理有效的准备活动能对人体产生以下几个方面的积极效果。

（1）升高体温，增加摄氧量。

（2）改善肌肉和关节的灵活性。

（3）缓解肌肉紧张，提高身体活动的效率。

（4）防止、减少伤害事故的发生，延长运动寿命。

二、准备活动的内容

准备活动可分为一般准备活动和专项准备活动。一般准备活动主要是一些全身性的身体练习，包括跑步、拉伸等；专项准备活动是指与所从事的体育项目内容相适应的运动练习，如打篮球前先投篮、运球等。本书主要介绍拉伸。

（一）拉伸的类型

1. 静态拉伸

静态拉伸是在一定的时间里，缓慢地使一块特定的肌肉或一个肌群达到一定活动范围的伸展活动。在传统准备活动中，提升体温之后往往采用静态拉伸的方式来增加关节活动幅度，而在静态拉伸过程中体温会很快下降，这样就有悖于准备活动的初衷。除此之外，研究表明，静态拉伸还会降低肌肉爆发力。因此，建议在锻炼后的放松运动中进行静态拉伸。

2．动态拉伸

动态拉伸是一种更具功能性的拉伸。在动态拉伸过程中，对本体感受器的适当激活可以帮助激活肌肉细胞的神经，这会使神经更快地被激发，进而使肌肉能进行快速且有力的收缩。在提升体温之后采用动态拉伸，不仅可以满足专项运动的关节活动幅度和肌肉伸展性需求，还能有效避免静态拉伸所带来的体温速降等不足。

（二）如何拉伸

1．运动前拉伸

在运动前先进行准备活动可促进肌肉的血液循环，降低肌肉的僵硬度，促使肌肉温度升高，而且拉伸可进一步增加肌肉的柔韧性与关节的灵活性，减少运动损伤的风险。

（1）原地小跑 1 分钟

练习目的：令机体预热，提升体温。

原地小跑 1 分钟如图 2-1 所示。

图 2-1　原地小跑 1 分钟

（2）颈部拉伸

练习目的：拉伸斜方肌群。

动作要求：用手牵引头部，试图将耳朵移向肩膀，可将另一只手置于背部或将肩部放低以加大强度。

练习负荷：一组左右各 2 次，每次保持 15 秒。

颈部拉伸如图 2-2 所示。

图 2-2　颈部拉伸

（3）交叉摆臂

练习目的：增加肩部的动态活动幅度。

动作要求：双臂平举，掌心相对，左臂上举至头侧，同时右臂下落至体侧。

练习负荷：两臂交替，一组左右各 6 次。

交叉摆臂如图 2-3 所示。

图 2-3 交叉摆臂

（4）屈膝提踵

练习目的：增加髋关节的动态活动幅度，拉伸股四头肌等。

动作要求：用右手抓同侧脚，脚跟抵臀，左脚提踵的同时左臂举过头顶保持 3 秒，换至对侧。

练习负荷：两条腿交替进行，一组左右各 6 次。

屈膝提踵如图 2-4 所示。

图 2-4 屈膝提踵

（5）深蹲

练习目的：激活臀部肌群和核心肌群。

动作要求：下蹲时膝关节不超过脚尖，大腿尽量与地面平行，双手前伸，保持 3 秒。

练习负荷：一组 10 次。

深蹲如图 2-5 所示。

图 2-5 深蹲

（6）弓步后转体

练习目的：拉伸髋关节肌群、臀大肌，增加胸椎的动态活动幅度。

动作要求：左弓步时，双臂平举于胸前；然后左臂及躯干向左后旋转，保持拉伸姿势 1～2 秒，换对侧。

练习负荷：两条腿交替进行，各拉伸 5 次。

弓步后转体如图 2-6 所示。

图 2-6　弓步后转体

（7）虫子爬

练习目的：拉伸腘绳肌与腓肠肌等，增强肩、臂与核心肌肉的力量。

动作要求：双手向前爬过头顶后保持 3 秒，踝关节走到两手旁。

练习负荷：一组拉伸 5 次。

虫子爬如图 2-7 所示。

图 2-7　虫子爬

（8）快速交替点踏步

练习目的：唤醒全身肌肉，增强神经系统的兴奋性。

动作要求：用前脚掌快速交替点地，同时手臂按照节奏前后摆动。

练习负荷：两组各 15 秒。

快速交替点踏步如图 2-8 所示。

图 2-8　快速交替点踏步

在运动前，最好从系统的拉伸活动开始。拉伸要循序渐进，在疼痛感可接受的范围内保持，避免突然用力，被拉伸的肌肉一定不要用力。

2.运动后拉伸

运动后拉伸应在运动结束后 5～10 分钟进行。运动时肌肉重复收缩导致肌纤维缩短，运动后拉伸可以使肌肉恢复到正常的静息长度，增加肌腹的弹性，并且可以缓解肌肉酸痛。

（1）大腿后侧拉伸

练习目的：拉伸腘绳肌。

动作要求：交叉时，双脚平行站立，上身前倾时腰部不要弯曲，保持 10～15 秒，换对侧。

练习负荷：一组，保持静力性收缩 10～15 秒，顺畅呼吸不憋气，对侧亦然。

大腿后侧拉伸如图 2-9 所示。

图 2-9　大腿后侧拉伸

（2）大腿内侧拉伸

练习目的：拉伸大腿内侧，增强腿部的平衡性和协调性。

动作要求：双脚分开下蹲，右脚全脚掌着地，左腿伸直脚跟着地，维持身体平衡，保持 10～30 秒，换对侧。练习负荷：一组，保持静力性收缩 10～30 秒，顺畅呼吸不憋气，对侧亦然。

大腿内侧拉伸如图 2-10 所示。

图 2-10　大腿内侧拉伸

（3）跨坐拉伸

练习目的：拉伸臀大肌。

动作要求：左腿盘坐，右腿伸直在后，双手扶地，保持骨盆中立、身体正直保持 15～30 秒，换对侧。

练习负荷：一组，保持静力性收缩 15～30 秒，顺畅呼吸不憋气，对侧亦然。

跨坐拉伸如图 2-11 所示。

图 2-11　跨坐拉伸

（4）侧跪式拉伸

练习目的：拉伸大腿前侧肌肉。

动作要求：右弓步，左腿屈膝后跪于地上，左手扶于地面，右手拉住左脚背，上身前倾并向后扭转，目光向后，保持 15～30 秒，换对侧。

练习负荷：一组，保持静力性收缩 15～30 秒，顺畅呼吸不憋气，对侧亦然。

侧跪式拉伸如图 2-12 所示。

图 2-12　侧跪式拉伸

（5）小腿拉伸

练习目的：牵拉比目鱼肌。

动作要求：呈坐姿，左腿伸直，屈右膝，双手握住脚尖并将脚尖拉向身体，保持 15～30 秒，换对侧。

练习负荷：两组，保持静力性收缩 15～30 秒，顺畅呼吸不憋气，对侧亦然。

小腿拉伸如图 2-13 所示。

图 2-13　小腿拉伸

（6）婴儿式

练习目的：牵拉腰背部。

动作要求：双膝跪地，臀部贴紧脚跟，双臂伸直，掌心朝上，肩部下压。

练习负荷：一组，保持静力性收缩 10～20 秒，顺畅呼吸不憋气。

婴儿式如图 2-14 所示。

图 2-14　婴儿式

（7）肱三头肌拉伸

练习目的：拉伸肱三头肌

动作要求：左臂肘关节折叠，手掌落在肩胛骨中间，右臂握住左侧肘关节上方向头部拉，保持 10～30 秒，换对侧。

练习负荷：两组，保持静力性收缩 10～30 秒，对侧亦然。

肱三头肌拉伸如图 2-15 所示。

图 2-15　肱三头肌拉伸

在运动结束后，血液由于受重力影响，大量积聚在下肢扩张的静脉与毛细血管内，因此静态拉伸的顺序应是自下而上、从大到小，即从下肢到躯干再到上肢，这样有助于静脉血回流。同时运动后大肌肉的紧张度直接影响关节的活动范围，先进行大肌肉的静态拉伸有利于更好地放松。

第二节　轻松塑造好身材

许多新时代的大学生都有健身的欲望和塑造好身材的追求，但就是不知道从哪里下手。比如，怎么制订适合自己的健身计划？健身是否一定要去健身房？健身的时候如何控制饮食？健身房的很多器械会让人有一种眼花缭乱的感觉，其实器械只是健身的辅助器具，不要求多，适合自己的就是最好的。只要想健身，在许多地方都可以。当然在健身过程中，也要注意动作规范，这会影响锻炼的效果。健身是一项系统的工程，要求全身上下的每一块肌肉都得到锻炼，要通过科学的训练，全方位打造紧致的肌肉。除了训练还需要合理搭配饮食，锻炼才会更加高效。

一、手臂练习

手臂分为上臂和前臂，手臂肌肉可分为肱三头肌和肱二头肌、肱肌和前臂屈伸肌群。肱三头肌由 3 块肌束组成，即长头、外侧头和内侧头。肱二头肌上有 2 个部分，一个长头，一个短头，它们都跨过肘关节和肩关节。肱二头肌是上肢最大的一块肌肉，并且构成了上臂上部的外形。前臂屈伸肌群包含肱桡肌、桡侧腕屈肌、掌长肌等。

（一）站姿哑铃弯举

动作要领：双脚开立小于肩宽，收紧腹部，挺胸，双手握哑铃于身体两侧，掌心朝前，上臂不动，弯曲肘部弯举哑铃使其尽可能靠近肩部；停顿 1 ~ 2 秒，然后缓慢降低哑铃，回到原位；手臂完全伸直，配合呼吸，肘关节全程靠近身体两侧。

站姿哑铃弯举如图 2-16 所示。

图 2-16　站姿哑铃弯举

（二）窄距俯卧撑

动作要领：俯身撑地，双手间距小于肩宽；收紧腹部，向前看；双臂弯曲，身体缓慢放下，然后快速撑起；全程保持肘关节贴近身体；双膝跪地可降低难度。

窄距俯卧撑如图 2-17 所示。

图 2-17　窄距俯卧撑

（三）训练计划

每个动作做 3 ~ 4 组，每组 10 ~ 12 次，组间休息 30 ~ 60 秒。

二、胸部练习

胸部肌肉包括胸大肌、胸小肌、锁骨下肌和前锯肌等。胸大肌从外形来看可分为上胸部、外侧翼、中间沟和下胸部。胸大肌按肌纤维走向可分为上、中、下 3 个部分。以下介绍的这些动作能够很好地锻炼胸部肌肉，尤其是胸大肌，对塑形增肌，紧致胸部肌肉，预防胸部下垂起着明显的作用。

（一）常规俯卧撑

动作要领：常规俯卧撑涉及的关节有肩关节、肘关节以及腰关节；锻炼的主要肌肉有胸部肌肉、肩部肌肉及三头肌。它主要涉及肩部、背部，以及臀部，可以锻炼这 3 个部位的持久力和稳定性，还可以增强上身的力量、耐力以及腹部肌肉的耐力。

常规俯卧撑如图 2-18 所示。

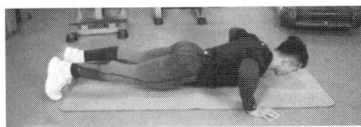

图 2-18　常规俯卧撑

（二）跪地俯卧撑

动作要领：双手撑地，双膝跪地，双手间距大于肩宽，收在肘部正下方，收紧腹部，双臂弯曲，身体缓慢放下，快速撑起。下去时吸气，撑起时呼气。

跪地俯卧撑如图 2-19 所示。

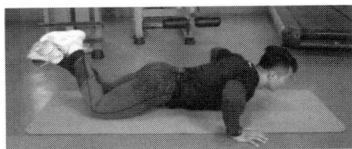

图 2-19　跪地俯卧撑

（三）平板哑铃卧推

动作要领：平躺，手握哑铃在肘部正上方，推举哑铃，双臂直上直下，缓慢放下，快速撑起。

动作过程：两臂伸直，持哑铃位于肩部上方；放下哑铃，至胸部上方（接近锁骨处）时吸气；将哑铃放下至最低处时，即做上推动作，上推时呼气。

平板哑铃卧推如图 2-20 所示。

图 2-20　平板哑铃卧推

（四）训练计划

每个动作做 3 ~ 4 组，每组 10 ~ 12 次，组间休息 30 ~ 60 秒。

三、背部练习

背部肌群是背部骨骼肌的总称，包括浅层的斜方肌、背阔肌和深层的骶棘肌等。斜方肌位于颈部和背上部，起于枕外隆凸、颈椎和胸椎棘突，止于锁骨外侧 1/3 段、肩峰和肩胛骨。斜方肌如两侧同时收缩，可使肩胛骨向脊柱靠拢，呈挺胸姿势；上部纤维收缩，可上提肩胛骨。背阔肌位于背下部，起于下部胸椎棘突、全部腰椎棘突和髂嵴等处，肌纤维向外上方集中，止于肱骨上段的前面。背阔肌可使肱骨内收、内旋和后伸，形成背手的姿势。骶棘肌位于棘突两侧，从骶骨的背面一直延伸到枕骨，是一块强大的伸脊柱肌。

（一）坐姿高位下拉

动作要领：在拉力器下方坐下，正握拉杆，双手间距大于肩宽；躯干不动，将拉杆向下拉到胸部，挤压两侧肩胛骨；停顿，然后慢慢返回到起始位置。注意不要试图靠身体的后倾来将拉杆拉到胸部，上身应该几乎始终保持在同一个位置。

坐姿高位下拉如图 2-21 所示。

图 2-21　坐姿高位下拉

（二）自重引体向上

动作要领：手握单杠，双手间距大于肩宽；双臂完全伸直，双脚在身后交叉，悬吊在单杠上，每次降低身体时都应该回到这个姿势；用力将胸部拉向单杠，一旦胸部的顶部接触到单杠，停顿 1 秒，然后缓缓地下降，回到起始状态。

自重引体向上如图 2-22 所示。

图 2-22　自重引体向上

（三）训练计划

每个动作做 3~4 组，每组 10~12 次，组间休息 30~60 秒。

四、腹部练习

腹肌包括腹直肌、腹外斜肌、腹内斜肌和腹横肌等。它们收缩时，可以使躯干弯曲及旋转，并可以防止骨盆前倾。腹肌对于腰椎的活动和稳定性也有相当重要的作用，还可以控制骨盆与脊柱的活动。软弱无力的腹肌可能导致骨盆前倾和腰椎生理弯曲增加，并增加腰背痛的概率。

人鱼线又名人鱼纹，正式名称为腹外斜肌，指的是腹部两侧接近骨盆上方的 V 形的两条线条，因形似鱼下部略收缩的形态，故称为人鱼线。马甲线是指在腹部脂肪含量较少的情况下才能呈现出来的肚脐两边的两条肌肉线条。没有赘肉的腹部通过系统的运动，形成的肌肉线条，就是马甲线。

（一）常规仰卧起坐

动作要领：仰卧，膝盖弯曲，脚掌平放在地面上；抬起躯干呈坐姿，动作尽量流畅，然后慢慢降低躯干，回到起始位置；注意在动作过程中抬起躯干直到坐直，双脚始终保持平放在地面上。

常规仰卧起坐如图 2-23 所示。

图 2-23　常规仰卧起坐

（二）肘碰膝仰卧起坐

动作要领：仰卧，臀部和膝盖弯曲 90°，使小腿平行于地面，双手放在耳侧，将肩部从地面抬起来，并保持此姿势；上半身转向右侧，同时尽可能快地将右膝拉近身体直到它接触左肘，同时伸直左腿；返回到起始位置并转向左侧重复；注意调整呼吸，切忌憋气。

肘碰膝仰卧起坐如图 2-24 所示。

图 2-24　肘碰膝仰卧起坐

（三）训练计划

每个动作做 3~4 组，每组 10~12 次，组间休息 30~60 秒。

五、腿部练习

腿部肌肉包括大腿肌群和小腿肌群。大腿肌群主要由股四头肌、缝匠肌、股二头肌等组成，小腿肌群主要由腓肠肌、胫骨前肌、比目鱼肌等组成。以下这些动作能够很好地锻炼腿部肌肉，尤其可以塑造腿部线条，对塑形减脂，紧致腿部肌肉，塑造腿形可起到明显的作用，并且男女均适用。

（一）自重深蹲

动作要领：双脚开立，脚尖略外展，保持膝盖与脚尖方向一致，收紧腹部，挺胸，躯干伸直，慢慢蹲下，蹲到大腿与地面平行时站起；蹲下时吸气，站起时呼气。

自重深蹲如图 2-25 所示。

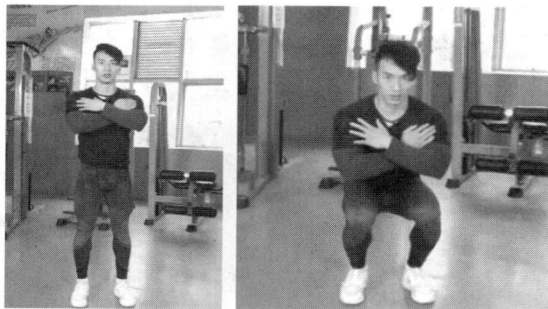

图 2-25　自重深蹲

（二）弓步蹲

动作要领：采用站姿，脚尖外展，向前迈腿，两脚之间相距 60~90 厘米，保持膝盖与脚尖方向一致，慢慢蹲下，抬起时用脚后跟发力蹬起；蹲下时缓慢，蹬起时略快，全程保持腹部收紧，挺胸。

弓步蹲如图 2-26 所示。

图 2-26　弓步蹲

（三）训练计划

每个动作做 3 ~ 4 组，每组 10 ~ 12 次，组间休息 30 ~ 60 秒。

六、肩部练习

肩部肌肉主要由肩胛提肌、三角肌、前锯肌、肩袖肌群、上斜方肌等构成。

（一）站姿哑铃前平举

动作要领：双脚开立与肩同宽，双手持哑铃，垂于身体两侧，肘部稍微弯曲；不改变肘部弯曲程度，手臂抬起至肩部高度；至最高位置，肩部向上耸起，停顿 1 秒，然后慢慢地降低哑铃，回到起始位置；注意调整呼吸，手臂与地面平行，双手拇指朝上，肩部朝耳朵方向收缩。

站姿哑铃前平举如图 2-27 所示。

图 2-27　站姿哑铃前平举

（二）哑铃耸肩

动作要领：握住一对哑铃，双臂垂在身体两侧，掌心相对；做耸肩动作，尽可能抬高肩部，在高位停顿，然后缓缓降低哑铃，回到起始位置；注意在耸肩时，想象试图让肩部接触耳朵，不要移动身体任何其他部位；相对于杠铃耸肩来说，哑铃耸肩对于肩关节的压力较少。

哑铃耸肩如图 2-28 所示。

图 2-28　哑铃耸肩

（三）训练计划

每个动作做 3 ~ 4 组，每组 10 ~ 12 次，组间休息 30 ~ 60 秒。

七、臀部练习

臀部肌肉主要由臀大肌、臀中肌和臀小肌等构成。臀大肌近似四边形，起自髂骨、骶骨、尾骨及骶结节韧带的背面，肌束斜向下外方，以一厚腱板越过髋关节的后方，止于臀肌粗隆和髂胫束。

（一）跪姿后踢腿

动作要领：双手撑地，单膝跪地，另一侧腿后踢，抬到最高处停止 1～2 秒，可以交替上踢与后踢。

跪姿后踢腿如图 2-29 所示。

图 2-29　跪姿后踢腿

（二）杠铃屈腿硬拉

动作要领：双手握杠铃，双手间距略与肩同宽，杠铃靠着大腿，俯身屈膝，双臂伸直，下背部稍微拱起但不要前弓；将上身向后向上拉起，向前挺髋，手握杠铃站起，停顿后缓缓放回起始位置；注意下蹲时，臀部位置略高于膝盖，在动作过程中收紧臀肌，让杠铃尽量靠近身体。

杠铃屈腿硬拉如图 2-30 所示。

图 2-30　杠铃屈腿硬拉

（三）训练计划

每个动作做 3～4 组，每组 10～12 次，组间休息 30～60 秒。

第三章
运动伤病的预防与救护

每个人都是自身健康的第一责任人，体育锻炼作为一种促进健康的生活方式，越来越被人们接受。但是在体育运动中，运动伤病会对人们的运动质量和健康水平造成不利影响，轻则影响活动，重可危及生命，必须引起重视。本章重点介绍运动伤病的常见类型、成因、预防，以及救护方法，帮助大学生主动规避和科学应对运动伤病。

第一节　运动伤病的概念与分类

一、运动伤病的概念

运动伤病指体育运动中非故意因素导致的机体损伤，以及因生理机能下降而引发的运动性疾病。

二、运动伤病的分类

运动伤病可以分为运动损伤和运动性疾病。

（一）运动损伤

1. 运动损伤的概念

运动损伤是指运动中内力、外力的作用超过机能承受负荷而引起的一系列急、慢性损伤，多发生在人体的运动系统，包括挫伤、扭伤、擦伤、肌肉劳损、关节劳损等。

运动性疾病是指运动中人体生理机能下降引起的各种急、慢性疾病，如高血压、低血糖、中暑、心搏骤停等。运动损伤、极端温湿度、高运动强度、缺氧、饥饿等都是导致人体生理机能下降的内、外在因素。

运动损伤与运动性疾病既可能单独发生，也可能同时发生。

2. 常见运动损伤

在体育运动中，突然跌倒、人员相互碰撞、自身发力不当等情况时有发生，特点是发生突然且冲击能量较大，容易导致擦伤、挫伤、扭伤、拉伤等急性运动损伤。另外，长期的大负荷运动、不规范的运动技术、不适宜的运动环境等因素，则会导致肌肉劳损、关节炎症、软骨退化等慢性运动损伤。

3．损伤部位

大学生常见运动损伤部位与相关项目分布如表 3-1 所示。

表 3-1　大学生常见运动损伤部位与相关项目分布

损伤部位	发生率排名	相关项目分布
踝关节	1	篮球、排球、足球、体操、田径
膝关节	2	跳高、篮球、排球
腕关节	3	体操、篮球、排球、投掷
肘关节	4	投掷、体操、举重、球类
肩关节	5	体操、标枪、游泳、球类
跟腱	6	田径、体操、篮球、排球、足球
小腿肌肉	7	跑、跳、体操、武术
半月板	8	足球、篮球、排球、武术
头面部	9	篮球、排球、足球、跳水
股四头肌	10	足球、跑、跳

4．损伤类型

大学生各项运动的损伤类型及相关情况如表 3-2 所示。

表 3-2　大学生各项运动的损伤类型及相关情况

损伤类型	愈后
挫伤、擦伤	好
肌肉、关节劳损	一般
踝关节损伤	良好
肌肉拉伤	好
骨折	良好
半月板损伤	一般
疲劳性骨膜炎	良好
韧带损伤	差
撕裂伤	差
肘关节损伤	良好
腰肌劳损	一般
肌腱腱周炎	一般
关节脱位	好
肩周炎	一般
腱鞘炎	良好
脑震荡	差
跟腱断裂	差

（二）运动性疾病

在体育运动中，如果人体无法适应及承受运动损伤、运动环境、运动强度、亚健康等内外界因素的变化和刺激，就会产生急性或慢性的运动性疾病，如运动强度过大、气温过高、缺氧、体液大量散失等导致的心搏骤停、运动性低血糖、运动性腹痛、运动性晕厥、肌痉挛等。

第二节　运动伤病的成因与预防

一、运动伤病的成因

（一）技术动作不规范

个体没有掌握正确的技术动作或要领而导致运动伤病。

（二）准备活动不充分

准备活动能使人体从安静状态逐步过渡到运动状态，使运动器官和内脏器官逐步适应运动的需要。个体对此认识不够，准备不认真，造成肌肉伸展性不强，神经系统兴奋性低，对抗肌和关节韧带不能及时充分放松，是导致运动伤病的潜在因素。

（三）身体素质不足

若个体存在缺乏体育锻炼、患有慢性疾病、有陈旧运动损伤等不利因素，当参与大强度体育运动时，身体较难及时调整到适应运动的机能状态，容易发生运动损伤或诱发运动性疾病。

（四）安全意识不强

个体对可能产生的运动伤病重视不够，自我保护意识不强，缺乏基本的安全观念，在缺乏自我保护措施和不适宜运动的环境下参与运动，很可能导致运动伤病的发生。

（五）运动时机不当

个体在饥饿、疲劳、过早或过晚的情况下进行体育运动，由于身体机能下降、兴奋性低，稍有不慎，很容易发生运动伤病。

二、运动伤病的预防

很多运动伤病都是可以预防的，只要采取积极的预防措施，就可以在一定程度上降低运动伤病发生的概率，预防的原则主要有以下几点。

（一）准确了解自身健康状况

要明确自己的身体状况，患有高血压、糖尿病和心肺疾病的个体，参加体育运动时尤其要引起重视，要注意控制病情，选择合适的运动项目和运动量。少数患有骨质疏松症的个体，则要特别注意预防跌倒，防止发生骨折。

（二）保证作息和饮食规律

个体在生活中要注重作息和饮食规律，保持自身处于良好的精神和生理状态。不可在熬夜、空腹、过饱等状态下参与体育运动。

（三）重视准备活动和放松活动

体育运动前的热身十分重要，忽视准备活动，很容易发生肌肉拉伤或撕裂、韧带肌腱损伤、关节损伤等情况。准备活动一般持续 10 分钟左右，有利于增强肌肉、韧带弹性，强化心肺功能，使身体机能达到一定水平，以便正式开始运动。

运动后的放松活动同样重要，包括慢跑、调整呼吸及各种肌群的拉伸练习，能帮助机体消除疲劳、促进体力恢复、减轻肌肉酸痛等。

（四）注重运动中的保护

运动中适当的保护可有效避免一些运动伤病的发生。

个体参加体育运动要穿戴合适，参与某些运动项目应尽量佩戴护具，如护腕、护膝和护腰等，目的是对易受伤的部位进行保护。此外，结伴运动时，个体可以彼此照应，进而提高安全性。

（五）注重环境因素

体育运动应在适宜的环境中进行。个体应关注天气变化，选择适宜的天气外出运动。如遇强风、雾霾、雨雪、严寒等恶劣天气，便不适宜户外运动；天气炎热或湿度过大时也不宜进行长时间的剧烈运动，否则易造成脱水、眩晕、呕吐等。

运动场地的安全亦很重要。运动场地应开阔，地面平坦、不湿滑。在使用健身器材时，应先确认其完好，再选择适宜的使用方式运动。运动前也要确保自己有良好的身体和精神状态，当身体不适时，切勿勉强进行运动，以免加重病情或发生意外。

当然，现阶段我们还是无法完全杜绝运动伤病的发生。当运动伤病真的发生时，不要慌张，先采取一些必要、及时、有效的处置方法降低伤病损害，争取救助时间。

第三节　运动伤病应急救护的分类、原则和程序

一、运动伤病应急救护的分类

（一）自救

当运动伤病发生时，伤病者应该保持冷静，第一时间停止运动，小心检查自身伤（病）情况，切忌急于尝试活动，从而加重伤（病）情，而应主动寻求他人帮助，及时呼叫医务人员。

（二）施救

作为第一目击者，施救者要在保证自身安全的情况下，第一时间对伤病者的伤（病）情进行

询问和检查，科学规范地实施急救措施，及时呼叫医务人员。以下重点对施救者的科学应急救护行为进行介绍。

二、应急救护的原则

（一）保证自身和伤病者安全

（1）排除现场可能导致二次伤病发生的因素，如危险器械、石块、锐器、电线等。

（2）做好防护，防止感染。避免直接触及伤者的伤口、血液、其他体液和污物。

（3）避免长时间暴露在高温、低温、雷雨等极端天气中，做好降温、保温、遮蔽等应急措施。

（4）如遇到无法应对或排除的危险，如水灾、火灾、地质灾害等，切忌冒进，应立即呼救，争取专业救援。

（二）先救命，后治伤

如伤病者较多，施救者要根据伤（病）情的轻重缓急合理救护，先救命，后治伤。如现场安全，在医务人员到达之前，不宜移动伤病者。若现场存在危险因素，则应该小心地将伤病者转移到就近的安全地点。

（三）心理支持与协作

如遇伤病者情绪不稳定，施救者要倾听和安慰伤病者。在救护时，要告知伤病者将要采取的措施，让其放心。要守护伤病者，看管好其财物，直至医务人员到达。若有多名施救者，应该分工协作，争取最高效的现场救护，用最短的时间引导医务人员到达。

三、应急救护的程序

（一）确认安全，做好防护

身处运动伤病现场时，施救者要冷静观察周围，判断环境中是否存在潜在危险，采取相应的安全保护和防护措施，避免二次伤害，不要直接接触伤病者的血液、分泌物等，预防感染。

（二）评估伤病者

1. 判断意识

（1）意识清醒

如伤病者对施救者的询问有明确的言语或动作反馈，则可判断伤病者意识清醒。此时，施救者要及时了解和检查伤病者的基本体征和伤（病）情，安慰、陪伴伤病者，及时呼叫医务人员，并给予简易的急救处置。

（2）意识丧失

若怀疑伤病者意识模糊或无意识，施救者可用双手轻拍伤病者的双肩，并在其两侧耳边大声呼唤（见图3-1），如伤病者意识模糊或没有反应，即可认为其意识丧失，并立即检查其呼吸情况。

图 3-1　判断意识

2．检查气道

对于意识丧失的伤病者，施救者要用轻柔的动作采用仰头抬颏法保持其气道畅通（见图 3-2）；如怀疑有颈外伤，应采用创伤托颌法（见图 3-3），即把手放置在伤病者头部两侧，肘部支撑在地面，双手握紧伤病者下颌角，向上托下颌，同时应小心地保持其头部不要后仰或从一侧转向另一侧。若伤病者口腔存在阻碍呼吸的分泌物或异物，施救者则应该在做好防护的情况下，用手指将其抠出。

图 3-2　仰头抬颏法

图 3-3　创伤托颌法

若伤病者面部朝下，应小心地将其身体整体翻转至仰卧位（见图 3-4），再检查其有无呼吸，多人协作则更加安全高效，具体方法如下。

（1）位于伤病者一侧，将其两侧上肢向上伸直，动作要轻缓。

（2）将伤病者远离施救者的小腿搭在其另一条腿上。

（3）一只手保护伤病者的头颈部，另一只手插入其对侧腋下至前胸，用前臂夹住其躯干，将其身体向施救者方向翻转，使其呈仰卧位。

（4）将伤病者两侧上肢向下恢复至身体两侧。

图 3-4　翻转伤病者身体

3．检查呼吸

在判断伤病者无意识的情况下，保持其呼吸道畅通，采用"听、看、感觉"的方法（见图 3-5），判断其有无呼吸或者呼吸异常，检查时间约 10 秒。

（1）听：听伤病者有无呼吸声。

（2）看：观察伤病者的胸腹部有无起伏。

（3）感觉：用面颊感受伤病者呼吸的气流。

图 3-5　通过"听、看、感觉"检查呼吸

4．呼救

如发现伤病者无意识、无呼吸（叹息样呼吸），应立即高声向他人呼救，指定专人拨打急救电话和帮助取来自动体外除颤器（Automated External Defibrilator，AED），并请现场会急救的人过来帮忙。

5．心肺复苏和体外除颤

对伤病者及时进行心肺复苏（cardiopulmonary resuscitation，CPR），并用 AED 进行体外除颤。CPR 和体外除颤的操作方法将在下一节详细介绍。

第四节　常见运动伤病的急救方法

一、心搏骤停的处置

（一）症状

心搏骤停是指由各种原因引起的、在未能预计的情况和时间内心脏突然停止搏动，如溺水、严重外伤等，从而导致有效心泵功能和有效循环突然中止，引起全身组织细胞严重缺血、缺氧和代谢障碍，表现为意识丧失、呼吸停止，如不及时抢救可能立刻失去生命。

（二）处置方法

在判定伤病者无意识、无呼吸（叹息样呼吸）的情况下[①]，施救者应大声呼救，寻求他人的帮助，拨打急救电话和取来 AED，并立即对伤病者进行 CPR 和体外除颤操作。

1．CPR

CPR 包括 3 个部分：人工循环即胸外按压（Circulation，C）、开放气道（Airway，A）、人工呼吸（Breathing，B）。非缺氧环境急救采用 C-A-B 的操作顺序，缺氧环境（如溺水等）或者婴幼儿急救采用 A-B-C 的操作顺序。

---

① 自 2000 年起，美国心脏协会心肺复苏指南认为对于非专业急救人员，在心肺复苏术操作前不再要求将检查颈动脉脉搏动作作为一个必需的判断步骤。

（1）胸外按压（C）

施救者应保证伤病者平躺在坚实平整的物体表面，立即对伤病者进行胸外按压，建立人工循环，争取恢复自主心跳。

① 定位方法。施救者用中指确定伤病者两乳头连线的中点位置（见图 3-6），即为按压区。若伤病者乳头位置不易确定，施救者则先触及伤病者的上腹部（以用左手为例），以食指和中指沿伤病者的肋弓缘向中间滑移，定位胸骨下切迹（见图 3-7），然后将食指和中指两横指放在胸骨下切迹上方，食指上方的胸骨下 1/3 部即胸外按压区。

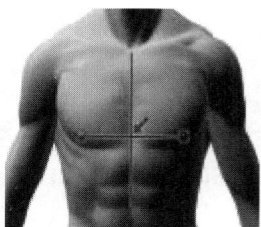

图 3-6   两乳头连线中点定位   图 3-7   胸骨下切迹上两横指定位

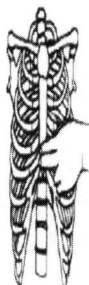

② 按压方法。a. 非定位手的掌根紧贴定位手的食指上方，放置在按压区，再将定位手的掌根重叠放于非定位手的手背上，十指交叉抬起，脱离胸壁（见图 3-8）。b. 施救者双臂绷直，上身前倾，用上半身的重力和臂力，以髋关节为支点垂直向下用力按压，然后迅速放松，使胸骨弹起，如此反复（见图 3-9）。c. 按压要有规律地进行，不间断，下压和向上放松的时间相等，每分钟按压约 100 次；放松时定位手的掌根不要离开胸骨定位点，但也不要使胸骨受任何压力。d. 按压深度为成人 5 ~ 6 厘米。

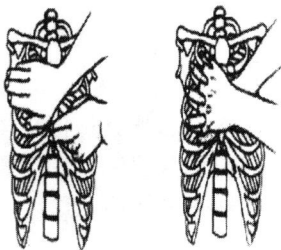

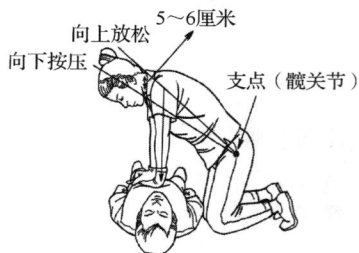

图 3-8   按压手势   图 3-9   按压用力方法

（2）开放气道（A）

在上节中，介绍检查气道操作提到了仰头抬颏法和创伤托颌法，这里着重介绍在颈部没有创伤的情况下使用仰头抬颏法开放气道。具体方法如下：施救者把一只手放在伤病者的前额，用手掌小鱼际部把额头用力向后推，使头部向后仰，另一只手的手指放在下颌骨处，使下颏向上抬起，使气道充分打开。切勿错误按压在下颏柔软的部位上。

（3）人工呼吸（B）

在保持伤病者处于气道通畅的头部姿势前提下，施救者用按于伤病者前额的手的拇指和食指捏闭伤病者鼻孔，用呼吸膜或者织物覆盖住其口鼻，深吸气后张口用双唇包绕封住伤病者嘴部，向其口中用力吹气，同时观察伤病者胸廓上抬情况；一次吹气完毕后，立即与伤病者嘴部脱离，松开伤病者鼻孔，抬头面向伤病者胸部，吸入新鲜空气，准备下一次人工呼吸（见图 3-10）。注意应按正常呼吸速度向伤病者口中用力吹气（每分钟约 12 次，每次持续 1～1.5 秒），每次吹气量以伤病者胸廓上抬为准，不可用力过猛。

图 3-10　人工呼吸

此外，按压/吹气比为 30:2。每连续按压、吹气 5 个循环后观察伤病者颈动脉（见图 3-11），如有搏动，则可停止 CPR；若仍无搏动，则要坚持不懈地进行 CPR。如有双人进行施救，则可以一人负责胸外按压，另一人保持伤病者气道畅通，监测体征，并可以进行互换，直到医务人员赶到现场接手并开始抢救。

在 CPR 的过程中，若 AED 到达现场，则应尽快使用。

图 3-11　观察伤病者颈动脉

2. 体外除颤（AED 的使用）

在 CPR 过程中，如 AED（见图 3-12）到达，可立即使用，按照其语音提示配合 CPR 使用。AED 会自动分析伤病者心律，识别是否为可除颤心律，如为可除颤心律，AED 可自动除颤，如果不需要除颤，AED 则不会放电，不会对伤病者造成伤害。因此可放心使用 AED，以提高心搏骤停者的生存概率。体外除颤的具体操作方法如下。

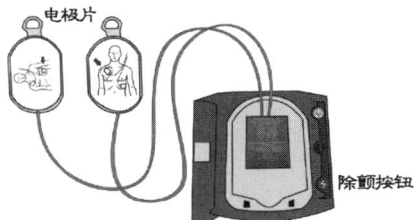

图 3-12　AED 外观图

（1）打开电源开关，按语音提示操作。

（2）贴放 AED 电极片。电极片的贴放关系到除颤的效果，一片电极片贴放在左腋前线之后第五肋间处，另一片电极片贴放在胸骨右缘、锁骨之下（见图 3-13）。

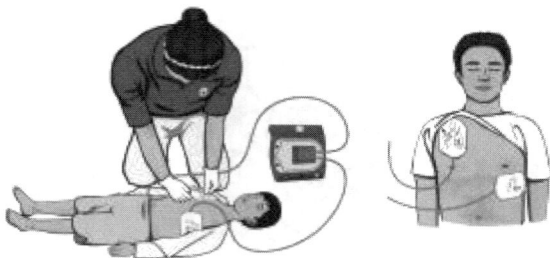

图 3-13　电极片的贴放位置

（3）施救者语言示意所有人员不要接触伤病者，等待 AED 分析心律（见图 3-14），判定是否需要除颤。

（4）得到建议除颤的信息后，再次确认所有人未接触伤病者，等待 AED 自动除颤，如设备提示需要按下电击按钮，施救者则果断按按钮（见图 3-15）。

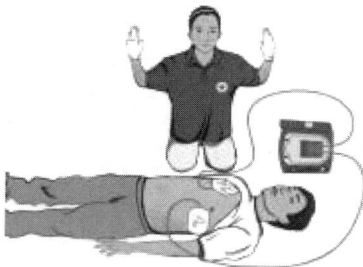

图 3-14　等待 AED 分析心律

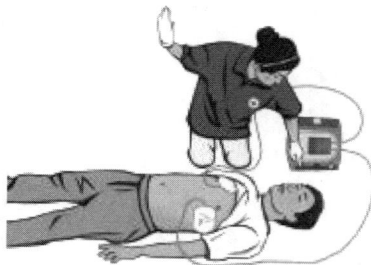

图 3-15　AED 除颤

注：图片来源于中国红十字会总会训练中心网站

（5）除颤后继续实施 CPR 操作 2 分钟，AED 会自动再次分析心律。

（6）如果 AED 提示不需要电击除颤，施救者应立即继续实施 CPR。

（7）如此反复操作，直至伤病者恢复心搏和自主呼吸，或者专业急救人员达到并接管施救。

（三）注意事项

1. 争分夺秒，科学施救

心搏骤停者，被发现得越早，CPR 实施得越及时，复苏率越高。针对不同类型的个体，施救者要注意操作细节的不同（见表 3-3）。若现场有 AED 的辅助，则有更大的概率提高急救的成功率。施救过程中，不要直接接触伤病者的分泌物或者血液。

2. AED 使用注意事项

（1）贴放电极片时，要确保与皮肤贴合紧密。

（2）若伤病者的身体有过多水分或汗液，要迅速擦干后再贴放电极片。

（3）不能在水中或伤病者接触金属等导电物体的情况下使用 AED。

（4）按照 AED 上的说明贴放电极片，若位置贴反了，不用取下重贴。

3．拨打急救电话的正确方法

（1）拨通急救电话后，要沉着、冷静，注意语速，清楚地回答接线员的询问。

（2）提供伤病者所在的具体地点信息，最好能提供明显的地点标志。

（3）提供伤病者的年龄、性别、人数等信息。

（4）提供伤病者发生伤病的时间和主要表现，如骨折、意识不清、呼吸困难、呕吐不止等信息。

（5）提供发生意外伤病的可能原因，如摔倒、淹溺、撞击、坠落等。

（6）提供现场联系人的姓名和电话号码，等待接线员告知可以结束时，再挂断电话，并保持电话畅通。

表 3-3　成人、儿童、婴儿 CPR 标准对比表

项目		成人 （青春期以后）	儿童 （1 岁～青春期）	婴儿 （出生后～1 岁）
判断意识		轻拍双肩、呼喊	轻拍双肩、呼喊	拍打足底
检查呼吸		用"听、看、感觉"的方法判断有无呼吸或异常呼吸		
胸外按压	CPR 步骤	C-A-B	A-B-C 此步骤亦适用于淹溺者	
	按压部位	胸部正中、两乳头连线水平（胸骨下半部）		胸部正中、两乳头 连线下方水平
	按压方法	双手掌根重叠	单手掌根或双手掌根重叠	两指或双手环抱双 拇指按压
	按压深度	5～6 厘米	至少为胸廓前后径的 1/3 （约 5 厘米）	至少为胸廓前后径 的 1/3 （约 4 厘米）
	按压频率	100～120 次/分钟 即最慢每 18 秒按 30 次，最快每 15 秒按 30 次		
	胸廓反弹	每次按压后即完全放松，使胸廓充分恢复原状，使血液回心		
	按压中断	尽量避免中断胸外按压，应把每次中断的时间控制在 10 秒以内		
开放气道		头后仰约呈 90° 角	头后仰约呈 60° 角	头后仰约呈 30° 角
人工呼吸	吹气方式	口对口或口对鼻		口对口鼻
	吹气量	可见胸廓隆起		
	吹气时间	吹气持续约 1 秒		
按压/吹气比		30:2	单人施救 30:2，2 人及以上施救 15:2	
CPR 效果评估	检查脉搏	检查颈动脉	检查颈动脉或股动脉	检查肱动脉
	检查呼吸	用"看、听、感觉"的方法判断有无呼吸或异常呼吸		

二、低血糖症的处置

（一）症状

低血糖症是由多种病因引起的以血糖过低、交感神经兴奋和脑细胞缺糖为主要特点的综合征。一般当空腹血糖小于 2.8mmol/L 时即提示有低血糖症存在。低血糖的早期症状以自主神经尤其是交感神经兴奋为主，表现为心悸、乏力、出汗、饥饿感、面色苍白、震颤、恶心、呕吐等，较严

重的低血糖症常有中枢神经系统缺糖的表现，如意识模糊、精神失常、肢体瘫痪、大小便失禁、昏睡、昏迷等。

（二）处置方法

早期低血糖症患者仅有出汗、心慌、乏力、饥饿等症状。患者神志清醒时，可立即给患者饮用糖水，或进食含糖较多的饼干或点心等，进食后宜休息 10 ~ 15 分钟。如 15 分钟后仍感身体不适，可吃些水果、饼干、面包等含糖食物。若低血糖症反应持续发作，应立即送医。

（三）注意事项

参加锻炼的人，尤其是糖尿病患者，一定要注意预防低血糖症的发生。为防止低血糖症，切勿在饥饿状态下参加锻炼。糖尿病患者最好选择有氧运动，如健步走、慢跑、骑自行车、跳舞、打太极拳等，运动强度要适宜，饮食也要定时定量，并经常监测血糖。

三、出血的处置

（一）症状

在体育运动中，外部因素刺激会直接或间接导致血液非正常从人体管腔或体表流出。如篮球这种对抗比较激烈的运动，或某些非对抗性运动中，运动者的不规范动作或粗心大意导致的出血就偶有发生。出血可分为动脉出血、静脉出血和毛细血管出血 3 种。当发生动脉出血时，血色鲜红，出血量多，出血速度快，呈喷射状。相较于其他两种出血，动脉出血中最危险的是大动脉出血，仅几分钟就会造成死亡。

（二）处置方法

1. 动脉出血

在现场一般可用指压法或填塞法进行止血。指压法即将出血部位附近的近心端动脉用力压向骨骼方向。在下面的内容中，将具体介绍不同部位动脉出血的指压止血法。若四肢动脉出血，应及时将肢体抬高，如能用止血带止血，则效果更好。切记，当发生动脉出血时，下面介绍的方法只适用于现场的紧急处理，一定要及时将出血者送往医院进行救治。

（1）头部出血

如果出血部位在头面部，就要压迫颞动脉，压迫点在耳屏前面颞弓根部（见图 3-16），用手指正对颞下颌关节压迫。如果出血部位在头部后侧，就要压迫枕动脉，压迫点在耳后侧乳突附近（见图 3-17）。

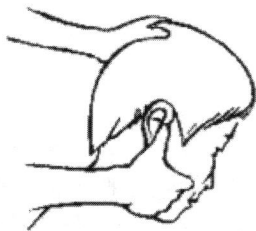

图 3-16　压迫颞动脉　　　　图 3-17　压迫枕动脉

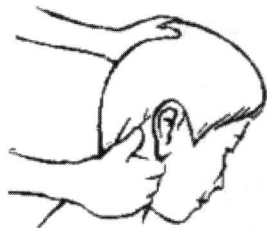

（2）面部出血

压迫面动脉，压迫点在下颌角前面半寸处，用手指对准下颌角压住（见图 3-18），严重时需要双侧按压。

（3）颈部出血

压迫一侧颈总动脉，压迫点在一侧颈根部，气管外侧和胸锁乳突肌之间（见图 3-19）。切不可同时压迫双侧颈总动脉，不要压迫气管。

（4）上肢、肩部及腋窝出血

压迫锁骨下动脉，压迫点在锁骨上窝中点，用拇指在该点用力向下压，把该动脉压在第一肋骨上（见图 3-20），或用拇指用力压迫腋动脉。

图 3-18　压迫面动脉　　　图 3-19　压迫颈总动脉　　　图 3-20　压迫锁骨下动脉

（5）前臂出血

压迫肱动脉，让伤肢向外伸展，用 4 根手指压迫上臂内侧，用力将肱动脉压迫在肱骨上（见图 3-21）。

（6）手掌出血

双手拇指压在出血者前臂远端掌根的内侧面，即桡动脉和尺动脉处，用力将拇指压向此处的尺桡骨（见图 3-22）。

（7）手指出血

施救者可将一手拇指平放在受伤的手指上，其余四指放在受伤的手指背部加压，将掌动脉弓压于掌骨上（见图 3-23），也可用拇指和食指在手指根部两侧进行压迫止血，或者将出血手指屈入掌内，紧握拳头，也能达到止血的目的。

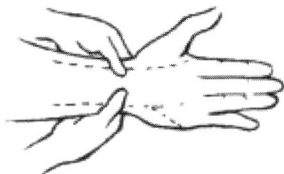

图 3-21　压迫肱动脉　　　图 3-22　压迫桡动脉、尺动脉　　　图 3-23　压迫掌动脉弓

（8）大腿出血

让出血者稍屈起大腿，放松大腿的肌肉，用拇指在大腿根部腹股沟中点向后压迫股动脉，将其压于耻骨上（见图 3-24）。

（9）小腿出血

止血点在腘窝处，用大拇指用力压迫跳动的腘动脉即可止血（见图 3-25）。

（10）足部出血

可用双手拇指分别压迫内踝与跟骨之间的胫后动脉和足背中部近脚踝处的胫前动脉（见图
3-26），用力压迫即可止血。

图 3-24　压迫股动脉　　　　图 3-25　压迫腿动脉　　　　图 3-26　压迫胫后动脉和胫前动脉

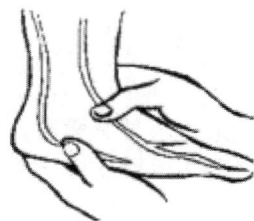

2．静脉出血

静脉出血时，血色暗红，出血速度相对缓慢但不间断。静脉出血的危险性相对较小，一般抬
高出血部位，便可明显减少出血量。在出血部位放几层消毒纱布，加压包扎（见图 3-27），即可
较彻底地止血。

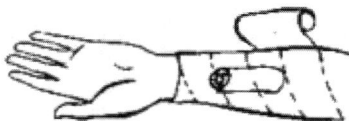

图 3-27　加压包扎

3．毛细血管出血

毛细血管出血一般无危险性，血从创口四周及创口表面慢慢渗出，找不到明显的血管出血点。
这种出血通常能自行停止，只要在创口盖上一层消毒纱布或干净手帕，压紧几分钟即可止血。

4．指压止血法和其他方法

除了指压止血法，也可以采取直接压迫止血或加压包扎止血，即用手将干净的毛巾或撕开的
衣服用力压在创口上，或用绷带、宽布带加压包扎。

还有一种比较有效的止血方法，即止血带止血法（见图 3-28）。

图 3-28　止血带止血法

止血带止血法多用于四肢的动脉出血，结扎部位在受伤处的近心端。使用止血带止血法时，
要注意几个问题。首先，不可用电线、铁丝或细绳作为橡皮止血带的代用品，以免造成组织严重
勒伤。其次，在使用止血带前要使受伤肢体抬高 1～2 分钟，使静脉血尽量回流。为避免损伤皮肤，
可在止血带下加衬垫（如毛巾）。止血带结扎的标准部位为上臂上 1/3 处，大腿中下 1/3 处，前臂、
小腿不可结扎止血。止血带绑扎松紧要适宜，止血即可。另外，要在肢体上写下止血的起止时间。
上肢 30 分钟放松 1 次，下肢 1 小时放松 1 次，放松时间为 1～3 分钟。

　　很多情况下，我们没有止血带，可用布带类物品代替止血带，这种止血方法又叫绞紧止血法。使用布带类物品进行绞紧止血时，也要先加衬垫，再将折成布条状的布带绕肢体缠绕两圈打结，然后用笔或小木棍绞紧固定即可。

　　此外，还有加垫屈肢止血法。前臂、手和小腿、足出血时，如果没有骨折和关节损伤，可将棉垫或绷带卷放在肘或腘窝上，屈曲前臂或小腿，再将绷带以"8"字缠好（见图3-29）。

图 3-29　加垫屈肢止血法

（三）注意事项

　　要防止在运动中出血，首先要求我们要用正确的方式运动，包括在安全的环境运动；在使用健身器械时，要掌握器械的正确使用方法，检查器械的功能是否良好等。

　　采用指压止血法时有两点要注意。首先，压迫点应置于出血部位附近的动脉，应用力压向骨骼方向才有效。其次，在止血时要协助出血者将伤处举起至高于心脏位置，减少出血量。

　　另外，在运动时流鼻血的情况也较常发生。当流鼻血时，不要仰头使血液回流，也不要吞咽血液。正确的做法是用手指捏住鼻翼两侧的软骨部分压迫止血，或将棉条塞进鼻腔止血。

　　最后，还要注意内出血，即血液从体内破裂的血管流入体腔内或组织内，如消化道出血、呼吸道出血、皮下瘀血等。这种出血往往比较隐秘，不易被发现，通常要到医院进行专门的检查才能确诊。对于内出血，更要提高警惕，以免由于延误治疗而造成更严重的后果。

　　此外，施救者在救护的过程中，不要直接接触出血者的血液和分泌物，预防感染。

四、脱臼与骨折的处置

（一）症状

1. 脱臼

　　脱臼即由于外部暴力直接或间接作用于人体，组成关节的各关节面失去了正常的对合关系，表现为关节畸形，关节明显肿胀及疼痛，关节功能丧失，有时还伴有关节内骨折及神经血管损伤。

　　肩关节和肘关节的稳定性较差，是脱臼的多发部位。肩关节或肘关节脱臼时，除了通常的关节畸形、肿胀、疼痛外，还有特殊症状。当肩关节脱臼时，伤者常用健侧手托住伤侧前臂，头和身体向伤侧倾斜；三角肌塌陷，呈方肩畸形。触摸肩部，肩峰下凹陷，肱骨头在关节盂下、喙突下或锁骨下。肘关节脱臼时，肘部明显畸形，从侧面观察肘部，可见肘部呈 135° 左右的半屈曲状，肘前方和肘后方各有一异常突起，肘关节前后径加长，局部肿胀，周径增粗。

2. 骨折

　　在运动中，还容易发生的一类关节损伤就是骨折。要预防运动中的骨折，很重要的一点就是避免在运动时跌倒，并且在跌倒后要采取正确的着地姿势，即顺势倒。在向后跌倒时，要尽量避免向后撑地。

骨折可分为闭合性骨折和开放性骨折。开放性骨折比较容易辨认，因为皮肤软组织有肉眼可见的伤口，常可见到骨折断端暴露在伤口内。闭合性骨折有以下特征：局部疼痛肿胀、畸形、出现假关节和骨摩擦音。

（二）处置方法

1. 脱臼

关节脱臼时，现场紧急处理的最关键环节是对脱臼的关节进行固定。对于肩关节及肘关节脱臼，均可用三角巾（或用领带、绷带代替）悬吊前臂（见图 3-30），或将伤侧手伸入上衣前胸两颗纽扣之间固定。

加强固定则可以用一块三角巾将伤肢悬吊在颈上，另一块三角巾折成条状将伤肢固定在胸壁侧壁（见图 3-31）。三角巾可用毛巾、浴巾等代替。

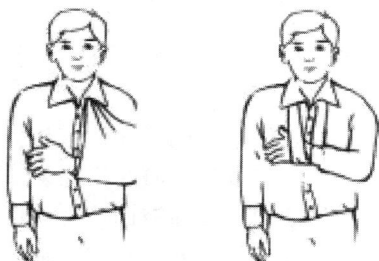

图 3-30　简易固定　　　　　　　图 3-31　加强固定

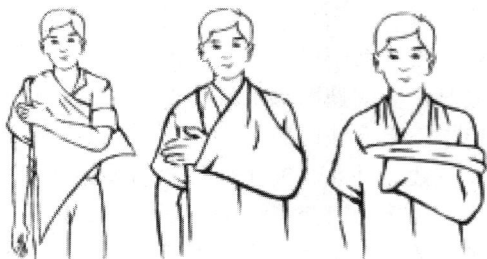

2. 骨折

发生骨折时，在进行救治处理前，要注意是否存在威胁生命的严重情况，如有呼吸困难表现或有休克及大出血等，应首先进行抢救及处理出血伤口，防止发生意外。如非绝对必要，不要随意搬动伤者，也不必急于脱去伤者的衣服鞋袜等，以免增加伤者的痛苦，甚至加重伤情，应尽可能保持伤者处于舒适体位。此外，用冷水袋或冰袋对受伤部位进行冷敷可减轻疼痛、减少肿胀和出血。最重要的一点是对骨折部位要妥善固定，这样可避免骨折端在搬运时发生移位而损伤周围软组织及血管神经或内脏，而且也可以减轻伤者的疼痛，便于搬运。

发生骨折时，应使用夹板（木板）进行固定。当没有夹板时，也可用木凳、硬板纸、树枝、雨伞、书本、杂志、枕头、毛毯、鞋子等代替。

在运动中，主要发生的骨折是四肢骨折。下面介绍四肢骨折后的临时固定方法。

肱骨骨折时，在伤者腋下置一毛巾、手帕为衬垫，用三角巾将伤肢悬吊起来，再将一长度与上臂相同的木板置于骨折处，并用宽绷带或围巾将伤肢固定于胸壁上（见图 3-32）。

前臂与腕部骨折时，可先将一木板放于骨折的前臂与腕部，木板长度应跨越肘关节至手指端。木板内衬毛巾与软布，并用三角巾或绷带将伤肢固定，悬吊在胸前（见图 3-33）。注意维持拇指向上的姿势，在伤肢肿胀前要先摘去伤肢上的手表、戒指等饰物。

手指骨折时，可将一木板置于手掌下，木板长度应从手指端至肘部（见图 3-34），用绷带将手及前臂缠绕包扎固定，伤侧手掌内可握一绷带卷，将前臂悬吊于胸前。

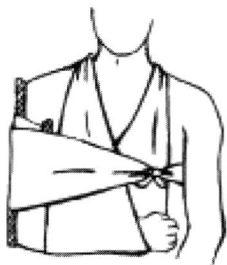

图 3-32　肱骨骨折固定　　　图 3-33　前臂与腕部骨折固定　　　图 3-34　手指骨折固定

大腿骨折时，可将一较长木板放于伤者腰部，下端要到足根部，另把一短木板置于伤肢内侧，在关节与骨突处放毛巾或软布垫，用绷带或布条将整个腿部和腰部内外侧木板一起固定，结应打在木板上和未受伤一侧腰部。如无木板，可用健侧下肢作夹板，将健侧下肢和伤侧下肢用绷带或布条、领带、围巾缠绕包扎固定。注意要在两腿踝部及膝部骨突处放置毛巾、手帕等衬垫。按照绷带上的数字顺序进行捆扎（见图 3-35），先捆扎骨折下方，再捆扎上方，但不能捆及骨折处。

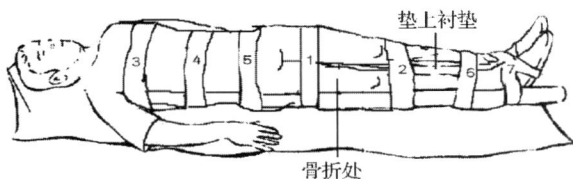

图 3-35　大腿骨折夹板固定

小腿骨折时，在伤肢小腿外侧用木板支持，木板应跨越踝关节和膝关节。在关节处放衬垫，再用 4～5 条绷带或布条依序由下往上固定至膝关节下方。如没有木板，可采用健肢固定法，用 4 条绷带自健侧腿的膝下、踝下穿入，在两腿间垫好衬垫，按照绷带上的数字顺序（见图 3-36），依次固定骨折上下端、小腿和踝部。

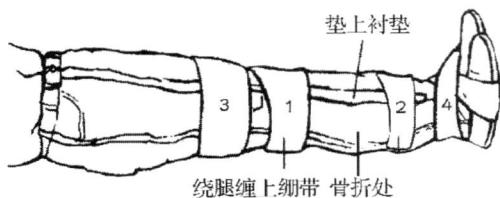

图 3-36　小腿骨折健肢固定

足部骨折时，可将伤脚鞋袜脱去，以防止肿胀加重后不易脱去。在足底置一木板或硬纸板，再用绷带或布条在足部及踝部做 "8" 字包扎（见图 3-37）。

脊柱、胸椎、腰椎骨折时，搬运必须由 3～4 人同时托住肩、臀和下肢，把伤者的身体平托起来（见图 3-38），放上平板担架。最好使伤者俯卧以减少脊柱后曲，并用宽绷带将伤者的身体固定在担架上。切忌搂抱或以抬头抬腿的方法搬运，以免引起脊髓损伤。

图 3-37　足部骨折固定

图 3-38　三人搬运法

（三）注意事项

1. 脱臼

在运动中发生脱臼的原因，除了动作不规范、使用健身器械不当外，不能量力而行也很值得重视。

2. 骨折

首先，如有开放性骨折，应先用干净的毛巾、手帕、布料等覆盖伤口，再固定。其次，应在夹板下用毛巾或衣物作为衬垫，防止压迫神经或皮肤。另外，夹板应能将骨折部位上下两个关节同时固定。夹板不可绑得太紧，以免影响正常的血液循环。应露出手指或脚趾，以便观察末梢血涂循环状况。如有露出的骨片，不能放回伤口内，以免感染伤口，应妥善保管，由医生处置。最后要注意的是，固定后的伤肢一定要保暖。

五、肌肉拉伤、扭伤与挫伤的处置

（一）症状

1. 肌肉拉伤

肌肉拉伤指肌肉主动强烈收缩遇阻或被动过度拉长所造成的肌纤维掰伤、部分撕裂或完全断裂，多发生在四肢关节部位。

2. 扭伤

扭伤指四肢关节或躯体的软组织（如肌肉、韧带、肌腱等）损伤，而无骨折、脱臼、皮肤破损等症状，属于闭合性软组织损伤。扭伤多是在外力作用下，运动关节活动超出正常范围而造成的关节内外侧副韧带损伤。

3. 挫伤

挫伤指钝性外力直接作用于人体某个部位而引起的一种闭合性损伤。运动时互相冲撞，或身体某个部位碰在器械上皆可发生局部挫伤。在平常的运动中，挫伤最常发生于篮球、足球、橄榄球、散打、跆拳道、拳击、摔跤等接触性运动项目中，常见的损伤部位是大腿与小腿的前部，以及头、胸部、腹部。

在运动中，若受到钝物的直接撞击，或跌倒时撞在障碍物上，就容易发生肌肉挫伤。运动时准备活动不足、用力过强、过度负荷、动作错误、发力不当等，往往也会引发肌肉的扭伤和拉伤，特别是踝关节的肌肉扭伤。

发生肌肉拉伤、扭伤与挫伤时，主要表现为局部疼痛，活动受限，不能继续用力，有时会出现瘀斑。

（二）处置方法

当发生肌肉拉伤、扭伤与挫伤时，受伤的组织会发生肿胀、渗血、断裂、出血、坏死等不同程度的病理变化，处理不当可造成受伤组织粘连、肌肉萎缩。因此，掌握正确的处理方法很重要。

当发生肌肉拉伤、扭伤与挫伤后，要记住 4 个要点：制动、冷敷、抬高受伤部位、加压包扎。

用冰袋对受伤部位进行冷敷，并用绷带扎好，20~30 分钟后解开。如没有冰袋，可使用冷毛巾冷敷，每 2~3 分钟更换一次，持续 20~30 分钟。如果冰袋、冷毛巾都没有，也可以用冰冻的瓶装水、袋装的冰糕等代替。

冷敷后，用绷带扎紧受伤部位，但不可太紧，以免妨碍血液循环，导致肌肉肿胀和疼痛。但要说明的是，当踝关节肌肉扭伤时，应该先加压包扎，再冰敷。因为踝关节肌肉扭伤后，不仅肿胀速度非常快，肿胀程度也较高。

伤后可服用阿司匹林止痛。如为轻伤，可以自行处理，在伤后 2 天内每天至少冰敷 1 次，以减少肿胀和疼痛。对于中度及重度的肌肉拉伤、挫伤和扭伤，在做上述紧急处理后，应去医院就医。

（三）注意事项

防止肌肉拉伤、扭伤与挫伤的最有效方法就是在运动前做充分的准备活动，特别是在天气寒冷的条件下运动时。另外，在运动过程中掌握正确的动作，加载适当的负荷，避免突然发猛力也能降低肌肉拉伤、扭伤与挫伤的发生概率。当损伤发生时，切记不要慌乱。对于肌肉拉伤、扭伤、挫伤等闭合性损伤，首先要及时采取早期处理措施，这对于受伤部位的康复及康复程度都至关重要。最后，一定要增强自身的健身防护意识，掌握相关的方法，例如摔倒时要顺势倒，不要用手撑地。

六、运动性腹痛的处置

（一）症状

有些人在运动时会突然发生腹痛，有时甚至痛得不能继续运动，这种征象称作运动性腹痛。运动性腹痛是体育运动中较为常见的一种症状，多发生在运动过程中或运动结束时，其成因主要有以下几个。

（1）饭后或空腹参加剧烈的体育运动

饭后，胃内充满食物，食物刺激胃肠，加上运动中的振动，使胃肠上下前后摇摆，这样势必会牵引固定胃肠的肠系膜，从而造成牵扯性腹痛。此外，由于胃液有较强的酸性，空腹时胃液会直接刺激胃壁，引起胃壁肌肉的收缩痉挛，从而出现胃绞痛。以上两种原因造成的腹痛多出现在运动的开始阶段，疼痛部位多在胃部和肚脐周围，为牵拉痛或胀痛，严重的会出现绞痛。

（2）未做准备活动或准备活动不充分

开始运动时速度过快或强度过大，以致内脏器官还没有提高到应有的活动水平。内脏器官承担的运动负荷过大，特别是心血管系统，会影响静脉血回流，使下腔静脉压上升，肝脾瘀血肿胀，引起腹痛。这种情况常发生在运动刚开始时，疼痛部位以左右肋部为主，是一种持续性闷胀痛，疼痛中伴有头晕、恶心等症状。

（3）运动过程中呼吸节奏紊乱

呼吸肌收缩过于频繁会产生疲劳，严重者会出现痉挛性收缩，进而引起腹痛。另外准备活动不充分，运动负荷增加过快，造成呼吸肌缺氧，会导致腹痛加剧，当呼吸加深时，疼痛更明显。

（4）运动剧烈导致水、电解质失调

在夏季进行较为剧烈的运动时，由于大量排汗使体内盐分丢失，发生水、电解质代谢失调，会引发腹直肌痉挛。这种腹痛多发生在运动即将结束时，且疼痛部位较浅。

（5）剧烈运动导致慢性病发作

胃溃疡、慢性阑尾炎、肝炎、肠结核等慢性疾病患者，在参加较剧烈的运动时，病变部位受到刺激会引发腹痛，疼痛部位与病变部位往往一致。

（二）处置方法

（1）对于因腹内或腹外疾病所致的腹痛，要根据原发疾病进行针对性的治疗。

（2）如果运动时加快速度后才出现腹痛，平时要加强全面身体素质训练和专项的技术、战术训练。

（3）在运动中出现腹痛，应该适当减慢运动速度，并以深呼吸来调整呼吸与动作的节奏；同时用手按压疼痛部位，弯腰跑一段距离，一般疼痛即可消失。如仍然疼痛，应暂时停止运动，点穴按摩足三里、合谷等，热敷腹部，口服阿托品、颠茄片等解除痉挛的药物。

（4）揉足三里法

足三里在膝盖下 3 寸（10 厘米）、胫骨外侧一横指处（见图 3-39）。由于运动前未做好准备活动，运动量过大而出现的上腹部剧烈绞痛，出现症状时可在上腹部热敷 20~30 分钟，用手按压足三里 2~4 分钟即可止痛。

（5）按揉合谷法

运动时突然出现脐周或下腹部钝痛、胀痛，停止运动后症状一般会逐渐减轻。发生腹痛时应立即停止运动，并立即按揉双侧合谷（见图 3-40）3 分钟左右，或用热水袋热敷脐周 10~20 分钟。要防止运动性肠痉挛，运动前除了要做好准备活动，还应限制冷饮或冰冷食物的摄入。

（6）按摩腹直肌法

夏季运动时大量出汗导致流失水分、盐，也会引起腹壁胀痛。发生症状时应平卧休息片刻，做腹式呼吸 20~30 次，同时轻轻按摩腹直肌 5 分钟左右。运动中注意及时补充水分和盐，是防治腹直肌痉挛的关键措施。

（7）揉按肝俞法

右侧肝区胀痛，多发生于长跑或中跑时。在背部右侧肝俞（见图 3-41）揉按 5 分钟左右可止痛。运动中注意调整呼吸节律，用鼻呼吸而不是张嘴呼吸是预防的关键。

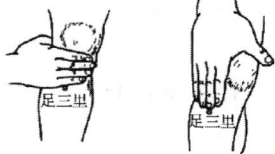

图 3-39　足三里穴位　　　图 3-40　合谷穴位　　　图 3-41　肝俞、脾俞穴位

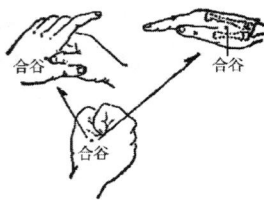

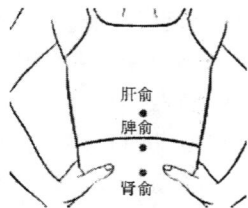

（8）揉按脾俞、胃俞法

运动时出现左侧脾区胀痛，多是运动量过大、静脉回流缓慢、脾脏瘀血肿胀所致。出现胀痛时应立即停止运动，并在分别位于脊柱左侧第 11、12 胸椎体棘突下的脾俞、胃俞揉按 3 ~ 5 分钟。运动前做好准备活动是预防的关键。

（9）揉按腹部法

两手交叉，以肚脐为中心，揉按腹部画太极图，顺时针 30 ~ 50 圈，逆时针 30 ~ 50 圈。此方法可止痛消胀，增进食欲。

（三）注意事项

（1）合理安排膳食，运动前不宜吃得过饱或饮水过多，也不宜吃易产气的食物，如豆类、薯类及冷饮。饭后 1.5 ~ 2 小时才可参加剧烈运动。

（2）运动前一定要做好准备活动，运动量的增加应循序渐进。

（3）运动中应注意调整呼吸节奏，尽可能用鼻呼吸而不要张嘴呼吸。

（4）夏季运动出汗时要适当补充水分和盐。

（5）内脏器官疾病患者，应及早就医，彻底治疗，并注意合理安排运动负荷。

第四章
足球

本章由 4 节构成，第一节为足球运动概述，主要介绍足球运动的定义、起源、特性与作用；第二节为足球运动基本技术，主要介绍踢球、停球、运球和运球过人、头顶球、抢断球和掷界外球技术；第三节为足球运动基本战术，主要介绍比赛阵形、进攻战术和防守战术；第四节为足球竞赛规则与裁判法，主要介绍足球比赛场地、器材设备和竞赛规则。

第一节　足球运动概述

本节主要对足球运动的定义、足球运动的起源、足球运动的特性与作用进行简要叙述。

一、足球运动的定义

足球运动是一项主要以脚完成技术动作，两队相互对抗，以攻入对方球门球数多少判定胜负的球类运动。足球运动是全球体育运动中开展最广泛、影响最大的项目，有"世界第一运动"的美称。

二、足球运动的起源

我国是古代足球运动的发源地。据史料记载，公元前 475 ~ 公元前 221 年，就有了被称为"蹴鞠（踏鞠）"的足球活动。

现代足球运动起源于英格兰。第一届世界杯足球赛于 1930 年在乌拉圭蒙得维的亚举办，在第三届举办后，世界杯足球赛因第二次世界大战中断 12 年，至 1950 年才恢复举办第四届世界杯足球赛。拟于 2022 年 11 月在卡塔尔举办的世界杯足球赛，已经是第二十二届。

在 1900 年第二届巴黎奥运会上，男子足球被列为正式比赛项目。20 世纪 70 年代后期，国际足联开始举办世界青年足球锦标赛。20 世纪 80 年代中期，国际足联开始举办世界少年足球锦标赛。第一届世界室内五人制足球锦标赛于 1989 年在荷兰举办。20 世纪 90 年代以后，女子足球运动全面进入世界竞技舞台。

三、足球运动的特性与作用

足球运动有巨大的魅力，主要与其特性和作用有关。足球运动的主要特性有 4 个：具有战斗性和激烈对抗性；技、战术复杂，动作难度大；比赛时间长、场地大、体能消耗大；竞赛规则简练，运动器材设备较简单。足球运动的主要作用也有 4 个：有利于精神文明建设、思想品德教育和个性培养，有利于促进健康和增强体质，有利于振奋民族精神和促进国际交往，有利于创造社会财富。

第二节　足球运动基本技术

足球运动基本技术包含踢球、停球、运球及运球过人、头顶球、抢断球、掷界外球等技术。

一、踢球

踢球指运动员用脚的某一部位将球踢向预定的目标，按踢球脚的部位分为：脚内侧踢球、脚背正面踢球、脚背内侧踢球和脚背外侧踢球等。

（一）踢球技术

（1）脚内侧踢球又称脚弓踢球。踢球时运动员采用直线助跑，助跑方向与出球方向一致，助跑的最后一步稍微加大迈步距离；支撑脚放在球的侧方，与球的距离是 15~30 厘米，支撑脚脚尖正对出球方向；踢球腿由后向前屈膝摆动，当膝关节接近球的垂直面时，小腿加速前摆，大腿稍上提，同时踢球腿与膝关节外展，支撑脚与踢球脚呈 90° 夹角；踢球腿踝关节紧张，脚尖微翘。用脚弓踢球的后中部，踢球腿在踢球后前伸推送，保持用力方向与地面平行。

（2）脚背正面踢球又称正脚背踢球。踢球时运动员采用直线助跑，助跑方向与出球方向一致，助跑最后一步稍微加大迈步距离；支撑脚放在球的侧方，与球的距离是 15~30 厘米，支撑脚脚尖正对出球方向。为了提高球速，小腿应加速摆动，踢球力量应瞬间爆发。用脚背正面踢球的后中部，踢球瞬间屈曲膝关节，膝关节指向踢球方向，踝关节紧张绷直，脚尖与地面垂直（注意脚尖不能踢到地面）。摆送阶段身体应随球跟进，小腿摆送，平直送球，大腿不可向上提拉。

（3）脚背内侧踢球。踢球时运动员采用 30°~45° 的斜线助跑，助跑最后一步稍大；支撑脚放在球的侧方，与球的距离是 15~30 厘米，支撑脚脚尖正对出球方向。支撑脚落地时，身体重心应偏向支撑脚的一侧并屈膝缓冲，以保持重心的稳定。用踢球脚大脚趾关节处踢球的中后下部，同时脚尖指向球的外侧，脚尖的方向与助跑方向相同，用脚尖搓球与地面接触的最近点。踢球脚前摆送球的方向应指向出球方向。脚背内侧踢球如图 4-1 所示。

图 4-1　脚背内侧踢球

（4）脚背外侧踢球又称外脚背踢球。脚背外侧踢球的方法基本与脚背正面踢球相同，均采用直线助跑，区别是当踢球腿做爆发式摆动时，脚尖内转，用脚背外侧踢球，即踢球脚的第三、第四和第五跖骨接触球。

（5）脚背正面颠球。脚背正面颠球能增强脚对球的感觉，即球性。方法是双手持球两侧，手臂伸直与地面平行，笔直站立；双手松开球的瞬间伸右（左）脚踢球，踢球时上体微前屈，右（左）脚以髋关节为轴，向前摆动大腿，同时带动小腿向前踢。踢球瞬间，踝关节紧张，脚底几乎与地面平行，脚尖略高于脚跟，用脚背踢球的底部，球弹起的高度大致与膝盖高度相等，球带有回旋，左右脚连续交替踢。

（二）练习指导

（1）两人一组，一人用脚踩球，另一人原地踢球或助跑踢球。主要是体会正确的踢球部位和踢球动作。

（2）假想地面上有一足球，首先做原地踢球练习，然后助跑一步做踢球练习，最后过渡到全程助跑踢球练习。主要是体会无球状态下的助跑和踢球动作。

（3）利用足球墙进行各种踢球练习。主要是通过多次有球练习，加强、巩固、熟练掌握正确的踢球方法。

（4）两人相距 5 ~ 20 米进行踢球练习。主要是通过两人的实战性练习，加强和熟悉踢球方法。

（5）原地脚背正面颠球练习。首先做单脚颠球练习，然后进入左右脚交替颠球练习。主要是通过由简单到复杂的练习，掌握和提高脚背正面颠球技术。

学生在进行各种踢球练习时，应注意助跑的节奏和踢球的部位。

（三）常见错误动作及其纠正方法

（1）脚踝松弛。主要是在脚弓踢球和脚背正面颠球中出现。纠正方法：脚尖翘起，踝关节角度保持在 90°，踝关节稍微用力收紧。

（2）脚背未绷紧，脚背前部或脚尖先触球。主要是在脚背正面踢球、脚背内侧踢球、脚背外侧踢球中出现。纠正方法：脚趾扣紧鞋底，使踝关节绷紧固定。

（3）支撑脚离球过远或过近，支撑脚脚尖未指向出球方向。纠正方法：控制好助跑速度与节奏，步伐清晰，注意力集中；支撑脚放在球的侧方，与球的距离是 15 ~ 30 厘米。

（4）踢球腿摆送随意，不能稳定控制出球方向。纠正方法：有意识地控制摆送方向，踢球腿踢完球后，因惯性作用，可放松向前上方摆动，切勿生硬控制，注意身体随球跟进。

二、停球

停球是指运动员有目的地用身体的合理部位把运行中的球停到需要的控制范围内，以便更好地衔接下一个动作。停球质量的好坏直接影响下一个动作的完成。主要的停球技术有：脚弓停球、脚背外侧停球、脚背正面停球、脚底停球、大腿停球和胸部停球等。

（一）停球技术

（1）脚弓停球又称脚内侧停球。停球时要准确判断球的运行方向和路线，支撑脚脚尖对着来球方向。停球腿提膝外展，脚尖微翘，脚底几乎与地面平行，脚内侧正对来球。先迎球，当脚触球的一瞬间，停球脚随球向后撤引，以缓冲来球的力量，把球停在控制范围内。脚弓停球主要停地滚球、反弹球和空中球。

（2）脚背外侧停球。停球时要准确判断球的运行方向和路线，支撑脚脚尖对着来球方向，停球腿提起屈膝，脚尖内转，用脚背外侧停球。

（3）脚背正面停球。停球时要准确判断球的运行方向和路线，判断好球的落点，移动到位，支撑脚脚尖对着来球方向，停球脚脚背正面向上迎球。当球与脚接触的瞬间，停球脚下沉，速度与球的下落相同。

（4）脚底停球。停球时要准确判断球的运行方向和路线，支撑脚脚尖对着来球方向，停球脚膝关节微屈，脚尖抬起，脚底与地面约呈 45° 角，用脚底停球。注意不能用力踩球。

（5）大腿停球。停球时要准确判断球的运行方向和路线，面对高空来球移动到位，支撑脚脚尖对着来球方向，停球腿大腿抬起，大腿与地面的夹角为 45° 左右。当球与大腿接触瞬间，停球腿大腿下沉，将球停到体前。

（6）胸部停球又称挺胸式胸部停球。停球时要准确判断球的运行方向和落点，调整站位面对来球。两脚前后开立或左右开立，重心在两腿之间，屈膝稳定身体，两臂自然置于体侧。当球接近身体垂直面时，上体稍后仰，同时蹬地、展腹、挺胸，使球接触胸部以后轻微弹起，改变运行方向落于体前。

（二）练习指导

（1）假想有一足球传来，正对来球做好停球技术动作，然后过渡到上步停球练习。主要是体会各种正确停球动作。

（2）自抛自停技术练习。

（3）两人一组，一人抛球，另一人停球。

（4）两人相距 5 米进行传停球练习。

（三）常见错误动作及其纠正方法

（1）抬脚超过球的高度，造成漏球。纠正方法：控制好抬脚高度。

（2）肌肉、关节过于紧张，不能有效缓冲来球力量。纠正方法：停球腿适当放松，注意脚的后撤。

（3）下颚抬起，影响观察。纠正方法：收紧下颚，两眼注视来球。

（4）上体后仰角度太小，球反弹离身体太远。纠正方法：判断好来球的角度和力量，调整身体后仰角度。

三、运球和运球过人

运球是指用脚的某一部位推球。常见的运球技术有：脚内侧运球、脚背正面运球、脚背外侧运球和脚背内侧运球等。

运球过人是指持球者在运球时运用一定的方法突破防守者，从而取得传球或射门机会。常见的运球过人技术有：利用速度强行过人、利用变向过人、运用假动作过人等。

（一）运球和运球过人技术

（1）脚内侧运球。运球时肩部侧向运球方向，身体侧转；支撑腿膝关节微屈，重心在支撑腿上；运球腿提起、屈膝，用脚内侧推拨球前进，然后运球腿着地。

（2）脚背正面运球。运球时身体保持正常跑动姿势，上体稍前倾，步幅不宜过大；运球脚提起，膝关节稍屈，提踵，脚尖与地面垂直，用脚背正面推拨球的后中部。

（3）脚背外侧运球。运球跑动时，身体自然放松，步幅稍小；运球脚在身体正面提起，膝稍内扣，脚跟提起，脚尖内转；用脚背外侧推拨球，随后运球脚顺势落地。

（4）脚背内侧运球。运球时身体稍侧转，运球脚提踵、脚尖外转，用脚背内侧正对运球方向推拨球前进。

（5）利用速度强度行过人。运球时发现对手身后较大纵深内无其他防守者，或其他防守者难以补位，持球者结合突然的快速推拨球和快速的奔跑越过对手的阻拦。

（6）利用变向过人。持球者在运球接近对手后，突然改变运球方向并快速启动加速越过对手的防守。

（7）运用假动作过人。持球者运球时利用腿部、上体、头部虚假的晃动，使对手产生错觉，做出抢球动作或造成重心错误的移动，持球者抓住时机从另一方向越过对手。

（二）练习指导

（1）在慢跑中进行各种运球练习。

（2）在慢跑中双脚交替运球。

（3）拨球、拉球和扣球练习。

（4）运球绕杆练习。

（5）两人一组，一人运球过人，另一人消极防守。

（三）常见错误动作及其纠正方法

（1）低头看球，无法观察球场上的情况。纠正方法：用余光观察，兼顾球和周围情况。

（2）踢球时用力过大，导致球离身体过远。纠正方法：注意脚踝放松，触球时踝关节稍加缓冲。

（3）做假动作时离对手太近，被对手抢断。纠正方法：准确判断对手的移动情况。

（4）变向启动太慢，失去对球的控制。纠正方法：加快启动速度。

四、头顶球

头顶球是指运动员有目的地用额部将球顶向预定目标的动作。头顶球技术按触球部位可分为前额正面顶球和前额侧面顶球。

（一）头顶球技术

（1）前额正面顶球。身体正对来球，两腿自然开立，膝微屈，两眼注视来球；当球接近时，上体稍后仰，展腹挺胸，两臂自然张开，下颚收紧，身体自下而上蹬地、收腹、摆体、顶送发力；当头摆至身体垂直时，用前额正面顶球的后中部。

（2）前额侧面顶球。身体稍侧对来球，两腿前后开立；出球时支撑腿在前，身体向侧后方微屈，重心落在后腿上，两臂自然张开，眼睛注视来球；顶球时，后脚向出球方向猛力蹬伸，身体随之向出球方向转动侧摆，同时颈部侧甩发力，用前额侧面将球顶出。

（二）练习指导

（1）做各种头顶球的模仿动作练习。

（2）用前额正面连续颠球。

（3）利用吊球进行头顶球练习。

（4）两人一组，一人抛球，另一人头顶球回传。

（5）两人相距 20 米，一人传球，另一人头顶球。

（三）常见错误动作及其纠正方法

（1）无蹬地收腹动作，单靠摆头用力。纠正方法：加大动作幅度。

（2）抬下颚，前额朝向上方，导致出球太高。纠正方法：收紧下颚，两眼注视来球。

（3）发力过早，导致顶球无力或头顶部触球。纠正方法：稍晚发力，但收腹要快。

五、抢断球

抢断球是指防守队员有目的地运用身体的某一部位，将对手控制或传递中的球夺过来、踢出去或破坏掉的技术动作方法。抢断球技术主要包括断球和抢球。

（一）抢断球技术

（1）断球。断球队员根据场上的需要，用合理的动作将对手的传球破坏掉。

（2）抢球。抢球队员逼近控球队员，控制好身体重心，两膝弯曲，上体略前倾，注意观察控球队员的脚下动作。在控球队员触球的一刹那，抢球队员的支撑脚后蹬发力，抢球腿屈膝，用脚内侧向球跨步，身体重心快速前移，支撑脚前跨将球控住。

（二）练习指导

（1）一人在身前持球，另一人做抢断球技术练习。

（2）三人一组，两人相距 5～10 米传球，另一人快速断球。

在练习抢断球技术时，控球队员应消极慢速运球，抢断球队员应积极抢断球。

（三）常见错误动作及其纠正方法

（1）抢断球队员注意力不集中，判断错误。纠正方法：集中注意力。

（2）运球、传球队员速度太快。纠正方法：运球、传球队员要消极，减慢运球、传球速度。

六、掷界外球

（一）掷界外球技术

掷界外球时，面向场内，两脚左右或前后跨立；将球上举至头后，上体后仰呈反弓形；蹬地收腹，上体前屈，两臂前摆，用力甩腕将球掷入场内，注意双脚都不能离地。

（二）练习指导

（1）在边线上进行无球掷界外球技术练习。

（2）在边线上进行有球掷界外球技术练习。

（3）在边线上进行助跑掷界外球技术练习。

（三）常见错误动作及其纠正方法

（1）未将球举至头后。纠正方法：注意双手将球举到头后。

（2）脚离地或跳起掷球。纠正方法：两脚或单脚均不能离地。

（3）掷球无力，掷得不远。纠正方法：加大上体后仰幅度，形成反弓形，注意蹬地收腹。

第三节　足球运动基本战术

足球运动基本战术是指足球比赛攻守过程中的个人行动和集体配合，主要包括比赛阵形、进攻战术、防守战术等。

一、比赛阵形

比赛阵形是指比赛场上队员之间的基本位置排列、攻守力量搭配和分工的形式，主要包括"四三三"阵形、"四四二"阵形、"四二三一"阵形等。

（1）"四三三"阵形。该阵形由"四四二"阵形演变而来，场上队员的站位情况是4名后卫、3名前卫和3名前锋。4名后卫中，2名中后卫镇守中路，其中一名中后卫站位稍靠前，负责盯人，另一名中后卫稍靠后，负责保护堵漏；2名边后卫分别把守左、右两侧区域。3名前锋中，中锋在中路接应、穿插，2名边锋在左右区域游动、沉底。3名前卫在中间地带，2名边前卫分居左右，中前卫可以居前或拖后，三人共同负责中场。"四三三"阵形如图4-2所示。

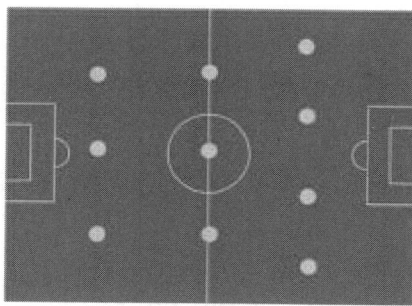

图4-2　"四三三"阵形

（2）"四四二"阵形。该阵形是由"四三三"式阵形变化而来，是将1名前锋回撤到中场而形成。主要特点是全队防守更加巩固，有利于快速反击，场上队员更加机动，中、后场队员可随机插上进攻。场上队员站位情况是，4名后卫、4名前卫和2名前锋。4名后卫中，2名中后卫镇守中路。其中一名中后卫站位稍靠前，负责盯人；另一名中后卫稍靠后，负责保护堵漏。2名边后卫分别把守左、右两侧区域。4名前卫站位主要是"菱形"或平行站位。2名前锋主要活动在对方中后卫和边后卫之间的两肋，通过传切和交叉换位，突破对方防线，创造射门机会。

（3）"四二三一"阵形。该阵形是"四五一"阵形的变阵，由4名后卫、2名后腰和3个攻击型中场外加1个前锋组成。该阵形对攻防的要求比较高，具有密集型防守反击的特点。后卫线上对左右边后卫的要求是能攻善守的全能球员，中场对双后腰的要求是1名后腰具有好的体能和防守奔跑能力，主要负责中场的防守；另 1 名后腰具有较好的盘带传球能力和掌控比赛节奏的能力，对 2 名边前卫的传中能力要求相对较低，但是要求应该具有内切突破得分能力；前腰则是阵形中的核心，应具备传统前腰的组织传球能力，也要具有较强的得分能力。整个中场的分工非常明确，2 名后腰主管防守和连接中前场，3 名进攻型中场要配合单前锋主攻。"四二三一"阵形如图 4-3 所示。

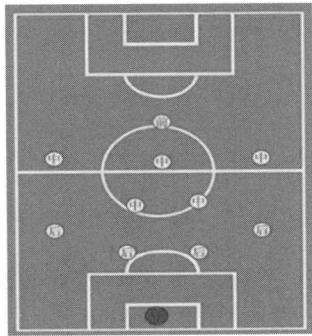

图 4-3　"四二三一"阵形

二、进攻战术

（一）战术解析

进攻战术是指在比赛中，为了战胜对方所采取的个人进攻行动和集体配合的方法。常见的局部进攻战术有：直传斜插二过一、斜传直插二过一、回传反切二过一和交叉掩护二过一等。

（1）直传斜插二过一，如图 4-4 所示。持球队员直线传边路空当，接应队员斜插接球。比赛中，直传斜插一般在边路进攻时采用。

（2）斜传直插二过一，如图 4-5 所示。持球队员斜传中路空当，接应队员直插接球。比赛中，斜传直插一般在边路进攻时采用。

图 4-4　直传斜插二过一

图 4-5　斜传直插二过一

（3）回传反切二过一。当防守队员紧逼防守时，反切队员将球传给跟上的进攻队员，自己反切下去，进攻队员再将球传给反切队员。

（4）交叉掩护二过一。交叉掩护是指在比赛中，进攻队员为了摆脱对方防守，以自己的身体掩护同伴越过对方防守队员，而两名进攻队员在局部区域跑动中左右换位。

（二）练习指导

（1）两名进攻队员要熟悉传球和跑位路线。

（2）防守队员要消极防守。

（3）在对抗情况下进行练习。

（三）常见错误动作及其纠正

（1）传球时机不对，太早或太晚。纠正方法：听信号做跑动和传球练习。

（2）接球队员跑动不到位。纠正方法：明确跑动路线，突然加速跑动。

（3）防守队员太过消极，站立不动。纠正方法：主动跑位，但不出脚抢球。

三、防守战术

防守战术是指在比赛中，为了阻止对方的进攻和重新获得球权所采取的个人防守和集体配合防守的方法。防守战术包括个人防守战术（选位与盯人、断球和抢球）、局部防守战术（保护、补位、围抢和区域防守）和整体防守战术（人盯人防守、区域盯人防守和混合盯人防守）。

（一）个人防守战术

（1）选位与盯人。选位指防守队员在防守时选择合理防守位置的行为，此位置一般应处于对手与本方球门中心所构成的直线上。盯人指防守队员限制进攻队员所采取的行动。防守队员根据对手的位置和有无球情况，对有球队员紧逼贴近，对无球队员盯紧跟住。

（2）断球。将对方的控球或传球拦截或破坏掉的战术行为。

（3）抢球。逼抢控球队员，并预判其传球路线，干扰其节奏。

（二）局部防守战术

（1）保护。队友紧逼控球对手时，自己选择有利位置协助队友，防止对手之间突然的配合。在防守中，积极主动地逼抢控球对手是十分重要的，但是一旦一对一逼抢失败，很容易被对手突破。因此，防守队员之间必须互相保护。当离球较近的队友逼抢控球对手时，离球较远的队员应撤到同伴身后进行保护，控球对手一旦突破队友，可以立即补位。

（2）补位。防守队员为弥补队友在防守中出现的漏洞所采取的互相协助的战术配合。在比赛中，防守队员间的相互补位，可以有效地遏制和破坏对方的进攻行动，变被动为主动。

（3）围抢。两名以上的防守队员从多方位来击控球对手，从而把球抢回来或破坏掉的战术配合。

（4）区域防守。根据场上的位置，每个队员负责防守一定区域，当对手跑入本区域时，就负责盯防，离开这个区域，就不再盯防。这种防守战术较为节省体力。但是，对手可能交叉换位，容易造成局部区域以少防多的被动局面，在邻近位置的结合部还容易漏人。因此，目前的比赛中已很少采用这种防守战术。

（三）整体防守战术

（1）人盯人防守。除自由人以外，其他每个队员都有固定盯人对象的防守战术。

（2）区域盯人防守。每个防守队员负责一定区域，当进攻者进入该区域时，区域防守队员严密盯人，控制进攻者在该区域的一切有效行动。

（3）混合盯人防守。人盯人防守与区域盯人防守相结合的防守战术。

（四）练习指导

（1）先进行选位、盯人、保护、补位练习。

（2）再进行区域防守、区域盯人防守、混合盯人防守练习。

（3）防守队员要明确自己的位置和负责防守的对手或区域，认识到防守的重要性。

（五）常见错误动作及其纠正方法

（1）防守队员站位错误。纠正方法：了解自己的防守位置和区域。

（2）盯人不紧。纠正方法：了解盯人的重要性，对有球队员紧逼盯防。

（3）防守队员离进攻队员太远。纠正方法：要主动靠近进攻队员，使其在自己的防守范围内。

第四节　足球竞赛规则与裁判法

一、足球比赛场地

（一）足球场地

足球场地必须是长方形，长 90 ~ 120 米，宽 45 ~ 90 米。国际足球比赛场地长 100 ~ 110 米，宽 64 ~ 75 米。地面必须平坦，硬度合适，以不伤害运动员和不影响球的正常运行为原则。

（二）界线

足球场地的条线宽度不超过 12 厘米，包括场地内各区域线，球门线的宽度与球门柱的宽度相等。

（三）边线与球门线

边线是表示足球场地长度的线。球门线即放置球门的线，也是表示足球场地宽度的线。当球的整体从地面或空中越过边线时，为出界球并成为死球，以掷界外球方式恢复比赛；当球的整体从地面或空中越过球门以外的球门线成为死球时，以踢球门球或角球恢复比赛。

（四）中线

中线把整个足球场地分为两个相等的半场，中线的宽度应包括在每个半场的面积内。

（五）中点

中线上的中点俗称开球点，开球时必须把球放在该点上。

（六）中圈

中圈是以中点为圆心，以 9.15 米为半径画成的圈。开球时防守队员必须站在中圈以外的本方半场内。

（七）球门区

在比赛场地两端距球门柱内侧 5.5 米处的球门线上，向场内各画一条长 5.5 米、与球门线垂直的线，一端与球门线相接，另一端画一条连线与球门线平行，这些线与球门线构成的区域为球门区。

（八）罚球区

在比赛场地两端距球门柱内侧 16.5 米处的球门线上，向场地各画一条长 16.5 米、与球门线垂直的线，一端与球门线相接，另一端画一条连线与球门线平行，这些线与球门构成的区域为罚球区。

（九）罚球点

两球门线中点，垂直向场内 11 米处，各有一个清晰的标志为罚球点。罚点球时，球必须放定在罚球点上。

（十）罚球弧

以罚球点为圆心，9.15 米为半径，在罚球区外画的一段弧线叫罚球弧。

（十一）角球弧

以边线与球门线外沿交点为圆心，1 米为半径，向场内画 1/4 圆弧，弧内区域为角球区。

二、器材设备

（一）角旗

角旗是场地四周的标志，应垂直竖立于边线与球门线外沿的交点处。

角旗杆的高度不得低于 1.5 米，顶端为平顶，颜色与助理裁判员用旗和场地颜色有明显区别，规格一般为 30～40 厘米。

（二）中线旗

在中线两端距边线外至少 1 米处，可各竖立一面与角旗大小相同的中线旗，作为中线的标志。它有利于裁判员判罚越位。

（三）球门

球门应设在球门线的中央。每个球门由两根内沿相距 7.32 米、与两旗点距离相等的直立门柱，以及一根下沿距地面 2.44 米的横木连接而成。比赛时的球门应固定在场地上。门柱及横木的宽度、厚度与球门线均应相等，不得超过 12 厘米。球应为白色。

（四）球

比赛用球应为圆形，外壳用皮革或其他适应材料制成，不得含有可能伤害运动员的材料。球的圆周为 68～70 厘米，重量为 410～450 克，充气后其压力相当于 0.6～11 个大气压。比赛中未经裁判员许可不得更换比赛用球。

三、竞赛规则

（一）挑边

裁判员将双方运动员带进场内。在完成比赛前的各种仪式后，双方队长各选择挑边器的某一面，由裁判员将挑边器向上抛转后接入手中或自由落至地面。选中的某队选择场地，对方开球。

（二）开球

当双方队员在各自的半场站好以后，裁判员可以信号指示守方守门员做好准备，然后鸣哨。当球踢向对方半场后，比赛开始。比赛开始前，攻方队员不准进入对方半场，守方队员也不准进入中圈或进入对方半场，否则应重新开球。开球可直接射门得分。

（三）球出界

比赛进行中，当球的整体从空中或地面越过边线或球门线，即为球出界。

（四）掷界外球

掷界外球是恢复比赛的一种手段。当球的整体从空中或地面越过边线后，由最后触球队员的对方队员在球出界处掷界外球恢复比赛。

（五）踢球门球

当球的整体从空中或地面越过本方球门线，最后触球是对方队员时，由本方队员在本方球门区内任何地点踢球门球。

（六）踢角球

比赛进行中，队员将球的整体由地面或空中踢或触出本方球门线时，由对方队员在离球出界处较近的角球弧内踢角球。

（七）胜一球

比赛进行中，球的整体从门柱间及横木下越过球门线，而此前未违反规则规定，即为胜一球。

（八）直接任意球

可以直接射入对方球门得分的任意球称为直接任意球。裁判员认为队员有下列 10 种犯规时，应判罚直接任意球：踢或企图踢对方队员；绊摔或企图绊摔对方队员；跳向对方队员；冲撞对方队员；打或企图打对方队员；推对方队员；抢截对方队员所控制的球时，于触球前触到对方队员；拉扯对方队员；向对方队员吐唾沫；故意手球。罚直接任意球时，球要放在犯规地点；球被踢动，比赛恢复；比赛恢复前，防守队员必须距球至少 9.15 米。

（九）间接任意球

当球被踢动后，经场上其他队员触及方能得分的任意球称为间接任意球。比赛中可判为间接任意球的犯规共有 9 种。其中针对守门员的犯规有 5 种：用手控制球后，在发出球之前持球超过 6 秒；发出球之后未经其他队员触球而再次用手触球；用手触及同队队员故意踢来的球；用手触及同队队员直接掷入的界外球；用手或臂部持球故意拖延时间。其他犯规有 4 种：队员的动作具有危险性；队员的目的不在踢球，球又未在其控制范围内，用身体阻挡对方队员；阻拦对方守门员从其手中发球；犯有规则中没有提及的，又需要裁判员停止比赛并执行警告或罚令出场的任何其他犯规。踢间接任意球时，防守队员必须距球至少 9.15 米。罚球方也可不等裁判员鸣哨即罚球形成快攻。

（十）罚球点球

比赛中，队员在本方罚球区内故意犯规需判罚直接任意球时，即判为罚球点球。

（十一）越位

凡队员在对方半场，较球更接近于对方球门线，该队员与对方球门线之间队员不足两人，即为该队员处于越位位置。比赛进行中，处于越位位置的队员并不犯规，只有当同队队员踢或触球的一刹那，处于越位位置的队员干扰比赛，干扰对方队员，或利用越位位置获得利益时，才判罚越位犯规。而判定是否处于越位位置的时间是同队队员踢或触球的一瞬间，而不是该队员接得球的一瞬间。规则规定处于越位位置的队员直接接到同队队员的球门球、界外球和角球时，不是越位犯规。

（十二）警告

比赛中，裁判员除对球员的一般性犯规进行准确及时的判罚和技术处罚，有时为使比赛顺利进行，制止犯规和各种非体育道德行为，还可以采取纪律处罚，警告就是其中一种。可警告的犯规（出示黄牌）包括：有非体育道德行为；以语言或行动表示异议；持续违反规则；延误比赛重新开始；当以角球和任意球重新开始比赛时，不退出规定的距离；未得到裁判员许可进入或重新进入比赛场地；未得到裁判员许可故意离开比赛场地。

（十三）罚令出场

如果球员有下列 7 种犯规中的任何一种，将被罚令出场并得到红牌：严重犯规；暴力行为；向对方或其他任何人吐唾沫；用故意手球破坏对方的进球或明显的进球得分机会；用可判为任意球或罚点球的犯规破坏对方向本方球门移动着的明显的进球得分机会；使用无礼的侮辱或辱骂性的语言及动作；在同一场比赛中得到第二次黄牌警告。

（十四）有利条款

裁判员在比赛中应避免做出对犯规队有利的判罚，如被犯规队能获利，应允许比赛继续进行。

如果有必要，可在比赛死球时对犯规队员进行警告或罚令出场。如果预期的"有利"在那一时刻（2～3秒）没有发生，则应判罚最初的犯规。

（十五）比赛时间

每场比赛90分钟，分上下两个半场，每个半场为45分钟。中场休息不得超过15分钟。每半场比赛中因故损失的时间应补足，补多少时间由裁判员酌情决定，在每半场比赛临近结束前，由裁判员设法通知第四官员，并由第四官员向公众举牌示意。

（十六）换人

在由国际足联、洲际联合会或国家协会主办的正式比赛中，每场比赛最多可使用3名替补队员（含守门员），并应在竞赛规程中明确。替补队员名单必须在赛前交给裁判员，人数最多不超过7名。一般的友谊赛可经双方协商替补人数，如果比赛前裁判员未得到通知，两队也未达成一致，则替补队员不得超过3名。

需要换人时，应先通知第四官员。在比赛成死球时，经裁判员同意，被替补队员从中线处离场后，替补队员再进场。被替换下场的队员不得再次参加该场比赛。场上队员都可与守门员互换位置，但须在比赛停止时通知裁判员，并更换比赛服装。裁判员有权在比赛开始前将违反相应规定的队员罚令出场，并只允许从被提名的替补队员中进行替换，该替换不计入替补数额。

第五章
篮球

本章主要介绍篮球运动，包括篮球运动概述、篮球运动基本技术、篮球运动基本战术、篮球运动竞赛规则与裁判法。本章能够帮助大学生全面了解篮球运动的特点，提高大学生学习篮球运动相关知识的积极性，有助于篮球运动在学校的普及和发展。

第一节　篮球运动概述

一、篮球运动的起源

篮球运动是根据把球投进悬挂在高处的目标的次数多少来判断胜负的一项运动，由于最初是用装水果的篮子作为投掷目标，因而被称为篮球。

现代篮球运动起源于美国，自 1891 年发展至今，先后经历了原始初创时期、逐步完善时期、普及时期、全面快速提高时期。20 世纪 80 年代中期以来，随着各国职业篮球队走上奥运赛场，世界篮球运动进入了全新的阶段，篮球技战术不断丰富，篮球运动的风格发生了重大的变化。

篮球运动是 1891 年美国马萨诸塞州斯普林菲尔德市（春田市）的体育教师詹姆士·奈史密斯创造的。同年年底，这所学校举行了人类体育史上第一场篮球比赛，一名叫威廉·切斯的学生因在这场比赛中投进了唯一的进球而名垂青史。当时正值寒冬，在室外进行锻炼很困难，奈史密斯便想在室内开展一些具有竞争性、对抗性的活动，以弥补室外运动的不足。他把两只装水果的篮子钉在教室两边的墙上，把学生分成两队，每队 9 人，让他们将球投进对方的果篮里，哪个队进球多，哪队为胜。当时他也临时定了一些比赛规则。1892 年 3 月 11 日，这所学校举行了一场教师队与学生队的比赛，两队分别由 7 名教师和 7 名学生组成，结果学生队以 5∶1 战胜教师队。这场比赛被认为是篮球运动史上最早的正式比赛，从此揭开了篮球运动走向世界的序幕。

最初的篮球运动遇到了一些麻烦，例如球被投进 3.05 米高的果篮后，要有专人爬上梯子将球取出，比赛不得不因此中断，后来人们在果篮的底部挖了一个洞，解决了爬梯子取球的问题；最初的球篮只是固定在一根木杆上，没有篮板，球常常打到观众席上，直到 1895 年出现篮板才基本解决这个问题。最初的篮球比赛场地大小不限，上场人数不限，两队人数相等即可。在 1892～1895

年，篮球比赛有了 9 人制和 5 人制的规定。1895 年后，男子比赛上场人数确定为每队 5 人。女子篮球运动从 1892 年就已开始，最初比赛也是采用 9 人制，1948 年正式改为 5 人制，与男子比赛相同。

二、篮球运动的发展

现代篮球运动已经发展成为融科技、文教和技艺为一体的国际性大众竞技体育运动，在国际篮球联合会的统一指导下以严格的比赛规则和特定的竞赛方式，展开俱乐部之间或者国家队之间的高水平对抗、竞争，整个竞赛活动过程充分显示出人类生命的活力、民族的自强和时代的发展进步。篮球运动以其特有的魅力，深受世界各国人民的喜爱。国际篮球联合会成为世界上单项体育人口最多的国际单项运动协会。奥林匹克运动会男、女篮比赛和男、女篮世界杯，是以国家或地区为参赛单位的国际篮球联合会最高水平赛事。美国职业篮球联赛汇集了众多顶尖的篮球运动员，代表了俱乐部之间的最高水平竞赛。

篮球运动以"更高""更快""更全""更准""多变"的趋势发展，篮球技术的运用则向"更精练""技艺化""智谋化""女子男性化"的方向发展。篮球运动逐渐向更高水平发展，使人们感觉篮球场在变小、比赛时间在变短、篮筐在变低、场上变化更快、攻守队员身体接触更多、比分越来越高、高水平球员的技术越加突出。

三、我国篮球运动的发展

篮球运动于 1895 年被引入我国，最早在天津和华北地区传播，随后在一些大、中城市和大、中学校传播。1910 年的全运会举行了男子篮球表演赛之后，全国各大城市的篮球基础得到发展。中华人民共和国成立后，我国的篮球运动得到长足的发展，实行等级比赛制度和运动员集训制度。1992 年的巴塞罗那奥运会，我国女篮获得亚军，成为世界强队之一；1994 年的世界锦标赛，女篮也获得亚军。我国男篮曾经一直在亚洲保持领先地位，1994 年的世界锦标赛，男篮获得第 8 名；2004 年的雅典奥运会，男篮获得第 8 名；2008 年的北京奥运会，在姚明的带领下，我国男篮最后一次进入奥运会前 8 名。我国高校体育院系自 20 世纪 50 年代开始招收篮球运动专业本科生并同时培养篮球专业研究生，20 世纪 90 年代开始招收篮球运动专业博士生，培养篮球运动高级专业人才。1998 年我国举行了首届中国大学生篮球联赛，一大批高水平篮球运动专业人才进入高校。篮球运动也成为我国普通高校体育课的主修课程之一，深受大学生们喜爱。

如果说音乐是没有国界的语言，篮球运动就是没有国界的运动。从耗资上亿的球馆到各单位、各企业的各类室外球场及街头的水泥场地，篮球已成为一项大众运动项目。游戏与竞争的双重内涵，构成了篮球运动的独特魅力。篮球比赛中的攻与守、投篮与封盖、突破与拦截、篮板球的争抢等，对球员的身体素质、技术、战术、篮球意识和比赛能力是良好的锻炼，更是对其人格精神和意志品质的良好锻炼。

四、篮球运动的功能

（一）对抗与竞争的体现

篮球是对抗强、身体接触频繁的运动，兼具智力与体力的拼搏。篮球比赛是在专门的规则下进行的，以争夺球权进而得分为目的，所以在激烈的对抗竞争中，运动员要根据对方的情况随机应变，及时做出有效的应对。因此，篮球运动对改善运动员的身体素质、身体机能、感受器官功能以及心理素质都有良好的作用。篮球运动不仅能给人们带来运动的快感，还能促进身心的全面发展。

（二）个体技能的展现与集体配合的交融

有良好的身体素质，同时控球稳，传、切、投技术熟练，攻防意识强，是优秀篮球运动员的必备条件。篮球比赛中，个体能力是战术配合的基础条件，要求运动员拥有稳定的心理状态、清醒的头脑、扎实的技术及较强的战术配合意识。

篮球运动对培养运动员的团队精神和集体荣誉感，以及增强组织纪律性，都有十分积极的作用；对大学生正确认识与处理人际关系，更好地融入社会、全面发展也具有良好的作用。

（三）提高免疫力，形成终身体育观

经常进行篮球运动，可以增强人体心肌收缩及心脏负荷能力，增加肺活量，加速血液循环，加快新陈代谢，从而提高人体的免疫力，增强人体对外界的适应能力以及抵御疾病侵袭的能力。篮球运动是一项磨炼意志的竞技体育项目，也是锻炼体能的良好方式，对增强体质也有十分有效的作用，能促进大学生形成终身体育观。

（四）以球会友，构建和谐社会

篮球运动不仅是双方技术与身体的对抗，也同样给对抗双方提供了绝好的交流机会。对抗双方虽然在场上互不相让，场下却可以交流切磋、共同进步。随着篮球运动的普及，以球会友已经成为个体向社会化转变的有效途径，也是调节人的情绪和联络彼此感情的重要手段。人们通过球技上的切磋，情感上的交流，加深沟通，增进友谊，共同构建和谐社会。

五、篮球运动的国际组织

（一）国际篮球联合会

国际篮球联合会于 1932 年在瑞士的日内瓦成立，已经由最初的 8 个会员发展到 213 个会员。国际篮球联合会下设技术、规则、国际组织、财务、青年男子、青年女子、国际小篮球和资格委员会等部门，定期举办奥林匹克运动会男子、女子篮球赛，男子、女子篮球锦标赛（世界杯），世界男子、女子青少年篮球锦标赛，洲际男子、女子篮球锦标赛，青年男子、女子篮球锦标赛，等等。

（二）亚洲篮球联合会

亚洲篮球联合会于 1958 年成立于日本东京，目前拥有近 30 个会员，总部设在主席所在城市。亚洲篮球联合会的宗旨是促进发展和管理亚洲篮球运动各类比赛。

（三）中国篮球协会

中国篮球协会是中华全国体育总会（体育总局）领导下的协会之一，是中国篮球运动的全国性群众组织。中国篮球协会的宗旨是在全国大力开展群众性篮球运动，举办全国篮球竞赛活动，加强和密切与国际篮球联合会、亚洲篮球联合会以及所属机构的关系，参加国际篮球赛事和训练活动，选拔国家队队员和教练员，评定运动员和教练员等级，修订全国篮球比赛规则和裁判法等。

第二节　篮球运动基本技术

篮球运动技术是在篮球比赛中运用的各种专门动作方法的总称，是篮球比赛的基础，分为进攻技术和防守技术两大类。篮球的进攻技术主要有传球、接球、投篮、运球、突破和抢篮板等。篮球的防守技术主要有抢球、断球等。

一、传接球

传接球是指篮球比赛中进攻队员有目的地转移球，是进攻者之间相互联系和组织进攻的纽带，是实现战术配合的桥梁。传接球技术分为单手、双手传接球两类，也分为原地、行进间和跳起传接球。

（一）双手胸前传接球

1. 技术解析

（1）持球：双手五指分开，拇指相对呈八字形，指根以上部位触球，掌心空出，持球的两侧，两臂屈肘于体侧，持球于胸腹间。

（2）传球：两脚前后或平行自然开立，眼睛平视传球目标；传球时后脚用力蹬地，身体重心前移，迅速伸手臂，手腕由上而下、由内向外前屈，拇指下压，食指、中指拨球将球传出；球向前飞行，向后旋转。传球要做到快速、及时、准确、到位。

（3）接球：双手呈持球状，向前伸手臂，眼睛注视来球，肩臂要放松；触球的瞬间，屈肘，手臂后引，将球收入胸腹之间。接球要做到积极主动，上前迎球。

双手胸前传接球如图 5-1 所示。

图 5-1　双手胸前传接球

2. 练习指导

单人对墙传球练习；两人或多人在不同方向、不同距离做原地传接球练习；两人或三人做移动中不同距离的传接球练习。

3. 纠错指导

传球方面：传出的球无力，影响球飞行的稳定性。

传球要做到：屈肘按球胸腹间，伸臂抖腕脚蹬地，飞行高度在胸前，前飞后转腕指间。

接球方面：接球不稳，容易失误。

接球要做到：主动伸臂前迎球，接球屈肘胸腹间，屈膝护球是关键，要做到手脚协调。

（二）单手肩上传接球

1. 技术解析

以右手肩上传接球为例，双手持球于右肩侧前方，向右侧身，左肩朝前，左脚前、右脚后，重心落于右脚；传球时，松开左手，同时右脚蹬地向左转体，右臂迅速向前挥摆，屈腕，用食指、中指拨球。单手肩上传接球如图 5-2 所示。

图 5-2　单手肩上传接球

2. 练习指导

两人一组做原地单手肩上传接球练习、对墙的传球练习，体会挥臂、屈腕、手指拨球；两人一组行进间运球，结合传球练习。

3. 纠错指导

持球方式不对、传球时手脚配合不够协调，导致传球力量不足、球的飞行速度慢、传球不到位。

单手肩上传球要做到：双手引球到肩上，挥臂转体屈手腕，蹬地送髋要协调，传球快速须到位。

（三）行进间传接球

1. 技术解析

行进间传接球是篮球比赛中实现战术配合的重要纽带，关键点是快速、隐蔽、准确、巧妙。以行进间双手胸前传球为例，双手持球于胸腹之间，脚尖朝前进方向，向左或向右侧身，跑动中将球传至同伴前一步的位置。

2. 练习指导

（1）两人一组，做全场往返传接球练习。

（2）三人一组，做 8 字传接球练习。

（3）四人一组，做四角传接球练习。

3. 纠错指导

跑动中脚尖横移，造成转身而不是侧身，以至传球不到位。

行进间传接球要做到：脚尖朝前身体侧，伸臂传球要快速有力、准确到位。

（四）跑动传接球

1. 技术解析

在移动中综合运用上述传接球方法，考验运动员的传接球能力，对运动员的协调性要求较高。

2. 练习指导

将全队等分为 4 组，每组分别站在半场 4 个角上。斜对角传球，每名队员传球后，要立即沿传球路线（从右侧）跑到该组队尾，球和队员的移动路线大致呈"X"形。

3. 纠错指导

跑动路线混乱。要求传球后必须到右侧队尾，跑动方向务必统一。

二、运球

运球是篮球比赛中进攻的重要手段之一。它不仅是运动员摆脱防守、突破对手的进攻手段，更是组织全队进攻的重要桥梁。运球的种类有很多，比赛中运用不同运球技术的组合与变化，更具有突然性、攻击性和实效性。

（一）高、低运球

高运球常用于快攻，特点是拍球力量大、球反弹的距离长，身体重心高、速度快，便于观察场上情况。低运球常运用于进攻受阻时摆脱防守。

1. 技术解析

（1）高运球：抬头目视前方，上体稍前倾，两膝稍弯曲，以肩为轴，运球手臂自然屈伸，用手腕、手指柔和而有力地按拍球的后上方，将球的落点控制在运球手臂同侧脚的外侧前方，使球有节奏地向前运行，如图 5-3 所示。

图 5-3　高运球

（2）低运球：两腿弯曲，重心下降，上体前倾，侧身护球，手腕、手指快速短促有力地按拍球的后上方，如图 5-4 所示。

2. 练习指导

原地做高、低双手交替运球练习，单手左、右拉运球练习，体侧前、后拉运球练习，行进间高、低、左、右变向运球练习。在有防守的对抗中练习。

3. 纠错指导

运球时低头，手指及手腕僵硬、配合不协调。

运球要做到：屈膝抬头看前方，以肩为轴带手臂，手腕手指配合好。

图 5-4 低运球

（二）双手、单手体前变向运球

双手、单手体前变向运球是比赛中，运球队员遭遇贴身防守时采用的一种进攻方式。

1. 技术解析

（1）双手体前变向运球：从右往左变向时，右手按拍球的右后上侧，将球由右侧按拍至身体左侧前方，同时右脚向左侧前方跨出，上体左转向前探肩，换左手运球推进或进攻（从左往右与从右往左变向动作相似）。

（2）单手体前变向运球：以右手体前变向运球为例，运球贴近防守者，先将球往左侧运，当防守者重心移至运球者左侧时，运球者右手按拍球的左上方，将球按拍至身体的右侧前方，突破推进（左手体前变向与右手相似），如图 5-5 所示。

图 5-5 单手体前变向运球

2. 练习指导

原地做双手交替运球练习单手体前、体侧推拉球练习，设置障碍点做变向运球练习，一对一攻防练习。

3. 纠错指导

变向运球时脚步滞后，没有做侧身探肩动作。

变向运球要做到：变向迈腿要侧身，拍球探肩护好球，超越防守即加速，蹬转探肩要协调。

三、投篮

投篮是进攻队员为了将球投入对方篮筐所采用的各种动作方法的总称，是得分的重要手段。投篮技术分为原地投篮、行进间投篮和跳起投篮，也分为单手投篮和双手投篮。投篮技术分类如图 5-6 所示。

```
                                    ┌ 双手头上投篮
                          原地投篮 ┤ 双手胸前投篮
                                    │ 单手头上投篮
                                    └ 单手肩上投篮

                                    ┌ 单手肩上投篮
                          行进间投篮┤ 单手低手投篮
                                    │ 反手投篮
                                    └ 勾手投篮

                                                ┌ 单手肩上投篮
                                    原地跳起投篮 ┤
    投篮                            │           └ 单手头上投篮
                          跳起投篮 ┤           ┌ 接球急停跳起投篮
                                    │ 急停跳起投篮┤
                                    │           └ 运球急停跳起投篮
                                    │           ┌ 跳起转身投篮
                                    └ 跳起投篮  ┤
                                                └ 转身跳起投篮

                                    ┌ 单手补篮
                          补篮     ┤
                                    └ 双手补篮

                                    ┌ 双手扣篮
                          扣篮     ┤
                                    └ 单手扣篮
```

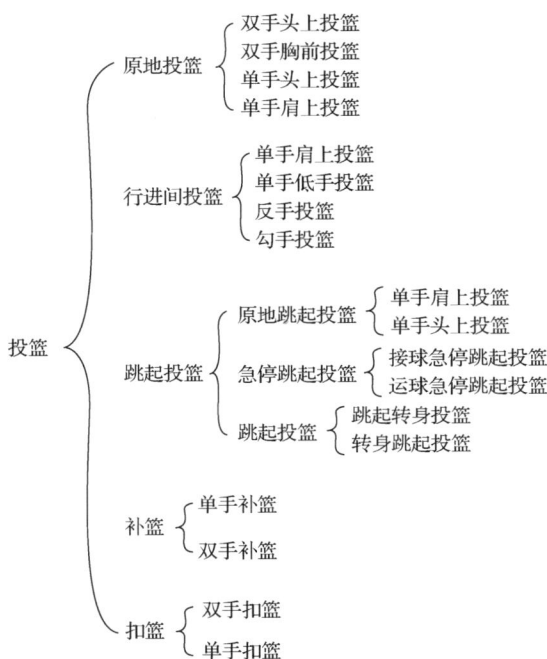

图 5-6　投篮技术分类

（一）原地单手肩上投篮

1. 技术解析

以原地右手肩上投篮为例，两脚平行开立或前后开立，重心落在两脚之间，右手腕后屈，五指自然张开，左手扶在球的左侧上方，持球于头的右侧前方；投篮时，屈膝，脚蹬地，重心向上抬，手臂向前上方送球，同时前屈手腕，食指、中指拨球，把球向前上方投出，如图 5-7 所示。

图 5-7　原地单手肩上投篮

2. 练习指导

（1）原地对墙做自投自接练习。

（2）两人一组面对面做投篮练习。

（3）两人一组做有防守干扰的投篮练习。

3. 纠错指导

持球动作不正确，投篮时手指过早或过晚拨球，用力不协调，肘关节过于弯曲。

原地单手肩上投篮要做到：持球动作正确；手腕、肘关节正对篮圈，不要外撇；蹬地、伸臂、屈腕；食指、中指拨球。

（二）行进间单手肩上投篮

行进间单手肩上投篮常用于突破切入上篮，是距篮筐中远距离时常用的一种得分手段。

1. 技术解析

以行进间右手肩上投篮为例，右脚向前跨一大步，双手合球，左脚向前跨一小步，同时举球至右肩侧前方；右脚下蹬，身体展开，右臂向前上方举起，前屈手腕，用食指、中指拨球，将球投出；双脚落地，屈膝缓冲。

2. 练习指导

（1）徒手做模拟练习，助跑摸高体会空中屈伸动作。

（2）半场或全场无防守运球投篮练习。

（3）结合实战，进行有防守的运球突破上篮练习。

3. 纠错指导

第二步过大，影响起跳高度；起跳前冲力过大，身体失去平衡。

行进间单手肩上投篮要做到：步幅一大二小三向上，一步合球二步举球三步下蹬，球出手落地后屈膝缓冲。

（三）跳起投篮

跳起投篮常用于比赛中争抢前场篮板球补篮，进攻队员用假动作使防守队员重心不稳时投篮，运球突破急停时投篮，是原地投篮的更高水平体现。

1. 技术解析

从右手跳起投篮为例，起跳时迅速屈膝，前脚掌用力蹬地起跳，双手举球于右肩侧前方，当身体接近最高点时，左手离球，右臂向前上方伸直，手腕前屈，用食指、中指拨球，落地之前使球出手，落地屈膝缓冲。

2. 练习指导

（1）徒手模拟练习，持球按动作要领模拟练习。

（2）在有对抗、有干扰的条件下练习。

（3）在实战教学比赛中，运用跳起投篮进攻。

3. 纠错指导

起跳时重心不稳，导致后坐和挺腹；蹬地与举球不协调，出手过晚。

跳起投篮要做到：蹬地起跳举球要协调，伸腰屈腹迅速举手臂，球出手后落地屈膝缓冲。

第三节　篮球运动基本战术

篮球运动战术由技术、方法和形式 3 个基本要素组成，是篮球运动员所运用的攻守方法的总称，是运动员个人技术的合理运用和运动员之间相互配合的组织形式。篮球运动战术包括进攻战术、防守战术、快攻与防快攻、区域联防和进攻区域联防、全场紧逼防守和破全场紧迫进攻、半场盯人防守和进攻半场盯人防守等。

篮球进攻战术的基础配合是指两三个进攻队员为了创造有利的投篮机会所采用的个人基本技术组成的配合方法，包括突分配合、传切配合、掩护配合和策应配合。防守战术的基础配合则有以少防多配合，盯人防守时的关门、挤过、穿过、绕过、换人、协防、补位配合以及篮板球的一传防守配合等。

（一）突分配合

突分配合是指进攻队员利用运球突破打乱对手防守阵形，将球传给摆脱防守或占据有利位置的队友的一种进攻配合，如图 5-8 所示。

1. 战术配合解析

⑤从防守者的左侧突破，⑦协防，封堵⑤的篮下突破路线，此时⑦及时跑到有利的进攻位置，接⑤的球投篮。

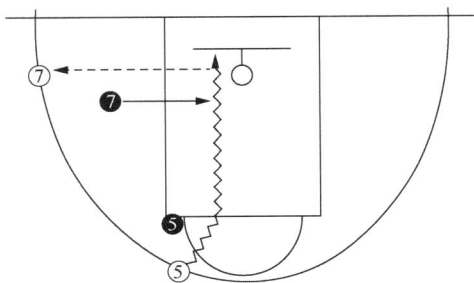

图 5-8　突分配合

2. 练习指导

（1）三人一组，分别负责进攻、防守、策应，适时转换角色。

（2）二对二半场练习，要求进攻队员利用突破进行进攻，防守队员的防由松渐紧。

3. 纠错指导

突破时动作不迅速，队友掌握时机不准。

突分配合要做到：突破动作要迅速突然，及时观察场上情况，及时准确地传球给队友，队友摆脱防守要及时，跑到位，坚决进攻。

（二）传切配合

传切配合是进攻队员利用传球和切入来获得进攻机会的一种进攻战术配合，分为纵切配合和横切配合，如图 5-9 所示。

图 5-9　传切配合

1．战术配合解析

④传给⑤后，立即摆脱对手④切入篮下，接⑤的回传球投篮。

2．练习指导

（1）将队员分成 3 组，徒手做传切配合跑动练习。

（2）三人一组做无防守配合练习。

（3）三人一组做有防守配合练习。

3．纠错指导

切入队员动作突然性不够，切入时机把握不好，路线选择不合理，回传球不及时、不到位。

传切配合要做到：切入队员动作突然、快速，掌握好时机，跑准路线，回传球要隐蔽、快速、及时、准确。

（三）快攻战术

快攻战术是由防守转入进攻时，全队以最快速度、最短时间在对方防守阵形尚未布好时，果断合理地进行反击的一种战术配合。快攻组织形式有长传快攻、短传结合运球推进快攻、运球突破快攻等。

（四）防守基本战术

防守基本战术包含区域联防、区域盯人、半场盯人、全场紧逼等，无论哪种都要根据对手的水平以及本队的实际情况适时调整。

1．战术配合解析

区域联防分为"2-1-2""1-3-1""2-3""3-2"，如图 5-10 所示。

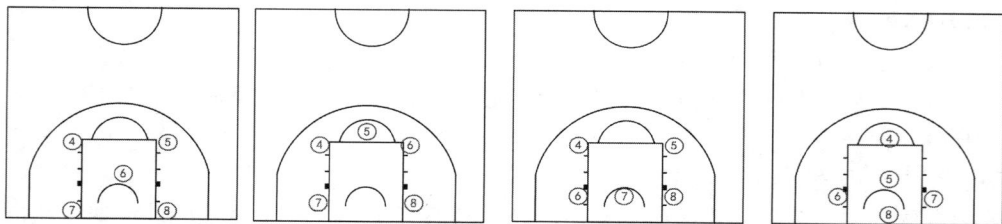

图 5-10　区域联防

2．练习指导

以"2-1-2"为例，采用这种阵形时，防守队员的分布比较均衡，移动距离短，便于相互协作。这种阵形是区域联防的基本阵形，适合用来防守正面进攻强和篮下威胁大的对手，有利于抢篮板和发动快攻。但是这种阵形的两侧 45° 是其薄弱区域，其不利于防守这些区域内的突破、切入以及中远距离投篮。

3．纠错指导

区域联防时只顾着盯人，没有和队友协同配合、调整位置。

区域联防要做到：根据本队队员的身体素质和技术特长，合理分配队员的防守区域，队员之间要协同行动，形成整体防守，要不断调整防守位置。

第四节 篮球运动竞赛规则与裁判法

篮球运动竞赛规则是篮球比赛中裁判员行使权力的依据。随着篮球运动的发展，篮球竞赛规则也经过了多次修改和完善。

一、场地、器材

国际篮球比赛标准场地长 28 米，宽 15 米，场内有中线（长 15 米）、中圈（半径 1.8 米）、3 分线、3 秒禁区。

二、比赛时间、出场人数

国际篮球联合会规定一场篮球比赛分为 4 节，每节 10 分钟，每 2 节为一个半场。如果 4 节比赛结束，双方比分相等，则由若干决胜期决出胜负。前后 2 节之间、每个决胜期之间都休息 2 分钟，上下半场之间休息 15 分钟。上半场的任何时间，每队可申请暂停 2 次；下半场的任何时间，每队可申请暂停 3 次；每个决胜期的任何时间，每队可申请暂停 1 次。上半场未使用的暂停不可在下半场或决胜期使用。每场比赛，双方上场参赛队员均为 5 人，不足 5 人不能比赛。

三、各类犯规及罚则

犯规即是对篮球规则的违犯，包括双方不合理的身体接触或违反体育道德的行为。犯规即对违规者进行登记并按照规则进行处罚。

第六章

气排球

本章涉及气排球运动概述、气排球运动基本技术、气排球运动竞赛规则与裁判法，着重分析了气排球运动的动作方法和技术要领，并给出练习指导。学习本章，大学生可以掌握气排球的基本技术及气排球比赛的基本规则及裁判员手势，为参加气排球比赛储备必要的理论知识和技能。

第一节　气排球运动概述

气排球是起源于我国的一项群众性排球活动。1984 年，呼和浩特铁路局集宁分局为了开展老年人体育活动，在没有规则限制的情况下，组织离退休职工在排球场打气球。由于气球过轻且易爆，他们将两个气球套在一起打，后来又改用儿童软塑球。随后又参照 6 人排球规则制定了简单的比赛规则，并将这种活动形式命名为"气排球"。

气排球运动具有运动适量、不过于激烈，男女可以混合进场参与的特点，是一项集运动、休闲、娱乐为一体的群众性体育项目，如今已受到不同年龄段的人的青睐。

第二节　气排球运动基本技术

气排球运动基本技术是运动员在比赛规则允许的条件下采用的各种合理的击球动作和配合动作的总称。气排球基本技术有两种：一种是无球技术，包括准备姿势和移动、起跳及各种掩护动作等；另一种是有球技术，包括发球、防守击球、传球、扣球和拦网等。

一、准备姿势和移动

准备姿势和移动是气排球运动基本技术之一，属于无球技术，二者相辅相成，是完成发球、防守击球、传球、扣球和拦网等有球技术的前提和基础，并对各项有球技术的运用起到了串联和纽带的作用。

（一）准备姿势

为了完成各种技术动作而采取的合理的身体姿势称为准备姿势。按照身体重心的高低，准备姿势可分为半蹲准备姿势、稍蹲准备姿势和低蹲准备姿势 3 种。

1．动作方法

做半蹲准备姿势时，两脚左右开立稍比肩宽，一脚稍前，两脚脚尖稍内扣，脚跟稍提起；两腿膝关节微屈；上体前倾，重心前移；两臂自然弯曲，双手置于胸腹之间；抬头，两眼注视来球，如图 6-1 所示。稍蹲准备姿势比半蹲准备姿势的重心稍高，动作方法大致相同，如图 6-2 所示，一般用于需快速启动的场景。低蹲准备姿势比半蹲准备姿势重心更低、更靠前，如图 6-3 所示。

图 6-1　半蹲准备姿势　　　　图 6-2　稍蹲准备姿势　　　　图 6-3　低蹲准备姿势

2．技术解析

（1）上体前倾，便于向前或向侧前方移动；双手置于胸腹之间，有利于完成各种击球动作。

（2）两脚保持微动，身体肌肉保持适度紧张。

（3）脚跟提起，膝关节微屈，便于向各个方向蹬地启动。

（4）根据防守位置的不同，两脚站立的位置也略有不同。在左半场区应左脚稍前，身体稍向右转；在右半场区应右脚稍前，身体稍向左转。

3．练习指导

（1）学生成两列横队站立，模仿各种准备姿势。

（2）学生两人一组，一人做准备姿势动作，另一人纠正其错误动作。两人交换练习。

（3）根据教师的手势和口令做半蹲准备姿势、稍蹲准备姿势和低蹲准备姿势。

4．易犯错误及其纠正方法

（1）易犯错误：练习半蹲准备姿势时臀部后坐，身体重心偏后。

纠正方法：保持上体稍前倾。

（2）易犯错误：练习稍蹲准备姿势时弯腰直腿。

纠正方法：强调屈膝直腰。

（二）移动

从启动到制动的过程称为移动。移动主要是为了及时接近球，保持好人与球之间的位置关系，为更好地完成击球动作创造条件，同时也是为了抢占场上的合理位置与同伴配合。此外，两个技术动作的衔接也常常要靠移动来实现。

1．动作方法

（1）并步与滑步

向左移动时，右脚向右蹬地，左脚向左迈步，右脚再迅速跟进，落在左脚的右侧，完成动作。

若只动一步，称为并步。连续地并步则称为滑步。

（2）跨步与跨跳步

如向前移动，后脚用力蹬地，前脚向前跨出一大步，上体前倾，前腿膝关节弯曲，后脚跟进，完成跨步动作。跨步时有跳跃动作的即为跨跳步。

（3）交叉步（以向左交叉步为例）

上体稍向左转，右脚从左脚前向左跨出一步，形成交叉，然后左脚再向左跨出一步，同时身体稍向右转，身体正面对准来球，完成动作。

2．技术解析

（1）并步移动时，后腿跟进要迅速，便于做出各种击球动作。滑步移动时，要注意保持身体重心的稳定。

（2）做跨步动作时，步幅要大，身体重心要低。

（3）做交叉步动作时，身体、脚尖要转向移动方向。移动过程中，两脚离地不要太高。

（4）并步可处理距离身体一步左右的来球；跨步便于处理距身体 1～2 米的来球；来球在体侧 3 米左右时，可采用交叉步移动。

3．练习指导

（1）学生呈两列横队站立，在教师的指导下，模仿各种准备姿势。

（2）学生两人一组，一人做移动动作，另一人纠正其错误动作。两人交换练习。

（3）学生呈半蹲准备姿势，根据教师的手势和口令做不同方向、不同步伐的移动练习。

4．易犯错误及其纠正方法

（1）易犯错误：臀部后坐，身体重心偏后。

纠正方法：保持上体稍前倾，多做向前或侧前移动的练习。

（2）易犯错误：弯腰直腿。

纠正方法：强调屈膝移动，多做启动练习和低姿移动练习。

二、发球

发球是气排球运动基本技术之一，是气排球比赛中重要的进攻技术，是比赛的开始，也是进攻的开始。准确而有攻击性的发球可以直接得分，并破坏对方的战术组成。

（一）正面上手发球

面对球网站立，易于控制球的落点并能充分利用蹬地、转体、收腹带动手臂加速挥动，有利于提高发球的力量和速度。

1．动作方法（以右手击球为例）

面对球网，两脚自然开立，左手托球于身前，通过抬臂和手掌平托上送，将球平稳地竖直抛于右肩前上方。在抛球的同时，右臂屈肘后引，肘关节与肩部平行，上体稍向右转，利用蹬地、转体和收腹带动手臂在右肩前上方挥直，以全手掌击球的中下部。击球时，五指自然分开，手腕迅速做推压动作，使球上旋飞行。击球后，重心前移，迅速进场。

正面上手发球如图 6-4 所示。

图 6-4 正面上手发球

2．技术解析

（1）抛球平稳、高度适中，提高击球的准确性。

（2）抛球的同时屈肘后引，延长挥臂距离，有利于加快转体和挥臂速度，从而加大挥臂力量。

（3）击球时以转体和收腹发力，腰带动肩，肩带动上臂，上臂带动前臂，前臂带动手腕，使手获得最大速度。

（4）以全手掌击球的中下部，手腕的推压动作能使球上旋飞行。

3．练习指导

（1）徒手及持球做抛球练习。

（2）击球臂做引臂、挥臂击球练习。

（3）近距离对墙做发球练习，将抛球、引臂、挥臂、击球等动作衔接起来。

（4）两人一组，相距 8~10 米，做一发一接练习。

（5）站在场地底线，向对方场区做发球练习。

4．易犯错误及其纠正方法

（1）易犯错误：抛球不稳，击球点偏前或偏后。

纠正方法：进一步强调抛球的动作要领，要求上抛动作、力量、高度逐步固定；多做专门练习，如靠墙站立练习抛球等。

（2）易犯错误：挥臂动作慢，击球无力。

纠正方法：强调用力顺序，多做依次发力的模仿练习和近距离发球练习。

（3）易犯错误：击球点太低，有推击球的动作。

纠正方法：强调动作要领，多做抛球与挥臂击球动作相结合的练习。

（4）易犯错误：击球不准，击出的球没有上旋飞行。

纠正方法：多体会手掌包球和击球时的推压动作，以及多做对墙或对网的轻发球练习。

（二）正面下手发球

正面下手发球是正对球网，手臂由后下方向前摆动，在腹前将球击入对方场区的一种发球方法。

1．动作方法（以右手击球为例）

面对球网，两脚前后开立，左脚在前，右脚稍后，两膝微屈。身体稍前倾，重心落在后脚上。左手持球置于腹前，将球抛在身体右前下方，离手约 20 厘米。在抛球的同时，右臂以肩为轴直臂后引，随即右腿蹬地，右臂直臂前摆，身体重心前移，在腹前以全手掌、掌根或虎口击球后下方。

正面下手发球如图 6-5 所示。

图 6-5   正面下手发球

2．技术解析

（1）抛球不要太高，应在身体右前下方。

（2）抛球的同时，右臂直臂后摆，手臂的摆动面应与地面垂直。

3．练习指导

（1）徒手及持球做抛球练习。

（2）击球臂做引臂、挥臂击球练习。

（3）近距离对墙做发球练习，将抛球、引臂、挥臂、击球等动作衔接起来。

（4）两人一组，相距 8 ~ 10 米，做一发一接练习。

（5）站在端线，向对方场区做发球练习。

4．易犯错误及其纠正方法

（1）易犯错误：抛球不稳，击球点偏前或偏后。

纠正方法：强调抛球的动作要领，多做专门练习，如靠墙站立练习抛球等。

（2）易犯错误：抛球的同时，右臂直臂后摆幅度不够。

纠正方法：强调后摆的动作要领，多做模仿练习。

（3）易犯错误：击球不准。

纠正方法：多体会击球动作，多做对墙或对网的轻发球练习。

三、防守击球

防守击球是指用单、双手或身体任何部位将对方来球击起的技术动作，是气排球运动的基本技术之一。由于气排球具有"体积大、球体轻"的特点，在长期推广实践中，气排球运动者根据运动需求发明了"插托""捧抱"等技术动作，提高了整体的技战术水平。

防守击球主要有正面双手垫球、侧面双手垫球和双手插托击球等。

（一）正面双手垫球

正面双手垫球是双手在腹前垫击来球的一种垫球方法，是最基本的垫球方法，基本手形有叠掌式、抱拳式和互靠式。

1．动作方法

采用半蹲准备姿势，看清来球落点，迅速移动取位。双手呈垫球手形，手腕下压。当来球距腹前一臂时，两臂夹紧前伸，插入球下，利用蹬地抬臂动作迎击来球。触球部位在腕关节以上 10 厘米左右处，用两前臂组成的平面击球的后下部，身体重心随击球动作前移。

正面双手垫球如图 6-6 所示。

2．技术解析

（1）击球点保持在腹前一臂距离处。

图 6-6　正面双手垫球

（2）触球部位为腕关节以上 10 厘米左右的两前臂组成的平面。

（3）双手插入球下，收腹含胸，两手腕对齐夹紧。

（4）利用伸膝、蹬腿、摆臂的动作迎击来球。

3．练习指导

（1）原地徒手做垫击模拟练习，要求蹬地抬臂，协调用力。

（2）做垫击固定球练习，一人双手持球于腹前，另一人用垫球动作击球，体会手臂触球部位和身体协调用力。

（3）两人一组，做一抛一垫练习。

（4）每人一球，做对墙自垫练习。

（5）两人一组，相距 3～4 米，连续做对垫练习。

4．易犯错误及其纠正方法

（1）易犯错误：移动不及时，对不准来球。

纠正方法：做好身体前倾的准备姿势，加强预判，提早启动；多做各种移动步法练习，逐步养成正面对准来球的习惯。

（2）易犯错误：垫球部位不准。

纠正方法：强调垫击球的部位，多做徒手模拟和垫击固定球的练习，体会前臂触球部位及发力时间；多做自抛自垫和连续自垫的练习。

（3）易犯错误：两臂夹不紧，未形成垫击平面。

纠正方法：强调动作要领，多做含胸、靠肘及连续自垫和对墙连续垫球的练习；强调两手腕在垫击时必须靠紧，不要外翻。

（4）易犯错误：垫球时两臂有撩球动作。

纠正方法：强调垫球的动作要领、用力节奏以及顶肘、压腕、直臂送垫的过程；自垫各种不同高度的球，体会含胸、压腕、推肘、送臂的垫球过程。

（二）侧面双手垫球

在身体两侧用双臂垫球的动作称侧面双手垫球。当来球速度较快、距离体侧较远，来不及移动时，采用侧面双手垫球可以扩大防守范围。

1．动作方法

以右侧垫球为例，左脚前脚掌内侧蹬地，右脚向右跨出一步，身体重心移至右脚，同时右膝弯曲，两臂夹紧向右侧伸出，右肩高于左肩，利用向左转腰和收腹的力量，在体侧截击球的后下部。

侧面双手垫球如图 6-7 所示。

图 6-7　侧面双手垫球

2．技术解析

（1）右臂高于左臂，使双臂组成的平面与水平面成一定的角度，以便截击来球。

（2）利用转腰和收腹的力量，切忌随球摆臂。

（3）右脚向右跨出一步，采用近似于正面垫球的方法击球。

3．练习指导

参考正面双手垫球。

4．易犯错误及其纠正方法

参考正面双手垫球。

（三）双手插托击球

双手插托击球是指面对来球，利用双手将球插、托击起的技术，特征为：一只手掌平行于地面，掌心向上，五指朝前，另一只手掌垂直于地面，掌心向正前方。双手插托击球主要用于接发球和进行各种进攻性较强的击球。

1．动作方法

身体呈半蹲或稍蹲准备姿势，当来球接近身体时，开始蹬地伸膝，手掌放松呈勺形，手指张开从腹前迎击球。全身各部位用力应协调一致。双手形成一个与球体相吻合的弧形，一手在球下为托球手，一手在球后为护球手；托球手击球的下部，护球手击球的后中部，在腹前击球。

2．技术解析

（1）击球点不宜离身体太远或太近，应在腹前一球处左右，保证插托手臂自然弯曲。

（2）根据来球速度、落点调整准备姿势。接一般轻球采用稍蹲准备姿势；接大力发球、接扣球、吊球以及速度快、落点低的来球，则采用半蹲或全蹲姿势。

3．练习指导

（1）原地做徒手动作练习，要求全身协调用力。

（2）两人一组做击固定球练习。一人持球于腹前，另一人用插托动作主动迎击球，两人相互指导纠正。

（3）两人一组做对抛球练习。一人双手持球侧下方，采用稍蹲准备姿势，通过蹬地、伸膝、跟腰、抬臂、抖腕将球平稳抛出至对方腹前一球处。

（4）两人一组，做一抛一插托练习。

（5）每人一球，做对墙插托练习。

（6）两个一组，相距 1~2 米，连续做插托练习。

4．易犯错误及其纠正方法

（1）易犯错误：手形不正确，击球位置不准确。

纠正方法：加强徒手动作及固定球动作练习。

（2）易犯错误：未平稳抛出球，球快速旋转

纠正方法：抛球时手指不拨球，不瞬间发力，通过全身协调用力，用手指将球向前上方送出。

（3）易犯错误：球向一侧或其他方向旋转移动。

纠正方法：纠正托球手及护球手位置，双手不可向相反方向捻球，应全身协调用力向前上方将球击送出。

（4）易犯错误：漏球，球穿过双手击中身体或飞向其他位置。

纠正方法：双手应呈弧形，手掌张开呈勺形，张开角度不可太大，用力方向应一致。

（5）易犯错误：移动不及时，对不准来球。

纠正方法：加强对球的落点的预判，做好准备姿势，主动迎击球。

四、传球

传球是气排球运动的基本技术之一，是利用手指、手腕的弹击动作将球传至一定目标的击球动作。传球是组织战术进攻的基础，在比赛中起着组织进攻的作用。

面对出球方向的传球动作，称为正面传球。正面双手传球是最基本的传球方法。

1．动作方法

采用稍蹲准备姿势，抬头看球，双手自然置于胸前。当来球接近额前时，利用蹬地、伸膝、展体、伸臂的动作迎击球。击球点在额前上方约一球距离处。当手触球时，两手呈半球形自然张开，手腕稍后仰，两拇指相对呈一字形，两手稍分开，用拇指内侧，食指全部，中指一、二指节触球的后下部，无名指和小指在球两侧，辅助控制传球方向。利用蹬地、展体、伸臂和手指、手腕的力量将球传出。

正面双手传球如图 6-8 所示。

图 6-8　正面双手传球

2．技术解析

（1）击球点在额前上方约一球距离处，有利于控制传球的方向，同时有利于伸臂击球。

（2）拇指相对呈一字形，两手呈半球形，能增大触球面积，有利于控制球和缓冲来球力量。

（3）利用蹬地、展体、伸臂和手指、手腕的力量以及球的反弹力将球传出。

3．练习指导

（1）每人一球，按照击球点和手形，将球置于额前上方约一球距离处，体会正确的手形和击球点。

（2）向上自抛球，双手在额前上方将球接住。

（3）两人一组，相距3米，一人抛球，另一人做传球练习。

（4）两人一组，做对传练习。

4．易犯错误及其纠正方法

（1）易犯错误：手形不正确，两拇指朝前或两手掌相对。

纠正方法：明确预备手形和传球手形的区别；将球上抛 1.5 米左右，再将球接住，检验预备手形和传球手形。

（2）易犯错误：击球点不正确，用不上力或动作未伸展。

纠正方法：清楚击球点的位置；自抛球后传出，检查击球点是否合理；对墙连续传球巩固击球点；两人一组传高远球。

（3）易犯错误：传球时，身体后坐或后仰，用不上力。

纠正方法：明确协调用力的要领；一人双手持球做传球动作，另一人用手压住球，使传球者体会自下而上依次发力的顺序；多做向前移动传球或连续向前移动传球练习。

五、扣球

扣球是气排球运动的基本技术之一，是跳起在空中将高于球网的球击入对方场区的一种击球方法，也是比赛中得分的主要手段。扣球质量体现着队伍的技术水平和战术效果，是夺取胜利的关键。

此处以正面扣球为讲解及练习的主要内容。正面扣球是最基本的扣球技术，扣球队员面对球网，可以根据对方的防守布局、拦防等情况随时改变扣球路线、力量和落点。

1．动作方法

扣球助跑前采用稍蹲准备姿势，两臂自然下垂。以右手扣球两步助跑为例，助跑时，左脚先向前迈出一小步，接着右脚迅速跨出一大步，左脚及时跟上，落在右脚之前，两脚脚尖稍微内转。在助跑跨出最后一步的同时，两臂绕体侧向后引，在左脚踏地制动的过程中，两臂积极前摆。随着双腿蹬地向上跳起，两臂快速上摆，配合起跳。起跳后，挺胸展腹，上体稍向右转，右臂向后上方抬起，身体呈反弓形。挥臂时，以迅速转体收腹动作发力，依次带动肩、肘、腕各部位做鞭打动作向前上方挥动。击球时，五指微张，并保持紧张，以全手掌包球，击打球的后中部。同时主动用力屈腕向前推压，使扣出的球加速上旋。落地时，前脚掌先着地，同时顺势屈膝、收腹，以缓冲下落力量。

正面扣球如图 6-9 所示。

图 6-9　正面扣球

2．技术解析

（1）准备姿势：扣球助跑前，采用稍蹲准备姿势，两臂自然下垂，站在距离球网3米左右的位置观察来球，做好向一个方向助跑起跳的准备。

（2）助跑：助跑的作用是为了接近球，选择适宜的起跳地点，同时增加弹跳高度；助跑可根据来球的远近和个人的习惯采用一步、两步、三步或多步法。

（3）起跳：起跳的目的不仅在于获得高度，还在于掌握扣球的时机和选择适当的击球位置。

（4）空中击球：击球是扣球的关键环节，起跳后，挺胸展腹，上体稍向右转，右臂向后上方抬起，身体呈反弓形，含胸收腹，带动肩、肘、腕各关节做鞭打动作，向前上方用力挥出，以加大击球力量。

（5）落地：落地时，应力争双脚同时着地；前脚掌先着地，再过渡到全脚掌着地；同时顺势屈膝、收腹，以缓冲下落力量，并立即做好做下一个动作的准备。

3．练习指导

（1）做原地击球手法练习。每人一球，单手持球于击球手臂一侧肩的前上方，另一手臂抬起后向前下方挥摆击球。要求击球前肘部制动，使前臂前部加速，做鞭打动作。

（2）每人一球，距离墙壁3米左右，单手持球于击球手臂的前上方，另一手臂抬起后向前下方挥摆击球。

（3）两人一球，以相对完整的扣球动作原地向地面扣球。

（4）每人一球，距离墙壁5~6米，做自抛自扣练习。

（5）网前抛球，做原地双脚起跳扣球练习。

（6）两步起跳，扣队友抛来的顺网球。

4．易犯错误及其纠正方法

（1）易犯错误：上步起跳过早。

纠正方法：强调上步起跳的动作要领；多做自抛起跳扣球练习，注意不同弧高弧长的来球对上步起跳的不同要求。

（2）易犯错误：空中击球点不合理。

纠正方法：注意来球、助跑起跳的路线及人与球之间的空间关系；助跑起跳扣固定球或助跑起跳接住球，以体会起跳后合理的人球空间关系。

（3）易犯错误：挥臂动作不正确。

纠正方法：明确挥臂的动作要领；多做原地扣球练习，体会上体的协调用力。

（4）易犯错误：扣球触网。

纠正方法：缩短助跑距离，上体不要过于前倾，加大最后一步的步幅；明确人与球的位置关系，选准起跳点。

六、拦网

拦网是气排球运动的基本技术之一，是靠近球网，将手伸向高于球网处阻挡对方来球的行动。拦网是防守的第一道防线，可以将对方的扣球拦住，减轻后排防守的压力。同时，拦网又具有一定的攻击性，可以直接拦死、拦回对方的扣球。因此，拦网不是消极阻拦和被动防守，而是具有一定攻击性的得分手段。单人拦网是集体拦网的基础。下面以单人拦网为主要讲解及练习内容。

1．动作方法

面对球网，两脚左右开立约与肩宽，距离球网 20～30 厘米，两膝微屈，两臂在胸前自然屈肘。移动时可采用并步、交叉步、跑步等步法。原地起跳时，重心降低，两膝弯曲，用力蹬地，垂直起跳。两手从额前向上方伸出，两臂平行，两肩尽量上提，两臂尽力过网伸向对方区域，两手自然张开，手触球时用力屈腕。

2．技术解析

（1）采用半蹲准备姿势，有利于迅速向两侧移动和起跳。

（2）两臂置于胸前并屈肘，有利于快速伸臂。

（3）为了及时正对来球，可采用并步、交叉步、跑步等步法，迅速取位，准备起跳。

（4）拦网的起跳时间要根据对方二传球的情况和扣球队员的动作特点来决定。

（5）拦网击球时，两臂要尽量伸直，主动屈腕，用力盖帽捂球。

（6）如已将球拦回，则面对对方，屈膝缓冲，双脚落地；如未拦到球，则在下落时随时转头，准备迎接来球。

3．练习指导

（1）原地做拦击手形的徒手模拟练习。

（2）两人一组，一人持球于肩上横移，另一人双手找球并以正确的拦击手形触摸球。

（3）两人一组，从一抛一拦练习过渡到一扣一拦练习。

（4）做网前原地起跳拦网练习。

（5）做网前左右并步、交叉步移动起跳拦网练习。

（6）做网前跑动起跳拦网练习。

4．易犯错误及其纠正方法

（1）易犯错误：起跳点选择不准。

纠正方法：提高判断对方扣球线路的能力，掌握基本的取位方法；加强网前观察，提高移动速度。

（2）易犯错误：起跳时间选择不准。

纠正方法：加强练习，体会拦不同形式扣球的起跳时机；运用口令法，变换节奏，加强信号刺激，提高选择起跳时机的准确性。

（3）易犯错误：拦击手形选择不准。

纠正方法：准确判断扣球线路，积极迅速移动，控制网上空间。

第三节　气排球运动竞赛规则与裁判法

现在主要使用的气排球运动竞赛规则是《气排球竞赛规则》（2017—2020 版）。

一、场地与设施

（一）比赛场地

比赛场地长 12 米、宽 6 米，边线和端线都包括在比赛场地面积之内。进攻线（包括进攻线的宽度）前为前场区，进攻线后为后场区。两条短线（包括短线宽度）之间的区域为发球区。跳发球必须在跳发球限制线后完成起跳动作。气排球比赛场地如图 6-10 所示。

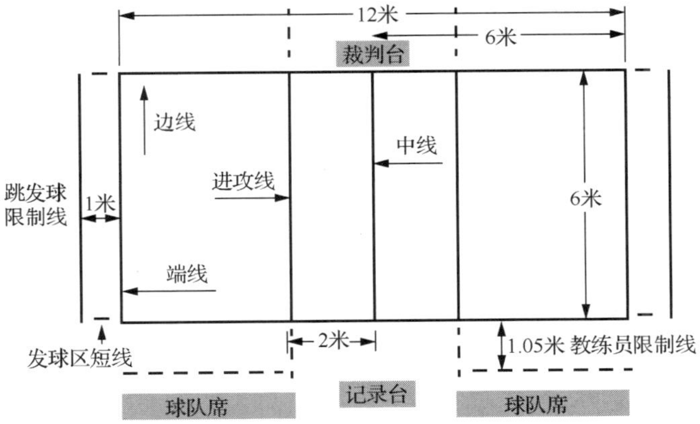

图 6-10　气排球比赛场地

（二）球网与网柱

球网垂直架设在场地中线上方。球网为黑色，长 7 米，宽 0.8 米，网孔为 8 厘米见方。网的上沿缝有 5 厘米宽的双层白色帆布，中间用柔软的钢丝绳穿过；网的下沿用绳索穿起；上下沿拉紧并固定在网柱上。球网的两端各系一条宽 5 厘米、长 0.8 米的标志带，垂直于边线。在两条标志带外沿、球网的不同侧面，分别设置长 1.8 米、直径 1 厘米的标志杆，高出球网 1 米。标志杆每间隔 10 厘米涂有红白相间的颜色。男子球网高度 2.1 米、女子球网高度 1.9 米。球网高度用量尺从场地中间丈量。球网两端和地面的距离必须相等，不得超过规定高度 2 厘米。网柱用圆形光滑的金属材料制成，分别架设在两条边线外 0.5 ~ 1 米的中线延长线上。

二、比赛用球

球为圆形，圆周长为 72 ~ 78 厘米；由柔软的高密度合成革材质制成，颜色为彩色；气压为 0.15 ~ 0.18 千克/平方厘米，重量为 120 ~ 140 克。一次比赛所用的球必须是同一特性、同一品牌。

三、比赛队

一个队由 10 人组成，包含 1 名领队，1 名教练员，8 名运动员。比赛中，领队、教练员可兼运动员。

四、比赛方法

比赛采用每球得分制，即胜一球得 1 分。比赛采用三局两胜制，胜 2 局的队为胜一场。第一、二局，先得 21 分同时超过对方 2 分为胜一局；当比分为 20:20 时，比赛继续进行至某队领先 2 分（22:20、23:21、…）为胜一局；如果 1:1 平局，进行决胜局（第三局）的比赛。在决胜局，先得到 15 分同时超过对方 2 分的队获胜；当比分为 14:14 时，比赛继续进行至某队领先 2 分（16:14、17:15、…）为胜一局；当某一方得到 8 分时，双方队员交换场地进行比赛，并按照交换时的阵容继续进行。

五、裁判员

裁判员是气排球比赛的组织者，是执行规则的"法官"，其目的是使双方在同等条件下进行比赛。

1. 裁判员的组成及其工作位置

正式比赛的裁判员由第一裁判员、第二裁判员、1~2名记录员和2名司线员组成。第一裁判员在球网一端的裁判台上执行任务，第二裁判员在第一裁判员的对面网柱附近；2名司线员分别站在第一、二裁判员右侧端线及边线的交界处后工作；记录员坐在第一裁判员对面的记录台处工作。

2. 裁判员的权力和责任

（1）第一裁判员是比赛的领导者，对所有裁判员和运动员行使权力。他有权决定涉及比赛的一切问题，包括对双方队员的不良行为及犯规等做出判罚和判定，以及规则中没有规定的问题。

（2）第二裁判员是第一裁判员的助手。他有权批准比赛间断请求，负责掌握间断的时间及暂停、换人的次数等。第二裁判员对第一裁判员的手势都要进行重复，以配合第一裁判员。

3. 鸣哨和手势

裁判员在比赛中自始至终都是以鸣哨和手势来进行裁判工作。

（1）哨音。哨音要坚决、果断、及时、响亮，鸣哨要有节奏、轻重、长短。

（2）手势。手势要准确、及时、规范、清楚、大方。手势要有短时间的展示，让其他人都能看得清楚。裁判员手势如表6-1所示。

表6-1　裁判员手势

表明的性质	裁判员手势	表明的性质	裁判员手势
允许发球 挥动发球队一侧手臂		得分、发球队 平举发球队一侧手臂	
交换场地 两臂在体前、体后绕体旋转		暂停 一臂屈肘抬起，另一手手掌放在该手指尖上，然后指明提出请求的队	
换人 两臂屈肘在胸前绕环		一局或全场比赛结束 两臂在胸前交叉	
发球时球未抛起 一臂慢慢举起，掌心向上		界内球 手臂和手斜指向地面	

续表

表明的性质	裁判员手势	表明的性质	裁判员手势
持球 屈肘慢举前臂,掌心向上		界外球 两臂屈肘上举,手掌向后摆动	
连击 举起2根手指并分开		4次击球 举起4根手指并分开	
触手出界 用一手掌摩擦另一屈肘上举手的指尖		过网击球或过网拦网 一手掌心向下,前臂置于球网上空	
发球未过网或队员触网 一手触犯规队一侧球网		进入对方场区或球从网下通过 手指指向中线	
队员进攻性击球犯规或前场区击球犯规 一臂向上举起,前臂向下摆动		双方犯规,重新发球 两臂屈肘,竖起拇指	

第七章
乒乓球

乒乓球运动在我国具有广泛的群众基础，它具有球体小、器材简单、趣味性强的特点，深受各年龄段人们的喜欢。

第一节　乒乓球运动概述

一、乒乓球运动的演变历史

现代乒乓球运动起源于英国。19 世纪末，欧洲盛行网球运动，但由于受到场地、器材和天气的限制，英国一些大学生便把网球运动移到室内，在软木球外包裹羊绒黏合成球，以餐桌作球台、书作球网、羊皮纸作球拍，形成一种代替网球的休闲运动项目。由于打球时发出"乒乓"的声音，故人们称这种运动项目为乒乓球。

1890 年，英国运动员吉布把赛璐珞球从美国带回英国，改进后用于乒乓球运动。1902 年，英国人库特发明了胶皮颗粒拍；同年，在英国游学的日本东京高等师范学校教授坪井玄道，将乒乓球运动传入日本。1904 年，上海一家文具店从日本买回 10 套乒乓球器材，从此，乒乓球运动传入我国。

1926 年，德国柏林举行了国际乒乓球邀请赛，后被追认为第一届世界乒乓球锦标赛，同时成立了国际乒乓球联合会。

在名目繁多的乒乓球比赛中，最负盛名的是世界乒乓球锦标赛，起初每年举行一次，1957 年后改为两年举行一次。1981 年，乒乓球运动作为奥运会比赛项目得到国际奥委会承认。1988 年，乒乓球比赛第一次正式出现在奥运会上。

二、乒乓球运动的 6 个发展阶段

乒乓球从游戏到竞技体育项目，经历了 6 个重大的发展阶段。

第一阶段，欧洲国家主导世界乒坛。

第二阶段，日本队的兴盛。

第三阶段，中国队崛起，东亚雄踞乒坛。

第四阶段，欧洲复兴，中国队重整旗鼓。

第五阶段，中国登上"金字塔"顶峰，形成"中国打世界，世界打中国"的格局。

第六阶段，中国队再创辉煌。

第二节　乒乓球运动基本技术

一、握拍方法和站位

（一）握拍方法

乒乓球运动中的握拍方法分直拍和横拍两种，不同的握拍方法各有其优点，从而也产生不同的打法。

1. 直拍握法

（1）快攻类打法的直拍握法

拍前，以拇指第一关节和食指第二关节钳住球拍，虎口贴住拍柄；拍后，其余三指弯曲呈斜形重叠，以中指第一指节侧面抵住球拍背面的1/3上端。此握拍方法又称"中钳式"，如图7-1所示。

（2）弧圈类打法的直拍握法

拍前，拇指紧贴在拍柄的左侧，食指扣住拍柄，形成一个大环状，紧握拍柄；拍后，其余三指自然弯曲，用中指第一关节顶住球拍的中部，如图7-2所示。

图 7-1　快攻类打法的直拍握法　　　　图 7-2　弧圈类打法的直拍握法

2. 横拍握法

虎口轻微贴拍，中指、无名指、小指自然握住拍柄，拇指置于球拍正面靠近中指，食指自然伸直斜放于球拍的背面。此握拍方法又称"八字式"，如图7-3所示。

横拍握法分深握和浅握两种，握法基本相同。深握时，虎口紧贴球拍；浅握时，虎口稍远离球拍。无论用哪种握法，正手攻球时食指都要加力，并稍微向上移动帮助压拍；反手攻或快拨时，拇指都要加力，并稍微向上移动帮助压拍，如图7-4所示。

图 7-3　横拍握法 1　　　　　　　　图 7-4　横拍握法 2

（二）站位

乒乓球运动中的站位就是开始击球前所处的基本位置。根据身体躯干与球台的距离，基本站位的范围一般划分为近台、中近台、中远台及远台，如图 7-5 所示。

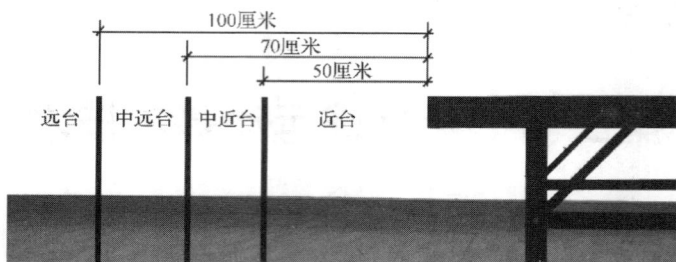

图 7-5　站位

二、推、挡、拨球技术

（一）常用推、挡、拨球技术

1. 平挡

两脚平行或左脚稍前，身体离球台 40～50 厘米。球拍置于腹前，上臂带动前臂沿台面平行移动。触球时，拍面与台面垂直，主要借助来球的反弹力将球挡回。

2. 快推

两脚平行或左脚稍前，上臂、前臂适当后撤引拍（动作要小）。击球时，手臂迅速迎前，在来球的上升期，拍面前倾触球。触球的一刹那，前臂稍外旋配合手腕外展动作，使拍面触球的中上部，手臂稍微向上辅助用力。快推如图 7-6 所示。

图 7-6　快推

3. 横拍快拨

两脚平行开立，站位近台，持拍手臂自然弯曲，手腕内收，将球拍移至腹前偏左位置。击球时，前臂加速向右前上方挥动，手腕外展，使拍面前倾，在来球的上升期击球的中上部；击球后将球拍挥至右肩前。横拍快拨如图 7-7 所示。

图 7-7　横拍快拨

（二）常见错误动作及其纠正方法

（1）常见错误动作：判断不准落点，掌握不好拍面。

纠正方法：提高判断能力，加强手腕的灵活性和调整拍面的能力。

（2）常见错误动作：推挡球时，手臂没有向前伸出。

纠正方法：强调击球后上臂和肘关节前送，上体向左转动。

三、发球与接发球技术

发球与接发球运动是乒乓球运动的重要基本技术，二者相互推动向前发展：发球技术的提高能促进接发球技术的提高，接发球技术的提高又促使发球技术的再提高。

（一）发球技术

1. 常用发球技术

（1）平击发球（以右手为持拍手为例）

发球时，持球手将球向上轻轻抛起（不得低于规则允许的高度），同时右臂内旋使拍面稍前倾，上臂自然靠近身体右侧。当球从高点下落时，持拍手以肘为轴，前臂向右前方横摆击球的中上部。击球后，球的第一落点应在球台的中区。

（2）正手发奔球（以右手为持拍手为例）

持球手将球向上抛起，右臂内旋，使拍面稍前倾，手腕放松，当球从高点下降时，上臂带动前臂由右后方向左前方挥摆，同时腰也由右向左转动。触球的一瞬间，拇指压拍，手腕同时从后向前发力抖动，用球拍沿球的右侧中部向中上部摩擦球。发球的第一落点要靠近端线。正手发奔球如图 7-8 所示。

图 7-8　正手发奔球

（3）反手发急上旋长球（以右手为持拍手为例）

持球手将球向上轻轻抛起，同时右臂外旋，使拍面稍前倾，上臂自然地靠近身体右侧。当球从高点下落，持拍手以肘为轴，前臂向右前方横摆发力击球，用球拍摩擦球的中上部，使球快速前进并具有一定的上旋。球离拍后，第一落点在球台端线附近。反手发急上旋长球如图 7-9 所示。

图 7-9　反手发急上旋长球

（4）正手发下旋加转球与不转球（以右手为持拍手为例）

持球手将球向上轻轻抛起，同时右臂外旋，向后上方引拍，拍面稍立或微后仰。正手发下旋加转球时，持拍手向前下方发力，前臂外旋的转动要快，使拍面后仰的角度大，用球拍下部靠左的地方摩擦球的底部。力臂大，球的旋转就强。正手发下旋球如图 7-10 所示。

图 7-10　正手发下旋球

正手发下旋不转球时，持拍手向前下方挥摆，前臂外旋的转动要慢，使拍面后仰的角度小，用球拍下部偏右的地方去触球的中下部。力臂小，球的旋转就弱。

（5）正手发左侧上、下旋球（以右手为持拍手为例）

将球向上抛起后，右臂内旋，迅速向后上方引拍，拍面向右前上方，身体向右转，然后迎前击球。正手发左侧下旋球时，持拍手由右上方向左前下方挥摆，触球时手腕发力，用球拍从球的右侧中下部向左下方摩擦，击球后手腕自然向右下方放松还原。正手发左侧上旋球时，持拍手由右上方向左前下方挥摆，触球时手腕发力，用球拍从球的右侧中下部向左上方上勾、摩擦，击球后手腕自然向右下方放松还原。正手发左侧上、下旋球如图 7-11 所示。

图 7-11　正手发左侧上、下旋球

2. 常见错误动作及其纠正方法

（1）常见错误动作：球向上抛起的高度不够。

纠正方法：明确抛球的要领并进行数次抛球练习。

（2）常见错误动作：击球点过高或过低。

纠正方法：强调按动作要领击球，掌握正确的击球点。

（3）常见错误动作：拍面前倾过多或不够，击球时力量过小或过大，第一落点过远或过近。

纠正方法：用正确的拍面角度击悬空球，在台面上划分出第一落点的范围。

（二）接发球技术

接发球技术是乒乓球运动中的关键技术。一般来说，接发球是被动的；但是，若技术运用恰当，往往也能化被动为主动，成为取胜的关键。接发球的手段很多，基本上是由点、拨、拉、推、搓、削、摆短、攻球等技术组成。只有全面掌握各种接发球技术，才能在比赛中减少被动。

四、攻球技术

攻球技术是在乒乓球比赛中争取主动和获得胜利的重要技术，运用得当能使对方陷于被动。

（一）常用攻球技术

1. 正手近台快攻（以右手为持拍手为例）

站位近台，右臂自然弯曲并向右前伸迎球，球拍呈半横状。当球从台面弹起时，前臂和手腕向前上方挥动，并配合内旋转腕的动作，使拍面前倾，在球的上升期击球的中上部。触球时，拇指压拍，同时加快手腕内旋的速度，使拍面沿球呈弧形挥动。向前打为主、略带摩擦。击球后，挥拍至头部高度。正手近台快攻如图 7-12 所示。

图 7-12 正手近台快攻

2. 正手扣杀球（以右手为持拍手为例）

站位视来球距离而定，右臂自然弯曲内旋，向右后方引拍，稍高于台面，球拍呈半横状。当球弹至高点时，上臂带动前臂由后向前挥，将触球时，前臂加速用力向左前方挥击，手腕跟着移动，在高点击球的中上部，拍面稍前倾。撞击为主、略带摩擦。扣杀后，重心由右脚移至左脚，立即还原，准备连续扣杀。正手扣杀球如图 7-13 所示。

图 7-13 正手扣杀球

3. 正手提拉球（以右手为持拍手为例）

左脚稍前，站位近台。右臂下沉，引拍至身体右后下方，球拍比半横状略下垂，拍面稍后仰。当球从高点开始下降时，上臂带动前臂由后向前上方挥动。遇来球较低或下旋较强时，前臂加速用力向左上方提拉，同时配合手腕动作向上摩擦球，腰部也要向上用力。来球下旋弱时，拍面接近垂直击球的中部，略带摩擦。击球后，随势将球拍挥至额前，重心移至左脚。提拉球后立即放松还原，准备迎击下一板来球。正手提拉球如图 7-14 所示。

图 7-14 正手提拉球

（二）常见错误动作及其纠正方法

（1）常见错误动作：正手攻球时不敢大胆挥拍，有停顿，弧线制造得不好。

纠正方法：徒手模拟挥拍，演练技术动作。

（2）常见错误动作：上臂与身体的夹角过小。

纠正方法：放松肩部，加大上臂与身体的距离。

（3）常见错误动作：抬肘抬臂。

纠正方法：练习近台快攻，强调击球时肘、肩向后下方。

（4）常见错误动作：手腕下垂，球拍与前臂垂直。

纠正方法：强调手腕内旋、拍柄向左，进行徒手模拟练习。

（5）常见错误动作：判断球的落点不准，引拍动作不到位。

纠正方法：先练习接平击发球，再练习连续推挡球。

（6）常见错误动作：拍面前倾不够。

纠正方法：做平击发球练习，体会击球时的手腕外旋动作。

五、搓球技术

搓球技术是近台还击下旋球的一种基本技术，比赛中常用它为拉弧圈球创造条件，可用来接发球或作为过渡。它和攻球技术结合可形成搓攻技术。

（一）常用搓球技术

1. 慢搓

反手慢搓的要领是左脚稍前，站位近台，持拍手手臂外旋，向左上方引拍，击球时前臂和手腕向右前下方加速用力摩擦球。同时配合内旋转腕动作，拍面后仰，在球的下降期后段击球的中下部。横拍搓球时，拍面略竖，击球后前臂向右下方挥拍。反手慢搓如图 7-15 所示。正手慢搓与反手慢搓动作相同，但方向相反。

图 7-15　反手慢搓

2. 快搓

正手快搓的要领是右脚稍前移，站位近台，肘部自然弯曲，持拍手臂外旋使拍面稍后仰。来球在身体左侧时，可运用反手搓球。击球时，上臂迅速前伸，利用上臂前送力量，在球的上升期击球的中下部。在用正手搓身体右侧球时，身体稍向右转，手臂向右前上方引拍，前臂和手腕向前下方用力，在球的上升期击球的中下部。正、反手快搓如图 7-16 所示。

图 7-16　正、反手快搓

3. 搓转与不转球

搓转球时，前臂和手腕加速向前下方发力，击球的中下部，向前下方切球，用球拍靠下部分触球，以加大摩擦力。搓不转球和搓转球的动作相似，只是搓不转球时前臂和手腕要向前下方发力，用球拍的上部或中部触球。搓转与不转球如图 7-17 所示。

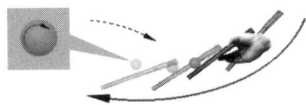

图 7-17　搓转与不转球

（二）常见错误动作及其纠正方法

（1）常见错误动作：引拍不够，持拍手的前臂由上向下动作不明显。

纠正方法：持拍练习前臂和手腕向上再向下切的动作。

（2）常见错误动作：击球时拍面后仰不够。

纠正方法：搓对方发来的下旋球，体会拍面后仰前送动作。

（3）常见错误动作：前臂前送力量不够，击球后动作停止。

纠正方法：两人对练慢搓，体会击球后前臂继续前送的动作。

（4）常见错误动作：击球点离身体过远，重心偏后，击球部位不准确。

纠正方法：两人近台对练慢搓，在球的下降期击准球的中下部。

六、弧圈球技术

弧圈球技术是较先进的、上旋力非常强的进攻技术，是比赛取得胜利的重要手段。比赛时运用弧圈球技术可为快攻创造机会，而且被动时可用于过渡，主动时发力拉冲可直接得分。

（一）正手弧圈球技术

1. 正手拉加转弧圈球

两脚开立，左脚稍前，身体略向右转，两膝微屈，重心放在两脚之间。准备击球时，持拍手手臂自然下垂，并向右后下方引拍，右肩略低于左肩，拇指压拍使拍面略为前倾，呈半横立状，并使拍面固定。当来球从台面弹起时，手臂向前上方挥动，前臂在上臂的带动下爆发性用力做快收动作，将要触球时，手腕向前上方加力，并在来球的下降期用球拍摩擦球的中部或中上部。用球拍摩擦球时，要注意配合腰部向左上方转动和右腿蹬地的力量。击球后，重心移至左脚。正手拉加转弧圈球如图 7-18 所示。

图 7-18　正手拉加转弧圈球

2. 正手拉前冲弧圈球

自然引拍至与台面同高，拍面前倾与台面呈 35°～40°。当球从台面弹起还未达到高点时，腰部向左转动，手臂向前上方挥动，上臂带动前臂加速内收，手腕略微转动，在球的高点期用球拍摩擦球的中上部，使之沿较低的弧线落至对方的台面上。击球后重心移至左脚上。正手拉前冲弧圈球如图 7-19 所示。

图 7-19　正手拉前冲弧圈球

（二）常见错误动作及其纠正方法

（1）常见错误动作：引拍幅度小，方向不对。

纠正方法：适当加大引拍的距离，纠正引拍的方向；拉加转弧圈球时，注意向身体的右下方引拍（以右手握拍为例，下同）；拉前冲弧圈球时，注意向身体的右下后方引拍。

（2）常见错误动作：撞击多，摩擦少。

这种错误所造成的现象是球的上旋力不强。

纠正方法：注意击球部位、用力方向和拍面角度；拉加转弧圈球时，击球的部位是球的中部偏上，发力时上臂、前臂、手腕从下向上略向前发力，上臂带动前臂，以前臂发力为主，拍面稍前倾；拉前冲弧圈球时，击球的部位是球的中上部，发力时上臂、前臂、手腕从后向前略向上发力，上臂带动前臂，以前臂发力为主，拍面前倾角度大；同时，都要注意使击球的作用力远离球心。

（3）常见错误动作：拉加转弧圈球时，击球时间过晚，只向上用力。

这种错误所造成的现象是拉漏。

纠正方法：将击球时间提前，必须保证在球的下降前期击球；纠正发力方向，除向上外，略迎球向前。

（4）常见错误动作：拉前冲弧圈球时，拍面前倾不够。

这种错误所造成的现象是前冲力不强。

纠正方法：加大拍面前倾的角度。

（5）常见错误动作：发力不集中。

这种错误所造成的现象是球旋转不强。

纠正方法：不但用上臂、前臂、手腕发力，也要加强腰、髋、腿部的配合，让更多肌肉参与。

（6）常见错误动作：击球点不准确。

这种错误所造成的现象是击球点忽前、忽后、忽左、忽右。

纠正方法：加强步法移动练习，使手、步法紧密结合，找到合理的击球点。

第三节　乒乓球运动基本战术

一、发球、接发球抢攻战术

1. 发球抢攻战术

发球抢攻战术是乒乓球运动的各种类型打法的重要战术之一，是比赛的重要得分手段。运用发球抢攻战术首先应当争取发球直接得分，其次是造成对方接发球、回球质量下降，再次是迫使对方接发球不能抢先上手或具有很强的杀伤能力，为自己抢先进攻创造条件。

（1）发球应当与抢攻配合，提前考虑对方可能回球的旋转、落点等因素，提早做好抢攻准备。

（2）应当根据自身特长、特点、身体条件等综合因素，合理选择发球，扬长避短。

（3）主动寻求变化，当对方逐渐适应自己的战术时，应当及时、主动调整，寻求其他战术。

2. 接发球抢攻战术

接发球抢攻战术是进攻型选手的常用战术，进攻性强，能够变接发球时的被动为主动，甚至直接得分。运用接发球抢攻战术应当强调"快"和"变"，采取多变的接发球方法，变化接发球的速度、旋转及落点；积极移动，主动采用抢攻或抢冲接发球，打乱对方部署。

（1）控制球的落点，搓长摆短，使对方无法有效地进行抢冲、抢拉。

（2）使用各种上旋球、侧上旋球、平球、假下旋回球，造成对方的判断、选位困难，阻止对方的抢攻抢拉。

（3）主动抢攻，对对方的出台、半出台球积极抢位，大胆采用抢冲或抢拉接发球。

二、对攻战术

对攻战术是进攻型选手相互对抗时常用的战术。快攻型选手主要采取正、反两面攻，快推、快挡、快拨等技术；弧圈球型选手主要采用正、反两面弧圈球技术。双方均力求在球的速度、旋转、落点上产生变化，进行控制与反控制的对抗，以达到调动对方、控制对方的目的。常见的对攻战术有以下几种。

（1）连续压对方反手，结合快速变线，主动正手抢攻。

（2）长短结合，伺机侧身抢攻、攻击对方追身球等。

（3）连续压对方中路，快速变化对角。

（4）采用轻重结合、攻防结合的战术。

三、搓攻战术

搓攻战术主要是利用球的旋转和落点的变化控制对方，为进攻创造机会。它是削攻和攻防结合型选手的主要进攻战术。

四、拉攻战术

拉攻战术是快攻型选手和快攻结合弧圈型选手对付削球、削攻型选手的主要战术。拉攻战术通常以连续正手或正、反手弧圈球发起进攻，结合球的旋转、落点变化及快慢拉等手段创造机会，伺机突击和大力扣杀来主动得分。

五、削攻战术

削攻战术主要是削球与攻球相结合，目前选择这种战术的选手比较少。运用削攻战术时，通常利用削球使球产生旋转变化、线路变化、落点变化，使对手的回球质量降低，然后伺机反攻。

第四节　乒乓球运动竞赛规则简介

一、场地和器材

1．球台

球台的上层表面叫作比赛台面，应为与水平面平行的长方形，长 2.74 米，宽 1.525 米，高于地面 76 厘米。比赛台面可用任何材料制成，应具有一定的弹性。当标准球从离台面 30 厘米高处落于台面时，弹起高度应约为 23 厘米。球台四边应各有一条 2 厘米宽的白线。双打时，台面应由一条 3 毫米宽的白色中线划分为两个相等的"半区"。

2．球拍

球拍的大小、形状或重量不限，底板至少应有 85% 的天然木料。用来击球的拍面应用一层颗粒向外的普通颗粒胶覆盖，连同黏合剂厚度不超过 2 毫米；或用颗粒向内或向外的海绵胶覆盖，连同黏合剂厚度不超过 4 毫米。

3．球网装置

球网装置包括球网、悬网绳、网柱及将它们固定在球台上的夹钳部分。

4．球

40 球直径为 39.5～40.5 毫米，材料为赛璐珞，最新的 40+球直径为 40.0～40.6 毫米，材料为高分子聚合物，俗称"新塑料"。球重 2.7 克，呈白色、黄色或橙色，且无光泽。2016 年 7 月开始，国际乒乓球联合会要求新乒乓球一律采用"40+"的标注方法，与之前的 40 球区分开。

二、发球

（1）开始发球时，球自然地置于非持拍手的手掌上。手掌张开，保持静止。

（2）发球时，发球员须用手将球垂直地向上抛起，不得使球旋转，并使球在离开手掌之后上升不少于 16 厘米。球在下降前不能碰到任何物体。

（3）球从最高点下降时，发球员方可击球。球应先触及本方台面，然后越过或绕过球网装置，再触及接发球员的台面。双打中，球应先后触及发球员和接发球员的右半区。

（4）从发球开始到球被击出，球要始终在台面以上和发球员的端线以外，而且不能被发球员或其双打同伴的身体或衣服的任何部分挡住。

（5）在发球员发球时，球与球拍接触的一瞬间，球与网柱连线所形成的虚拟三角形之内和一定高度的上方不能有任何遮挡物，并且其中一名裁判员要能看清发球员的击球点。

三、击球

对方发球或还击球，本方运动员必须击球，使球直接越过或绕过球网装置，或触及球网装置后再触及对方台面。

四、失分

失分的情况通常有以下几种。

（1）未能合法发球。

（2）未能合法还击。

（3）击球后，球没有触及对方台面而越过对方端线。

（4）阻挡。

（5）连击。

（6）用不符合规则条款的拍面击球。

（7）运动员或运动员穿戴的任何物件使球台移动。

（8）运动员或运动员穿戴的任何物件触及球网装置。

（9）非持拍手触及台面。

（10）双打运动员击球次序错误。

（11）执行轮换发球法时，发球一方被接发球一方或其双打同伴，包括接发球一击，完成了 13 次合法还击。

五、一局比赛和一场比赛

在一局比赛中，先得 11 分的一方为胜方；双方比分为 10∶10 后，先多得 2 分的一方为胜方。在一场比赛中，单打的淘汰赛采用七局四胜制，双打的淘汰赛和团体赛采用五局三胜制。

六、次序和方位

（1）在获得 2 分后，接发球方变为发球方，依此类推，直到本局比赛结束。双方比分为 10∶10

后，采用轮换发球法时，发球和接发球次序不变，但每人只轮发 1 分球。

（2）在双打中，每次换发球时，前面的接发球员应成为发球员，前面的发球员的同伴应成为接发球员。

（3）在一局比赛中先发球的一方，在本场比赛的下一局中应率先接发球。在双打比赛的决胜局中，当一方先得 5 分后，接发球一方必须交换接发球次序。

（4）一局比赛中，在某一方位比赛的一方，在该场比赛的下一局应换到另一方位。在决胜局中。一方先得 5 分时，双方应交换方位。

七、间歇

（1）在局与局之间，有不超过 1 分钟的休息。

（2）在一场比赛中，双方各有一次不超过 1 分钟的暂停。

（3）每局比赛中，每得 6 分后，或决胜局交换方位时，有短暂的时间擦汗。

第八章 羽毛球

羽毛球是一项隔着球网，使用长柄网状球拍，击打用羽毛和软木制作而成的小型球类的室内运动项目。羽毛球比赛在长方形的场地上进行，场地中间有网相隔，双方运用各种发球、击球和移动等技战术，将球在网上往返对击，以不使球落在本方有效区域内，而使对方击球失误为胜。

本章主要介绍羽毛球运动的基本技术、基本战术、竞赛规则，可帮助大学生基本掌握羽毛球运动的技战术，享受羽毛球运动带来的快乐，并为终身体育打下基础。

第一节　羽毛球运动概述

一、羽毛球运动的起源

在 14—15 世纪，日本出现了类似羽毛球运动的游戏。在 18 世纪，印度出现了一种用圆形硬纸板或绒线编织球插上羽毛当球的游戏。练习者手持木板，将球在空中轮流击出，这是现代羽毛球运动的前身。现代羽毛球运动诞生于英国。1873 年，英国的鲍费特公爵在伯明顿的庄园里组织了一次羽毛球游戏表演，使这项运动逐渐流行，后来人们便把这项运动以"伯明顿"（Badminton）命名。

二、羽毛球运动的魅力

羽毛球与其他任何运动项目一样，都能显示人类的力量美、智慧美和拼搏美。但是，羽毛球运动有自己独特的价值和魅力。

（一）具有趣味性、观赏性

羽毛球作为一项竞技体育活动，运动员要在球的对击过程中不停地跑动和调整身体，努力把球击到对方的场地。运动员每打出一个好球或赢得一个球时，都能使自己兴奋并获得成功的喜悦。同时球的飞翔又有快慢、轻重、高低、远近、狠巧、飘转等变化，使这项运动充满了观赏性。

（二）全身运动，增进健康

在羽毛球运动中，前、后场快速移动击球，中后场大力扣杀球，被动时的扑救球，双打时的换位击球等练习，能加快运动员的全身血液循环，改善呼吸系统和心血管系统的功能，提高有氧供能和无氧供能的能力，调节神经系统并提高其抗乳酸的能力，从而起到增进健康、抗病防衰、调节精神等作用。

（三）培养顽强的意志力

拥有坚如磐石的意志力是赢得比赛的关键。羽毛球运动因其竞争性、对抗性、强度大等诸多因素的要求，使顽强的意志力显得非常关键。羽毛球运动中，运动员可能会出现"极点"：喘不上气、身体无力、眼前发黑、在多个回合中感觉自己再也坚持不下去了。这时靠什么去坚持？就是靠顽强的意志力和坚定的信念。

（四）培养良好的心理素质

羽毛球运动包括对对方战术意图的揣摩、对各种战机的把握、对自己运用什么战术的选择等智力因素，因此经常参与该项运动可以使人的思维更加敏捷。同时，由于比赛中紧张、激烈的竞争，运动员者的心理素质能够得到很好的锻炼。羽毛球运动能强化进取精神，使人的智、勇、技在竞争与对抗中得到升华。经此锻炼，运动员能够做到临危不乱、泰然处之，既增长了智慧又陶冶了情操，不仅能在羽毛球运动中应付自如，而且能以良好的心态、正确的观念去面对事业、人生。

第二节　羽毛球运动基本技术

羽毛球运动基本技术由 4 个部分组成：握拍、发球与接发球、击球、步法。

一、握拍

羽毛球运动中的握拍方法多种多样，基本的有两种，即正手握拍法和反手握拍法。

（一）正手/反手握拍法（以右手握拍为例）

握拍前，先用左手拿住球拍，使拍面与地面垂直。再张开右手，使手掌下部靠在球拍的拍柄底托部位，虎口对着球拍框，小指、无名指、中指自然并拢，食指与中指稍稍分开，自然弯曲并贴在拍柄上。正手握拍法如图 8-1 所示。

在正手握拍的基础上，拇指和食指将拍柄稍向外转，拇指顶点在拍柄内侧的宽面上或内侧棱上，中指、无名指和小指并拢握住拍柄，柄端靠近小指根部，使掌心留有空隙。反手握拍法如图 8-2 所示。

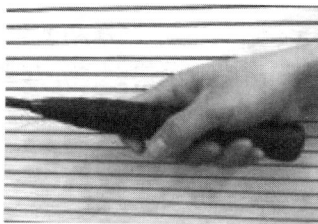

图 8-1　正手握拍法　　　　图 8-2　反手握拍法

（二）握拍的练习方法

（1）持拍做正手握拍或反手握拍的动作，要求做好相应的正手与反手握拍动作的转换。

（2）持拍做颠球练习，要求用正手或反手握拍法持拍在身前，拍面对准球托底部，向上击。

（三）握拍的常见错误动作和纠正方法

（1）常见错误动作："拳握法"，即五指并拢握拍，使手臂的肌肉僵硬，影响手指、手腕的灵活性。

纠正方法：握拍要像手里握着鸡蛋一样，不能太紧，掌心要留有空隙。

（2）常见错误动作："苍蝇拍握法"，即虎口对准拍面，限制了屈腕动作，妨碍对拍面角度的自由控制。

纠正方法：将持拍手的虎口对着球拍框。

二、发球与接发球

（一）发球

发球包括正手发球和反手发球。一般情况下，单打大多数采用正手发球，双打大多数采用反手发球。按照发出的球飞行的弧度和落点，发球又分为发高远球、平高球、平快球、网前球。除发高远球仅采用正手发球外，其余用正手和反手均可。

1. 常用发球技术

下面讲常用的正手发高远球及反手发网前球（以右手持拍为例）技术。

（1）正手发高远球

单打时，一般站在发球区内离前发球线 1 米左右的中线附近发球。双打时，可靠前一些。

左脚在前（脚尖对网），右脚在后（脚尖斜向前侧方），两脚距离与肩同宽，身体重心放在右脚上，左肩斜对球网。右手向右后侧举起，肘部稍屈。左手用食指、中指、拇指夹持羽毛球球托部位，举在身前。正手发高远球如图 8-3 所示。发球时，左手把球举在身体右前方松手，使球落下，紧接着以转体和上臂的挥动带动前臂，形成臂在前、球拍在后的姿势。当球拍快要与球接触时，前臂挥动速度加快，并带动手腕向前上方闪动屈腕，形成击球瞬间的爆发力，在拍面后仰（拍面与地面形成的夹角一般大于 135°）的情况下将球向前上方击出。击球点应在球托右侧下方。球被击出后，随着惯性往左侧前上方挥摆球拍。随着挥拍的过程，身体重心由右脚移到左脚，右脚跟稍提起，保持身体的平衡。

图 8-3　正手发高远球

（2）反手发网前球

站位接近前发球线，右脚在前，重心在右脚，左脚跟提起（也可以左右开立），右手采用反手握拍法持拍于腹前，肘关节屈，左手拇指与食指、中指捏住球的羽毛斜放在球拍前面。将球拍稍向后（向自己左腹部）摆动距离。左手放球的同时，右前臂向前上方推送，同时带动手腕由后向前做回环半弧形挥动。击球时前臂向前上方推送，同时带动手腕由屈到微伸，利用拇指力量向前推顶球拍，用球拍对球托作横切推送，使球贴网而过，正好落在对方前发球线附近区域。

2. 发球的练习方法

（1）击固定球练习。要求手臂自然伸直，注意击球时的拍面方向和击球时机。

（2）对墙发球练习。注意动作要领和各种发球的拍面要求及力量的控制。

（3）两人一组对发练习。在场地上按照规则要求练习发球，注意球的飞行弧度。

3. 发球的常见错误动作和纠正方法

（1）正手发球的常见错误动作和纠正方法

① 常见错误动作：发球时没有转体，重心没有随身体的转动由右脚移至左脚，动作不协调。

纠正方法：多做挥拍练习，注意引拍和收拍，持拍手臂由右后方往下再向前上方挥动。

② 常见错误动作：掌握不好放球与挥拍的时机，放球与挥拍配合不好，击球点过高，击球不准。

纠正方法：对墙练习发球，持拍手在挥拍时尽量伸直，左手持球自然放下，击球点在身体右前下方。

③ 常见错误动作：发网前球时，没有掌握好击球时机和力量，手臂及手腕发力过大，造成球离网太高，容易被对方扑死。

纠正方法：双人场地练习，握拍时手要放松，前臂只是前摆而不做内旋动作，靠手指控制力量。

（2）反手发球的常见错误动作及其纠正方法

① 常见错误动作：发球时，挥拍动作僵硬，脚移动、放球与挥拍配合不当。

纠正方法：做慢速挥拍练习，逐渐过渡到正常速度的挥拍练习。

② 常见错误动作：击球点靠近身体或离身体太远。

纠正方法：掌握动作要领、发力顺序，多做放松、协调的发球练习。

（二）接发球

接发球是指还击对方发过来的球。接发球和发球一样，都是羽毛球运动中的基本技术，在比赛中同样起着重要作用。

1. 接发球的站位

单打接发球站位离前发球线约 1.5 米，在右发球区要站在靠中线的位置，在左发球区则要站在中间稍偏边线的位置，主要防备对方发球攻击反手位。双打接发球站位可靠近前发球线，因双打的后发球线距离前发球线比单打短 0.76 米，发高远球易被扣杀，所以双打接发球应把主要精力放在应对对方发网前球上。

2. 接发球的准备姿势

单打接发球应左脚在前，右脚在后，侧身对网，重心在前脚，后脚脚跟稍提起，双膝微屈，收腹含胸，持拍于右侧身前，两眼注视前方。双打接发球的准备姿势基本同单打一样，但是重心可随意放在任意一只脚上，球拍高举在肩上，注意力要高度集中。

3. 接发各种来球的方法

在接对方发来的高远球或平高球时，可用平高球、吊球或杀球还击。抓住机会，还击得好，就掌握了主动。相反，如果还击质量较差，会陷入被动。

在接对方发来的网前球时，可用平推、放网前球、挑后场高球、勾对角球还击。如对方发球质量不好，也可用扑球还击。

三、击球

羽毛球运动的各种挥拍击球技术称为击球法。根据挥拍技术动作特点，击球法可分为击高远球、吊球、杀球、搓球、推球、放球、勾对角球、扑球、抽球、挑球等，每一种又可分为正手和反手。

击球法有很多技术动作，根据握拍方式可分为正手和反手技术，根据位置可分为后场、中场和前场三大击球技术。

（一）后场击球技术

后场击球技术包括击高远球、杀球、吊球。

1. 后场击高远球

（1）后场正手击高远球与后场头顶击高远球

后场正手击高远球是用正手握拍法以正拍面击球，击球点在右肩上方。

动作要领

首先判断来球的方向和落点，侧身后退，使球在自己右肩稍前上方的位置。左肩对网，左脚在前，右脚在后，重心在右脚上，左臂屈肘并自然高举。右手持拍，手臂自然弯曲，将球拍举在右肩上方，两眼注视来球。击球时，由准备动作开始，上臂后引，肘关节上提至明显高于肩部，将球拍引至头后，自然伸腕（拳心向上）；然后在右脚蹬地、转体和腰腹的协调用力下，以肩为轴，上臂带动前臂快速向前上方甩动手腕，在手臂伸直的最高点击球。击球后，持拍手手臂顺惯性往前下方挥动并收拍至体前。与此同时，左脚后撤，右脚向前迈出，身体重心由后脚移至前脚。后场正手击高远球如图8-4所示。

图 8-4 后场正手击高远球

后场头顶击高远球是在左后场区用正手握拍法以正拍面击球，击球点在头顶上方。

动作要领

后场头顶击高远球同正手击高远球的动作要领基本一致。准备击球时，身体偏左倾斜。击球时，上臂带动前臂使球拍绕过头顶，从左上方向前加速挥动，前臂向前上方由内旋带动手腕突然回收发力挥拍形成鞭打，击球托后部。击球点在偏左肩上方或头顶上方位置。后场头顶击高远球如图 8-5 所示。

图 8-5　后场头顶击高远球

（2）后场击高远球的练习方法和要求

① 原地挥拍练习。在无球的情况下，原地连续进行徒手挥拍练习，以熟悉和巩固击高远球的正确挥拍动作。

② 击固定球练习。要求伸直手臂，在最高点击球，以肩为轴，用上臂带动前臂，最后闪动手腕击球。

③ 多球练习。教练员在场地对面发正手高远球至练习者的后场区，使其得以进行连续的击球练习。

（3）后场击高远球的常见错误动作和纠正方法

① 常见错误动作：发力不好，表现在挥拍击球时不是用挥臂甩腕动作的爆发力将球击出，而是把球推出，缺少力量，球打不到对方后场去。

纠正方法：进一步学习和领会动作要领，加强挥拍练习，体会最后用力时借助手腕闪动击球的要领。

② 常见错误动作：打不到球，掌握不好挥拍时机，容易打空，或者球已经下落，没有在最高点击球，没有"球感"。

纠正方法：应注意动作要领，多做挥拍练习，多熟悉球性，同时要注意正确的握拍方法。

2. 后场杀球

杀球是在中场或中后场区域，在尽可能高的击球点全力将球下压到对方场区的一种击球方式。它具有击球力量大、球速快的特点，能给对方带来很大威慑力。后场杀球根据击球时人与球的位置可分为正手杀球、头顶杀球、反手杀球，根据出球角度可分为杀直线和斜线球，根据击球力量可分为重杀和点杀，根据击球距离和落点可分为长杀（落点在双打后发球线附近）和短杀（落点在中场）。这里只介绍正手杀球。

（1）正手杀球

正手杀球是指用正手握拍法，以正拍面在右肩前上方将对方击来的球在尽可能高的击球点下压到对方场区的一种击球方式。

动作要领

正手杀球与后场正手击高远球的动作要领基本一致。步法到位后，屈膝下降重心，准备起跳。侧身起跳时，往右上方提肩带动上臂、前臂和球拍上举，以便向上伸展身体。将击球点选在右肩前上方较高远球稍前一点的位置。击球前，身体后仰，几乎呈反弓形，在击球瞬间，通过手腕由伸到屈的快速闪动发力，以正拍面向前下方全力压击球。球拍和击球方向水平面的夹角小于 90°，球拍正面击球托的后部，使球直线下行。正手杀球如图 8-6 所示。

图 8-6 正手杀球

（2）正手杀球的练习方法和要求

① 徒手挥拍练习（原地挥拍、起跳挥拍）。要求先原地挥拍，再跳起扣杀；在最高点完成挥击动作；注意与击高远球的动作区分，即注意手腕的快速下压和闪动。

② 半高球扣杀练习。要求应向前、向下扣杀，手腕应放松地快速闪动，完成击球动作。

（3）正手杀球的常见错误动作和纠正方法

① 常见错误动作：杀球时无力，主要表现在球速不快，球下压不足、威胁不大。

纠正方法：多练习挥拍，体会发力顺序，肩、肘、腕关节逐一发力，最后通过手指握紧球拍屈曲发力。

② 常见错误动作：动作不协调，发力不当，主要表现在杀球到对方场区时没有威胁，杀球时腰腹力量用不上，手腕下压不够。

纠正方法：进一步领会动作要领；加强挥拍练习，体会闪动击球的要领；加强腰腹、手臂力量练习，例如，做举哑铃、举沙袋、挥网球拍练习；做小重量快速挺举，屈伸臂、腕，仰卧起坐等练习。

3. 后场吊球

吊球是指从后场打到对方前场区域（发球线与球网之间）向下坠落的球。后场吊球按人与球的位置分为正手吊球、反手吊球和头顶吊球 3 种，按球的飞行弧线和击球动作分为劈吊、拦截吊和轻吊。这里只介绍正手吊球。

（1）正手吊球

动作要领

正手吊球的准备姿势和引拍同正手击高远球基本一致。击球时，将击球点选在右肩的前上方较高远球稍前一点的位置。击球时，手腕由伸展到屈收带动手指捻动拍柄发力，并以手指转动使球拍形成一定的外旋，用斜拍面切击球托后部的右侧，主要靠手腕、手指控制力量。正手吊球如图 8-7 所示。

图 8-7　正手吊球

（2）正手吊球的练习方法和要求

① 徒手挥拍动作练习。要求动作同击高远球一样，以增强吊球的隐蔽性，挥拍的用力方向是前下方，手指、手腕要放松。

② 击中后场半高球练习。要求击球点在前上方，尽量在最高点吊球，使球贴网而过，用手指、手腕控制击球的拍面方向，以取得不同的吊球路线。

③ 多球练习。在场地对面发正手高球至练习者的中后场区，使其得以进行连续的吊球练习。

（3）正手吊球的常见错误动作和纠正方法

① 常见错误动作：吊球时击球的拍面角度不合适，主要表现在击出的球落点离球网远、不过网（下网）或过网时离球网太高。

纠正方法：多做挥拍练习，注意击球时的拍面角度，体会力量和角度的关系；拍面不能后仰。

② 常见错误动作：打不到球，主要表现在挥拍时间掌握不好，没有"球感"。

纠正方法：进一步领会动作要领，加强挥拍练习。

（二）中场击球技术

中场介于前场和后场之间。中场击球技术通常包括中场平抽球和接杀球。由于中场是攻防转换的主要区域，双方的距离较近，球在空中滞留的时间会比较短。因此，中场击球技术要求挥拍预摆幅度小，突出体现一个"快"字。

1. 平抽球

平抽球是中场击球技术中的一种主动击球技术。它的技术特点是速度快，球的飞行弧线较平，落点较近，是双打的主要技术。平抽球又可分为正手平抽球和反手平抽球两种。

（1）正手平抽球

正手平抽球是用正手握拍法，拍面位于身体右侧，将高度在肩部以下、腰部以上位置的球用抽球的动作击打过网的一种击球技术。

动作要领

站在右场区中部，两脚平行开立稍宽于肩，重心在两脚间，微屈膝收腹，正手握拍举于右肩前。击球前，肘关节前摆，前臂稍往后带外旋，手腕稍外展至后伸，引拍至体后。击球时，前臂内旋，手腕伸直闪动，手指抓紧拍柄，球拍由右后方往右前方高速平扫来球。击球后，手臂顺势左摆，左脚往左前方迈进一步。正手平抽球如图 8-8 所示。

图 8-8　正手平抽球

（2）反手平抽球

动作要领

右脚前交叉在左侧前，重心在左脚上，右手反手握拍在左侧前。击球前，肘部稍上拍，前臂内旋，手腕外展，引拍至左侧。击球时，在髋右转的带动下，前臂外旋，手腕由外展到伸直闪动，挥拍击球托底部。击球后，球拍随身体的回动收到右侧前。

2. 接杀球

接杀球就是还击对方杀过来的球。接杀球是羽毛球运动中由守转攻的重要环节，如果能够较好地掌握接杀球技术，做到反应快、判断准、手法娴熟，回球的落点和线路控制得当，可以从防守反攻当中得到进攻主动权或直接得分的机会。接杀球可分为接杀放网前球、接杀挑后场和接杀勾对角等，这里只介绍接杀放网前球。

（1）正手接杀放网前球

动作要领

两脚与肩同宽，自然分立于中场靠后一点的位置，重心降低，注视对方来球。用正手接杀球的步法向来球方向移动，在右脚触地的同时，右手伸向右侧，上臂外旋，手腕稍做伸腕引拍。击球时，借助对方来球的力量，运用手腕、手指控制拍面，以切击动作向前方推送、轻击球托底部。击球后，迅速回位，并持拍于胸前。

（2）反手接杀放网前球

动作要领

反手接杀放网前球的准备姿势同正手接杀放网前球的基本一致。用反手接杀球的步法向来球方向移动，在右脚（或左脚）触地的同时，右手伸向左侧来球方向，前臂稍做内旋引拍预摆动作。击球时，微微发力，并通过手指控制拍面的角度，切击球托底部。

3. 中场击球技术的练习方法和要求

（1）对墙击球练习。要求练习者对墙而立，距墙 2 米左右，用正反手对墙击球，不能击球过高。

（2）接杀球、抽球练习。要求在网前向练习者发平直低球，或向下扣杀球，球的高度在练习者肩部以下、膝部以上，要求练习者用正反手抽球将球抽到对方后场。

（3）抽、挡练习。要求两名练习者分别站在网的两侧，相互用正反手平抽平挡。

（4）多球练习。在场地面向练习者的中场掷球（力量要稍大些），使其得以进行连续的接杀球练习。

4. 中场击球技术的常见错误动作和纠正方法

（1）常见错误动作：击球点在体后，造成出球无力。

纠正方法：进一步明确各种来球的击球点都应在体前、体侧前的要求及其目的；不同的来球对准备姿势、拍面角度、力量、动作速度的要求应有区别；多做连续挥拍练习或多球练习，强调前后动作的衔接。

（2）常见错误动作：反应慢，接不到球。

纠正方法：提高反应速度及对各种来球的判断能力；加强对接各种来球的准备姿势、移动、手法的练习，如多做接杀球练习以训练反应速度和判断能力，体会接杀球技术动作，或做平抽练习，两人快速平抽平打，练习动作速度、反应速度；进行多球专门练习，提高控制球的能力。

（三）前场击球技术

前场击球技术主要包括放网前球、搓球、推球、勾对角球、扑球和挑球等技术，各项技术又分为正手和反手两种击球方式。这里主要介绍几种网前击球技术。

1. 网前搓球

网前搓球一般是在对方来球比较靠近网时运用，是指采用快速上网步法，尽量争取高的击球点，用斜拍面"搓""切"等动作回击，使球在摩擦力的作用下旋转飞行，并落在对方的网前区域。网前搓球可分为正手搓球和反手搓球两种。

（1）正手搓球

正手搓球是指用正手握拍法以正拍面将网前位置的来球运用"搓""切"等动作回击到对方网前区域附近的击球技术。

动作要领

侧身对右边网前，左腿跨成弓步，重心放在右脚，正手握拍。击球前，球拍随前臂稍外旋向右前上方斜举，手腕由后伸至稍内收闪动，持拍手的食指和拇指夹住拍柄，中指、无名指和小指轻握拍柄，使球拍在手腕和手指的挥摆下用力，搓击来球的右下底部，使球旋转翻滚过网。正手搓球如图 8-9 所示。

图 8-9　正手搓球

（2）反手搓球

反手搓球是指用反手握拍法以反拍面将网前位置的来球运用"搓""切"等动作回击到对方网前区域附近的击球方式。

动作要领

侧身对左边网前，反手握拍。击球前，前臂稍往前上方举，手腕前屈，手背约与网同高，拍面低于网顶，反拍迎球。搓球时，主要靠前臂的前伸外旋和手腕由内收至外展的合力，搓击球的右侧后底部，使球倒旋滚动过网。反手搓球如图 8-10 所示。

图 8-10　反手搓球

2．网前挑后场高球

网前挑后场高球是指把对方打过来的网前球，从球网的下端较低位置由低往高挑至对方后场端线上空。网前挑后场高球可分为正手挑球和反手挑球两种。

（1）正手挑球

动作要领

正手挑球的准备姿势与正手搓球相同。击球前，前臂充分外旋，手腕尽量向后伸，右脚向右侧网前跨出一大步，重心在右脚上。击球时，从右下方向右前方至左上方挥拍击球。在此基础上，若球拍向右前上方挥动，挑出的是直线高球；球拍向左前上方挥动，挑出的则是对角线高球。击球后，身体即刻还原成准备姿势。正手挑球如图 8-11 所示。

图 8-11　正手挑球

（2）反手挑球

动作要领

反手挑球击球前，右臂往左后方拉，屈肘引拍至左肩旁，同时右脚向左前方跨出一大步，重心放在右脚上。击球时，手腕由屈至后伸闪动挥拍击球。若球拍由左下方向左前上方挥动，则球沿直线飞行；若球拍由左下方向右前上方挥动，则球沿对角线飞行。击球后，身体即刻还原成准备姿势。反手挑球如图 8-12 所示。

图 8-12　反手挑球

3．前场击球技术的练习方法和要求

（1）持拍颠球练习。要求手指、手腕放松，掌心留空。颠球过程中，不要求高度，但要求将球搓切得能够翻转。

（2）网前搓球、推球、挑球、扑球等多球练习。要求手指、手腕放松，注意击球部位和拍面方向；击球点尽量靠近网口，以提高击球质量。

4．前场击球技术的常见错误动作和纠正方法

（1）常见错误动作：搓球不够，勾对角不到位，挑球不够高、不够远，放球离网太远、太高，扑球出界、触网或不过网。

纠正方法：根据球离网的远近及自己所处的位置，掌握好拍面角度，采用相应技术；搓球距网近时抢点要高，手腕、手指力量需掌握好。

（2）常见错误动作：在挑球时，挥拍动作过大，挥臂速度慢，球挑得不够高、不够远。

纠正方法：挑球时注意拍面角度，用向上的爆发力挑球。

四、步法

在羽毛球运动中，运动员在场上为了跑到适当的位置击球而采取的快速、合理、准确的移动方法，称为步法。

在学习和掌握了发球及原地击高远球技术之后，就应该开始学习步法了。因为羽毛球运动的步法和手法（各种击球法）是相辅相成、不可分割的。许多击球法都是靠熟练、快速、准确的步法来完成的。不掌握正确的步法，就会影响各种击球法的学习和掌握，而在比赛中如果没有到位的步法，就可能会使击球法失去应有的作用。

（一）步法的动作分析

羽毛球运动的步法包括启动、移动、到位配合击球和回位（回中心位置）4 个环节。

1．启动

对来球有反应判断，即从中心位置上的准备接球姿势转为向击球的位置出发，称为启动。运动员在一场比赛要启动几百次（基本上是每回击一拍即要启动一次）。要做到启动快，必须反应敏捷、判断准确和启动的准备姿势正确。

2．移动

移动主要是指从中心位置启动后到击球位置的移动方法。影响移动速度的因素有步数的多少、步频的快慢和步幅的大小。移动的方法通常有垫步、交叉步、小碎步、并步、蹬转步、蹬跨步、腾跳步等。这些方法可构成从中心位置到场区不同方位的组合步法。自中心位置到击球位置的步

数，一般为一步、两步或三步，这要根据当时球离身体的远近来决定。中圈内只需原地击球或移动一步击球；若击球点在中圈与外圈之间，则需移动两步击球；若击球点在外圈之外，就要移动三步击球。步幅小的人则需增加步数，以争取到位击球。

（1）垫步：当右（左）脚向前（后）迈出一步后，紧接着以同一脚向同一方向再进一步，垫步一般用作调整步距。

（2）交叉步：左右脚交替向前、向侧方或向后移动，经另一脚前面超越的为前交叉步，经另一脚脚跟后超越的为后交叉步。

（3）小碎步：小的交叉步即为小碎步，由于步幅小、步频快，小碎步一般在启动或回位起始时用。

（4）并步：右脚向前（或向后）移动一步时，左脚即刻向右脚跟并一步，紧接着右脚向前（向后）移一步。

（5）蹬转步：以一脚为轴，另一脚向后或向前蹬转迈步。

（6）蹬跨步：在移动的最后一步，左脚用力向后蹬的同时，右脚向球的方向跨出一大步，蹬跨步多用于上网击球，在向后场底线两角移动抽球时也常采用。

（7）腾跳步：起跳腾空击球的步法为腾跳步。它可分为两种：一种是在上网扑球或向两侧移动突击杀球时，以领先的脚（或双脚）起跳，扑球或突击杀球；另一种是对方击来高远球时，用右脚（或双脚）起跳到最高点时杀球。

3．到位配合击球

移动本身不是目的，它是为击球服务的。所谓步法到位，就是指根据不同的击球方式，运动员应站在最适合使用这种击球方式的位置上。例如，正手扣杀球时，应使球处在身体右前方；正手搓球时，则应使球处在右前方，伸臂伸拍后能击到球为宜。如果没有占据最理想的位置，最后（击球）还可对步子进行调整，做到击球时使上肢、下肢、躯干都能协调一致地发力。

4．回位（回中心位置）

击球后，尽力保持（或尽快恢复）身体平衡，并即刻向中心位置移动，以便在中心位置做好迎击下一个来球的准备，称为回位。所谓中心位置，一般指场区的中心略靠后的位置。因为这个位置最有利于向场区各个方向迎击球。初学者往往缺乏回中心位置的意识，在哪里打完球就停在哪里，这是必须要改正的。当然运动员随着比赛经验的增长，会逐渐体会到并非每击完一次球都必须回到场区的中心位置，而应根据当时的实际情况，以及双方技战术的特点，选择最有利于回击来球的路线和位置。

（二）步法的练习方法与要求

（1）分解步法练习，如正、反手上网步法练习，正、反手接杀球步法练习，正手后场击球步法练习，头顶后场击球步法，杀上网步法练习，后场反拍击球步法练习。要求步法要到位，移动速度要快。

（2）结合击球动作练习相应的步法，如固定击球路线的步法练习，不固定击球路线的步法练习，回击多球步法练习。要求反应敏捷、迅速、动作连贯。

（3）综合练习，如吊球上网练习、杀球上网练习、攻守综合练习，"二对一"和"三对一"练习。要求通过一定的套路配合，把手法与步法、进攻和防守等技术在前场和后场有机地结合在一起，从而提高基本技术在比赛中的实效性。

（三）步法的常见错误动作和纠正方法

（1）常见错误动作：对对方来球的移动趋势判断错误，不能识别对方动作及出球路线，往往造成球的落点在前场向后场移动，球的落点在左（右）侧向右（左）侧移动，球的落点在后场向前场移动等。

纠正方法：加强步法练习，进行两人对打综合练习、比赛练习，提高对假动作及出球路线的识别判断能力。

（2）常见错误动作：启动时移动慢。

纠正方法：按手势指令做启动练习，通过多球有目的地做反应启动练习，在练习过程中注意击球后回中心位置，做好下一步启动接球的准备姿势，全身自然协调。

（3）常见错误动作：步法与击球动作配合不协调。

纠正方法：进一步了解步法在羽毛球运动中的重要性；按手势指令做步法练习，并强调以各种步法接球时的步幅和重心转换；做多球练习。

第三节　羽毛球运动基本战术

羽毛球运动的战术思想是全面贯彻快、狠、准、活的技术风格和以我为主、以快为主、以攻为主、积极主动的打法。快：判断快，反应快，启动快，回动快，步法移动快，抢位快，完成击球动作快，实击动作快，守中反攻快。狠：进攻凌厉，球路变化多，落点刁，抓住有利战机突击，连续进攻或一拍解决战斗。准：在快速多变的情况下战机抓得准，落点准，准确掌握技术并运用自如。活：握拍活，站位活，步法活，进攻点多，战术变化活。以我为主：不受对方影响，积极运用自己的特长技术和打法；避开对方进攻的锋芒，压制对方的技术发挥；战术多变，掌握场上的主动权。

一、单打战术

1. 发球战术

（1）保持发球技术动作的一致性。做到各种发球技术的前期动作一致，使对方无法预先把握发球的时机和意图，迫使对方多方防备，造成回球质量差，从而获得机会发起主动进攻。

（2）掌握发球的时间差。每次发球，从准备发球到球发出去（球从拍面弹起）的时间长短有差异，这样可以造成对方判断错误而被动接球或接球失误。

（3）灵活地变换发球点和发球的弧线，将球发向对方接球能力最差的部位。

（4）善于发现和把握对方接发球的习惯性球路，抓住战机，争取一拍解决战斗。

2. 接发球战术

要全面掌握接发球技术，充满信心迎击各种发球。在接球时能一拍解决战斗是最理想的，但也不要在条件不许可的情况下勉强行事。接发球要力争不让对方有直接进攻的机会，把球回击到远离对方所站位置的落点，或者回击到与对方移动方向相反的位置，又或者回击到对方技术薄弱的位置，迫使对方被动回球。为此，要求在接发球时做到注意力高度集中，见机行事。

3. 攻后场战术

攻后场战术是指通过采用快速、准确的高远球、平高球重复压对方的底线两角，造成对方被动，然后寻找机会进攻；当对方回击半场高球时，就可以扣杀进攻。在使用平高球压底线时，如配合劈吊和劈杀战术效果会更好。用此战术来对付后场还击能力较差，或后退较慢、急于上网的对手很有效。

4．逼反手战术

一般说来，后场的反手击球的进攻性总是弱于正手击球，球路也较简单。一般人很难在后场用反手把球打到对方端线。在羽毛球比赛中，对后场反手较差的对手要毫不放松地加以攻击，先拉扯对方，迫使对方反手区露出空当，然后把球打到反手区，使对方使用反拍击球。用这种战术对付反手较差，步法移动慢的对手尤其有效。

5．打四方球战术

打四方球战术是把球准确地打到对方场区的 4 个角上，使对方每次击球都要在场上来回奔跑。使用这种战术时，对不同特点的对手要采用不同的拉、吊方法。若是步子慢、体力差、灵活性差、技术不全面的对手，可以多打前、后场，多拉、吊，也可使用重复球、假动作、回攻反手、打对角线来消耗其体力，抓住空当和弱点进行突击。

6．杀吊上网战术

杀吊上网战术是接对方打来的后场高球，以杀球配合吊球把球下压，落点选在场区的两条边线附近，致使对方被动回球。若对方还击网前球，便迅速上网以贴网搓球，或勾对角球，或快速平推创造中场大力扣杀机会；若对方在网前挑高球，可在其向后退的过程中把球直接杀到其身上。这种战术必须很好地控制杀、吊球的落点，使对方被动回到网前，才能主动迅速上网。

二、双打战术

1．发球与接发球战术

双打发球应以发低球为主，以免对方接发球下压进攻。也可结合发一些后场的平高球，将平高球突然发向对方接球能力最差的部位。接发球时，如果对方发的网前球弧线较高，最好能快速上网扑杀（这是最有威胁的接发球手段），不能扑杀的则争取以搓、推技术回击，迫使对方向上挑球，为后场进攻创造机会。接发球应尽量不用挑高球，以免对方（第三拍）的进攻。接发球的球路要有变化，不要只按习惯性的固定球路回击。

2．发球抢攻战术

应以发网前球为主，结合运用平快球、平高球，抓住对方接发球的习惯性球路和弱点，抓住战机，突击或网前扑杀。

3．攻中路战术

当对方采用左右并列站位时，中间的位置是其容易出现矛盾的地方，所以可攻其中路，乱其阵脚，伺机取胜。

4．避强打弱的战术

如果对方二人的技术水平悬殊，可重点进攻弱者。如果强者争打来球，场上必然就会暴露出空档，可在其仓促接应、立足不稳时偷袭。

5．攻直线战术

杀球路线和落点均为直线，没有固定的目标和对象，只依靠杀球的力量和落点来得分。当对方的来球靠边线时，攻球的落点在边线上；当对方的来球在中间区域时，就朝中路进攻。杀边线球虽然难度大一些，但效果不错，便于网前同伴的封网。

6．攻后场战术

若对方后场扣杀能力差，可采用平高球、推平球、接杀球挑底线，把对方一人紧逼在底线两角移动。当对方被动还击时，则抓住机会大力扣杀。如对方另一人后退支援，即可攻网前空当。

第四节　羽毛球运动竞赛规则简介

一、定义

（1）运动员：参加羽毛球比赛的人。

（2）一场比赛：由双方各一名或两名运动员进行的比赛，是羽毛球比赛决定的基本单位。

（3）单打：双方各一名运动员进行的比赛。

（4）双打：双方各两名运动员进行的比赛。

（5）发球方：有发球权的一方。

（6）接发球方：发球方的对方。

（7）回合：自球被发出至死球前的一次或多次连续对击。

（8）一击：运动员试图击球的一次挥拍动作。

二、场地

羽毛球场地应是长方形，用宽 40 毫米的线画出，所有的线都是它所界定区域的组成部分，长度为 13.4 米，双打场地宽 6.1 米，单打场地宽 5.18 米。单打边线与双打边线相距 0.64 米，场地上空 12 米以内和四周 4 米以内不应有障碍物。场地中央网高 1.524 米，双打边线处网高 1.55 米。羽毛球场地横向被中线平分为左右两个半区；纵向被分为前场、中场、后场。前场就是从前发球线到球网之间的一片场地，后场是指从端线到双打后发球线之间的一片场地，中场是前发球线与双打后发球线之间的一片场地。

三、竞赛规则

（一）计分方法

（1）采用 21 分制，即一方分数先达 21 分者胜，三局两胜。

（2）对方违例或球触及对方场区内的地面成死球，则本方胜这一回合并得 1 分。

（3）每局双方打到 20∶20 后，一方领先 2 分即算该局获胜；若双方打成 29∶29，先到 30 分的一方该局获胜。

（4）一局的胜方在下一局首先发球。

（二）交换场区

（1）第一局比赛结束时，双方交换场区。

（2）第二局比赛结束，第三局比赛开始前，双方应交换场区。

（3）在第三局比赛中，领先一方达到 11 分时，双方应交换场区。

（4）如果运动员未按以上规定交换场区，一经发现，在死球时立即交换，已得比分有效。

（三）发球

（1）一旦发球员和接发球员做好准备，任何一方都不允许延误发球开始。

（2）发球员和接发球员都必须站在斜对角的发球区内，脚不能触及发球区的界限；两脚必须都有一部分和地面接触，不得移动，直至将球发出。

（3）发球员的球拍必须先击中球托，与此同时，整个球要低于发球员的腰部；击球瞬间，拍杆应指向下方，从而使整个拍头明显低于发球员的握拍手。

（4）发球开始后，发球员的球拍必须连续向前挥动，直至将球发出；发出的球必须向上飞行过网，如果不受拦截，应落在规定的发球区内（落在线上或界内）。

（5）发球员发球时未能击中球，应判违例。

（6）一旦双方运动员站好位置，发球员的球拍第一次向前挥动即为发球开始。

（7）一旦发球开始，球被发球员的球拍触及或未能击中球即为发球结束。

（8）发球员须在接发球员准备好后才能发球，如果接发球员已试图接发球则被认为已做好准备。

（9）双打比赛中，发球员或接发球的同伴站位不限，但不能阻挡对方发球员或接发球员的视线。

（四）单打

（1）发球员的分数为 0 或双数时，双方运动员均应在各自的右发球区发球或接发球。

（2）发球员的分数为单数时，双方运动员均应在各自的左发球区发球或接发球。

（3）如有再赛，发球员应以该局的总得分来站位。

（4）球发出后，由发球员和接发球员交替对击直至违例或死球。

（5）接发球员违例或因球触及接发球员场区内的地面而成死球，发球员得 1 分。随后，发球员再从另一发球区发球。

（6）发球员违例或因球触及发球员场区内的地面而成死球，接发球员得 1 分。

（五）双打

（1）一局比赛开始和每次获得发球权的一方，都应从右发球区发球。

（2）只有接发球员才能接发球；如果他的同伴接球或被球触及，发球方得 1 分。

（3）自发球被回击后，由发球方的任何一人击球，然后由接发球方的任何一人击球，如此往复直至死球。

（4）自发球被回击后，运动员可以从网的一方的任何位置击球。

（5）接发球方违例或因球触及接发球方场区内的地面而成死球，发球方得 1 分，原发球员继续发球。

（6）发球方违例或应球触及发球方场区内的地面而成死球，原发球员即失去发球权，接发球方得分。

（7）每局开始首先发球的运动员，在该局本方得分为 0 或双数时，都必须在右发球区发球或接发球；得分为单数时，则应在左发球区发球或接发球。

（8）每局开始首先接发球的运动员，在该局本方得分为 0 或双数时，都必须在右发球区接发球或发球；得分为单数时，则应在左发球区接发球或发球。

（9）上述两条相反形式的站位适用于他们的同伴。

（10）如有再赛，则以该局本方总得分，按规则（6）~（9）的规定站位。任何一局的首先发球员失去发球权后，由该局首先接发球员发球，然后由首先接发球员的同伴发球，接着由他们的对手之一发球，再由另一对手发球，如此传递发球权。一局胜方中的任一运动员可在下一局先发球，负方中的任一运动员可先接发球。

（六）发球区错误

（1）以下情况为发球区错误。

① 发球顺序错误。

② 从错误的发球区发球或接发球。

（2）发球区错误的处理：如果发现发球区错误，应在死球时予以纠正，已得比分有效。

（七）赛中间歇方式

每场比赛采用三局两胜制。当一方在比赛中得到 11 分后，比赛间歇 1 分钟；两局比赛之间的间歇时间为 2 分钟。

（八）比赛中常见的违例

（1）发球时，球没有落在规定的接发球区内，将判违例，如发出的球没有落于对角的场区内或不过网，或挂在网上、停在网顶等。球从网下或网孔穿过、触及天花板或触及运动员的身体或衣服，将判违例。

（2）过腰违例。发球时，在击球的瞬间，整个球应低于发球员的腰部，否则将判违例。

（3）过手违例。发球时，在击球的瞬间，发球员的拍杆应指向下方，否则将判违例。

（4）脚移动、触线或不在发球区内。自发球开始至发球结束，发球员或接发球员的两脚都必须有一部分与球场地面接触，不得移动，且都必须站在斜对面的发球区内，脚不得触及发球区或接发球区的界线，否则将判违例。

（5）最初击球点不在球托上或发球时未能击中球，将判违例。最初击球点不在球托上是指发球时，球拍先触及羽毛或同时击中羽毛和球托。

（6）挥拍有停顿。发球开始后，挥拍动作不连贯，将判违例。

（7）球触及球场或其运动员的球拍，从网上、网下侵入对方场区，导致妨碍对方或分散对方注意力，或妨碍对方、阻挡对方靠近球网的合法击球，将判违例。

（8）同一运动员连续两次挥拍击中球，或双打的同方两名队员连续各击中球一次，将判违例。

（9）球停在球拍上，紧接着被拖带抛出，将判违例。

（九）重发球

（1）发球员在接发球员未做好准备时发球。

（2）发球过程中，发球员和接发球员都被判违例。

（3）发球被回击后，停在网顶或过网后挂在网上。

（4）比赛进行中，球托与球的其他部分完全分离。

（5）裁判员认为比赛被干扰或教练员干扰了对方运动员的比赛。

（6）遇不可预见或意外的情况。

（7）司线员未看清，裁判员也不能做出决定时。

（十）死球

（1）球撞网或网柱后，开始向击球员网这方的地面落下。

（2）球触及地面。

（3）宣报了违例或重发球。

四、术语及手势

1. 裁判员术语及手势

裁判员术语及手势如图 8-13 所示。

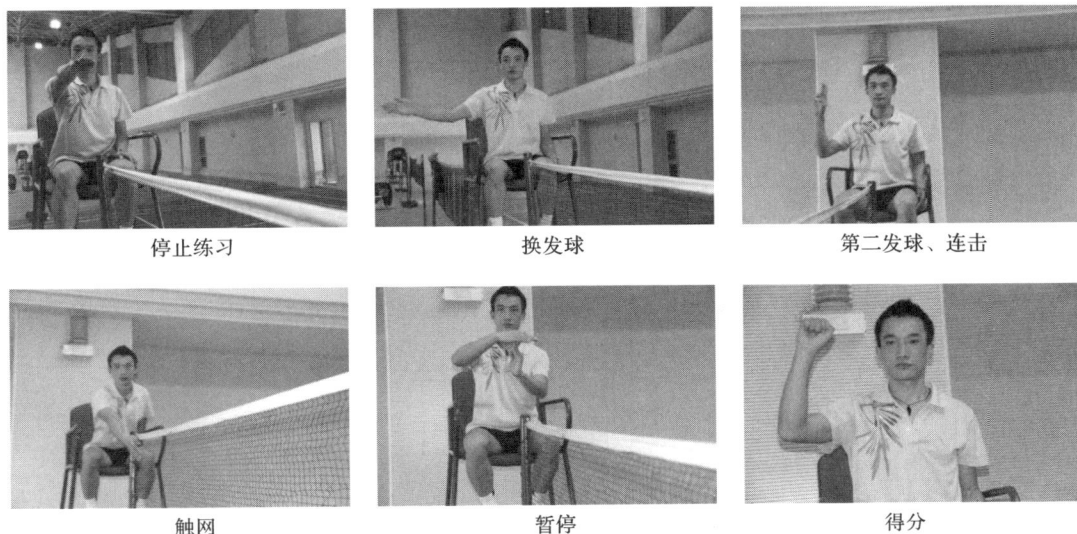

停止练习	换发球	第二发球、连击
触网	暂停	得分

图 8-13　裁判员术语及手势

2. 发球裁判术语及手势

发球裁判术语及手势如图 8-14 所示。

过手	过腰	脚移动或踩线

图 8-14　发球裁判术语及手势

3. 司线员术语及手势

司线员术语及手势如图 8-15 所示。

界外　　　　　　　　　　界内　　　　　　　　　　视线被挡

图 8-15　司线员术语及手势

第九章
网球

　　本章主要介绍网球运动，网球是一项适合多个年龄段人群的隔网对抗性运动项目。大学生可以在本章学习到网球运动的发展概况、基本技术、基本战术与竞赛规则。

第一节　网球运动发展概况

一、网球运动的起源与发展

　　现代网球运动一般包括室内网球和室外网球两种形式。网球运动起源于12—13世纪，是法国传教士在教堂回廊里用手掌击球的一种游戏，后来成为宫廷里的一种室内消遣娱乐活动。也有人认为，网球运动的起源应追溯到"百年战争"（1337—1453年英法战争）以前在法国民间流传的一种叫作"海欧德巴乌麦"的球类游戏。据说这种游戏是两人进行的，每人各执一个球拍来回击球。无论是使用的场地和器具，还是进行游戏的方法，它都与现代的网球运动都有许多相似之处，所以有人把它看作网球运动的原始形态。

　　到了14世纪中叶，法国的一位诗人把这种球类游戏介绍到法国宫廷中，作为贵族男女的消遣。当时玩这种游戏，场地是宫廷内的大厅，没有网也没有球拍，球是用布卷成圆形后用绳子绑成的。场地中间架起一条绳子为界，利用两手作为球拍，把球从绳上丢来丢去。其名称在法语中为"Tennez"，在英语中为"Take it！Play"，意即"抓住！丢过去"，今天的"网球"（Tennis）一词即来源于此。不久，用木板制成的球拍被用来代替两手拍球。16世纪初，这项球类游戏被法国民众发现，他们出于好奇开始仿效，很快将其传播到各大城市，同时改良了用具。球制造得比较耐用，拍子由木板改为羊皮纸板，拍面面积放大，拍柄也加长。场地中间的绳子，增加无数短绳子向地面垂下，球从绳子下面经过时，人们可以明显地发觉。后来这一游戏被法国国王路易斯下令禁止，并规定这是宫廷中的特权游戏，这也是初期网球运动衰败的主要原因。

　　大约在1358—1360年，这种球类游戏从法国传到了英国，成为英国上层社会的一种娱乐活动。

二、现代网球运动

　　现代网球运动的历史，一般认为是从1873年开始的。在那一年，英国人沃尔特·克洛普顿·温菲尔德将早期的网球打法加以改进，使之成为夏天在草坪上进行的一种体育活动，并将其命名为"草地网球"。此后网球便成为一项在室内、户外都能进行的体育项目。同时，英国各地建立了网球运动俱乐部。1875 年，全英网球运动俱乐部成立。这个俱乐部建造了世界上第一个网球场地，并于 1877 年举办了全英草地网球男子单打锦标赛，即后来闻名于世的温布尔登网球赛。随着网球运动的广泛开展和比赛活动的频繁举行，没有统一的规则当然是不行的。于是在 1876 年，一些地区的著名网球运动俱乐部派出代表，一起开会研究和讨论制定了一个全英统一的网球规则。约在 1878 年以后，英国大多数网球俱乐部都逐渐按照新的打法开展网球运动。

第二节　网球运动基本技术

一、握拍

1. 握拍方法（以右手为例）

（1）大陆式握拍（见图 9-1）

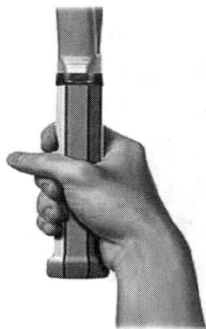

① 右手大陆式握拍：食指的指节和右上方的棱面接触，虎口在拍柄上方。

② 左手大陆式握拍：食指的指节和右侧的棱面接触。

（2）东方式正手握拍（见图 9-2）

① 右手东方式正手握拍：在大陆式握拍的基础上，顺时针转动手腕直至食指指节经过拍柄右上方的棱面和右侧的拍柄接触。

② 左手东方式正手握拍：在大陆式握拍的基础上，逆时针转动手腕直至食指指节经过拍柄左上方的棱面和左侧的拍柄接触。

图 9-1　大陆式握拍　　　　　图 9-2　东方式正手握拍

（3）半西方式正手握拍（见图 9-3）。

① 右手半西方式握拍：在东方式握拍的基础上，顺时针转动手腕直至食指指节和拍柄右下方的棱面接触。

② 左手半西方式握拍：在东方式握拍的基础上，逆时针转动手腕直至食指指节和拍柄左下方的棱面接触。

（4）西方式正手握拍（见图 9-4）。

① 右手西方式握拍：在半西方式握拍的基础上，顺时针转动手腕直至手腕在拍柄的下方，也就是手掌几乎在拍柄的下方。

② 左手西方式握拍：在半西方式握拍的基础上，逆时针转动手腕直至手腕在拍柄的下方。

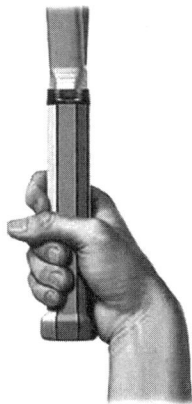

图 9-3　半西方式正手握拍　　　　图 9-4　西方式正手握拍

（5）东方式反手握拍（见图 9-5）

① 右手东方式反手握拍：在大陆式握拍的基础上，逆时针转动手腕直至食指指节在拍柄的上方。

② 左手东方式反手握拍：在大陆式握拍的基础上，顺时针转动手腕直至食指指节在拍柄的上方。

图 9-5　东方式反手握拍

2．握拍基本要求

在众多的握拍方法中，不管采用哪种都应做到以下几点。

（1）握拍方式正确，不能出现错误。

（2）在击球的过程中，调整握拍的松紧程度，做到自由放松。

（3）握拍姿势自然，掌握球拍的平衡，使其平稳。

（4）必须握住球拍，不能使球拍掉落。

3．握拍易犯错误及其纠正方法

握拍易犯错误及其纠正方法如表 9-1 所示。

表 9-1　握拍易犯错误及其纠正方法

易犯错误	纠正方法
按自己习惯握拍	固定握拍方法，多做徒手挥拍练习，加强监督
全程握拍过紧致身体紧张	每次击球完成之后握拍手放开球拍，重新握拍，注意放松
握住了拍柄中间	明确正确的握拍方法，时刻提醒自己
握拍无力，握不住球拍	加大握拍力度，强调击球时更要握紧球拍

二、准备姿势

整个网球运动中，运动员在击球前都是从准备姿势开始的，包括屈膝、屈髋、立腰、直背。准备姿势关乎击球质量，所以十分重要，必须正确掌握。准备姿势如图 9-6 所示。

图 9-6　准备姿势

做好准备姿势的关键是身体要放松，肩部和握拍手要放松，过于用力就无法顺利地进行挥拍动作。要根据来球迅速反应，判断是正手击球还是反手击球，要能随时进行跳跃动作。

三、正手击平击球

正手击平击球是在底线和中场附近回击来球和进攻对方的技术。正手击平击球指的是正手击球时给球施加的摩擦力较小，挥拍击球的路线向上、较平缓，击球时拍面几乎垂直于地面，击球的正后部，用同样的力量击球。正手击平击球的球速最快，球落地后前冲力大，球的飞行路线较平直，但同时存在球容易下网和出界的缺陷。由于准确性和可控制性较差，这种技术在比赛中较少用。

（一）正手击平击球的方法

1．准备姿势

面对球网，双脚向前自然分开与肩同宽，双膝微屈，上体略向前倾，重心落在双脚的前脚掌上，右手握拍，左手轻托拍颈，双肘微屈，将球拍放在身前，托面垂直于拍头指向对方，两眼注视对方来球，做好击球准备。

2．后摆引拍

当判断来球需用正拍回击时，转动双脚，左脚跟抬起并向右前方上步，右脚向右转 90° 与底线平行，同时转肩转髋带动右手向后摆动引拍（此为关闭式步法，适用于初学者转体）。

3．击球动作（前挥击球）

从后摆向前挥动时紧握球拍，手腕后伸、固定，用力蹬脚，转动身体和挥拍。正拍的击球点在身体的右侧前方不超过腰的高度，击球时的挥拍速度最快，球打在拍面的中心，挥拍击球的路线向上、较平缓，击球时拍面几乎垂直于地面。用力击球的正后部。

4．随挥跟进

球触拍后，使拍面平行于球网的时间尽量长些，挥拍沿着球飞行的方向前送，重心前移落在左脚上，身体也随之转向球网，挥拍动作在左肩上方结束，拍头指向上方、高出头部。

（二）正手击平击球的练习方法

（1）准备姿势同正手击球。握拍时采用大陆式握拍。

（2）拉拍转体，待球过网，双手持拍向左转体，至球拍指向球场后挡网，拍头低于手腕，同时右脚上步至左脚左前方，身体几乎背对球网。

（3）击球点选在身体左前方，击球后双手分离，右手挥拍向前运动，注意拍面垂直于地面。击球后继续向斜上方挥拍，停止于右肩上，拍面向上。

（三）正手击平击球的易犯错误及其纠正方法

正手击平击球的易犯错误及其纠正方法如表 9-2 所示。

表 9-2　正手击平击球的易犯错误及其纠正方法

易犯错误	纠正方法
身体太僵硬，不能放松完成鞭打，致使球速慢球又浅	做挥拍练习，体会鞭打动作；每次击球时保持全身放松，从下肢到躯干到手臂依次放松。仅仅在击球的刹那保持紧张
移动击球时引拍不合理，出现了先引拍后移动的现象	挥拍练习中结合移动，必须保证先移动后引拍；网前练习小球时，退回边线，移动引拍击球，按顺序强化练习；合理调整步伐，始终保持前脚掌着地和腿部弹跳状态
身体转动不够，右手先于身体运行	击球时，左肩有意识地转动，带动身体快转，右臂保持双弯结构，刻意留一留
击球时盯球不够，击球后头随球动	空挥拍要使头留住，雨刷式随挥，不要顶肩。击球时要注意深度盯球，头在击球点留住

四、反手击平击球

（一）反手击平击球的方法

反手击平击球由 5 个环节组成：准备姿势、握拍方法、后摆引拍、挥拍击平击球动作和随挥跟进。

1．准备姿势

准备姿势与正手击球相同。面向球网，双脚分开与肩同宽，屈膝，上体稍前倾，重心落在前脚掌上，左手扶住拍颈，拍头指向对方，拍面与地面垂直。双眼密切注意对方来球。

2．握拍方法

（1）常见的握拍方法是左手东方式正手握拍与右手东方式反手握拍，右手握在拍柄底端，左手握在拍柄上端。双手握拍也用于一些少儿的正手击球，握法与双手反拍相同，但是左右手的上下位置是颠倒的。双手击球时，无论正手、反手，都要将与来球方向同侧的手握在拍柄上端，另一只手握在靠近拍柄的下端。

（2）使拍面处于使用大陆式握拍和东方式反手握拍的中间位置，然后另一只手采用东方式正手握拍，放在握拍手的前方。

3. 后摆引拍

当判断对方来球朝反手方向飞来时，扶住拍颈的左手应迅速帮助右手变换为反手握拍，向左转肩转髋带动球拍向左后方摆动，后摆时肘关节自然弯曲，拍头稍翘起，指向后方。右脚向左前方上步，右肩或者右背对着球网，重心移向左脚。反手击球的引拍动作应比正手击球的引拍动作要完成得早，整个动作要连贯、协调，左手始终扶住拍颈。后摆引拍如图 9-7 所示。

图 9-7　后摆引拍

4. 挥拍击平击球动作

球拍由后向前上方挥出，前挥时手臂仍保持弯曲，直到随挥结束后才伸直。击球点在右脚左侧方向，击球时球拍与右脚应在一条直线上，击球高度在膝与腰之间（比正手击球稍低）。击球时手腕绷紧（平时握拍引拍呈放松姿态），拍面几乎与地面保持垂直，从后向前上方较平缓地挥击，击球的正后部，要有以手背击球的意识，用转体和转肩的力量使重心前移至右脚。

5. 随挥跟进

击球后，球拍沿着球飞行的方向向前、向上送，重心前移落在右脚上，挥拍动作在右肩上方结束，拍底部指向前方，左手稍提起以保持整个身体平衡，身体转向球网，恢复原来的准备姿势。

（二）反手击平击球的练习方法

（1）将球抛向空中，观察球落地的路线，并明确球的上升期、最高点、下落期状态。

（2）自抛球并抓住球。

（3）反拍颠球感受甜点区（球拍拍面的最佳击球位置）。

（4）在原地做持拍挥拍练习，体会挥拍时动作的协调和流畅。

（5）两人一组在原地做击球练习，一人抛球，一人在原地击球，体会用力的协调。

（6）由教练送多球，进行单个动作的双手反手击平击球练习。

（三）反手击平击球的易犯错误及其纠正方法

易犯错误：用正手的力量击球，导致球落地后的准确性较差，尤其在快速奔跑中用击平击球的打法很难控制球，造成球失误或出界。

纠正方法：采取对墙训练和多球练习，加强引拍、挥拍、跟随动作的训练。

五、发球

（一）发球简介

在网球运动中，发球是非常重要的，它可以让运动员不受对方制约，在较大程度上发挥出个人的特点，常用于控制对方，为自己的进攻创造有利条件。为此，运动员必须比较全面地掌握各种发球技术，以在比赛中取得主动。

（二）发球的方法

1．稳定情绪

心浮气躁的情况下是很难发出一个好球的，通常的做法是在发球的位置上做几次深呼吸，再拍拍球，然后站定准备发球。

2．东方式反手握拍或大陆式握拍

许多初学者都喜欢用东方式正手握拍进行发球，这可能是底线击球所留下的"后遗症"。其实一试便知，如果采用此种握拍在右区而且是用正常动作发球，球出手后十有八九会偏向外角一侧，因为手腕在自然情况下所形成的拍面就是这样的角度。若想使拍面偏向内角，就必须向内转手腕，而做此动作不仅相当别扭且易使手腕受到损伤。所以在可能的情况下最好不要用东方式正手握拍进行发球。

3．抛球

抛球质量是影响发球质量的关键。位置得当、出手平稳的抛球无异于为挥拍击球创造了稳定的条件，反之则给下面一系列环节制造了不佳的条件。

抛球的方法如下。

在准备姿势的基础上，持球手手臂的肘部渐渐伸直，持球手向下靠近持球手同侧的大腿，然后从腿侧自下而上将球抛起。在整个动作过程中，手臂保持伸直的状态，其走势与地面垂直，掌心向上，以拇指、食指、中指三指将球平稳托起，尽量避免勾指、甩手腕等多余的手部动作，以免影响球的平稳运动，使球在空中的旋转越少越好。

抛球的高度：球在空中的高度不能低于击球点的高度，但究竟抛多高才合适要视个人情况而定，因为此高度限定了挥拍击球所用的时间。

抛球后的动作如图 9-8 所示。

图 9-8　抛球后的动作

（三）发球的种类

（1）平击发球。平击发球是球速最快的发球法，也叫炮弹式发球。该发球不但球速快，而且球反弹的高度低。

（2）切削发球。这是一种以右侧旋转（略带下旋）为主的发球法，就是由球的右上方往左下方切削击球。

（3）上旋发球。这是以上旋为主，侧旋为辅的发球法。由于球的上旋成分多于切削发球，球会以一个明显的从上向下的弧形飞行轨迹过网。发力越强，旋转成分越多，弧形就越大，命中率也越高。

（四）发球的练习方法（以右手握拍为例）

（1）在发球线后蹲下，左手抛球，右手握拍，由下而上挥动，将球击打到对方发球区内；待基本掌握后，由发球线向后移动 2～3 米，再继续练习蹲下发球；最后移至底线，练习蹲下发球。这种方法简单易学，便于初学者在击球过程中着重体会向上、向前、向下挥拍的感觉。

（2）在发球线后站立，练习向对方发球区发球，主要体会向下挥拍击球的感觉。练习熟练后，向后移动 2～3 米继续练习，体会向前、向下挥拍的感觉；最后移至底线处练习发球，体会向上、向前、向下挥拍的感觉。

（3）在底线进行多球发球练习，练习顺序为先击球进区，再发准角度，最后发力加旋转。

（五）发球的易犯错误及其纠正方法

（1）易犯错误：抛球不稳，抖腕抛球。

纠正方法：直臂向上摆送至头部以上再松开手指。

（2）易犯错误：抛球和握拍的两手没有做一起向下、一起向上的协调动作。

纠正方法：从准备姿势开始，默念"一"时双手向下，默念"二"时双手同时向上，默念"三"时击球。

（3）易犯错误：击球前，后脚先跨出。

纠正方法：身体放松，保持平衡；如果抛球不到位，应重新抛球，不要勉强去击球。

六、接发球

（一）接发球简介

接发球的训练是网球训练的重点，但是很多爱好者却总是忽视这一点，转而把重心放在打网球比赛上。要知道接发球是网球运动的基本技术，会打网球不代表练好了接发球。在接发球时，接球员对于对方来球的方向、旋转、力量、速度等都可能无法预测，但一旦对方将球发出来，接球员就要立马判断以及反应，并且需要选择恰当的击球方式来完成接发球动作。

（二）接发球的方法

接发球站位一般位于球场底线与边线相交的端线附近，力求在接发球时向前移动击球。准备姿势一般是两脚平行站立比肩略宽，右手握拍者一般右脚稍前，两膝微屈，上体稍前倾，脚跟提起，将球拍置于体前。握拍要放松，引拍和挥拍也要保持放松（松弛有力），要全神贯注，盯住来球。接对方一发时，一般站位要稍微靠后，因为一发的球速一般要比二发快很多，站后一点可以给自己更多的反应时间。接发球一般是小幅度引拍，挥拍的幅度比正常击球的幅度要小一点。接发球的动作如图 9-9 所示。

图 9-9　接发球的动作

（三）接发球的练习方法与易犯错误

1. 练习方法

（1）以低球应对发球上网

由陪练在对角线场地发球，发球后采用上网截击的打法进行陪练。自己进行接发球练习，要求将球击回陪练的腰以下部位。练习中注意以下几点。

① 注意减少接球下网失误。

② 在不出现接球下网的情况下，力争接球不出界，并且尽可能不给对方高截击的机会。

③ 在做到上述要求的前提下，将接发球打回到陪练的腰以下部位。

（2）向对方脚前打浅球

这是前一个练习的继续，目标是将球接回到发球上网人的膝关节以下。如果接发球能够使对方第一拦截感到很困难，就达到目标要求。这个练习比较有难度，开始时可以和陪练约定发球到指定的路线上，此时要注意尽可能快速将球接回，争取使陪练的移动速度跟不上回球的速度。

（3）以截挡的方法接发球

返回低球与第二个练习相同，只是接发球使用截挡的方法。当陪练将球上抛之后，接球人迅速将握拍方法切换成大陆式握拍，这样更有利于截挡。用截挡的方法接发球时，尽可能注意给球卸力，减缓球速使其缓而无力地回到对方脚下。

（4）接发球打深球

陪练发球之后留守在后场，此时要打出让对方感到棘手的脚下球，接发球打回的球要求落点足够深。开始练习如果感到有些困难，可以约定发球到指定的路线上。

（5）侧身让步，尽可能使用自己的正手进行接发球

请陪练将球发向自己的反手侧，采用侧身让步的方法，用自己的正手击球。如果能够采用正手击球，会比反手击球给予对方的压力更大。

2. 易犯错误

引拍幅度过大，导致击球点偏后，将球击打出界。整只脚掌触地，导致启动过慢。

七、正手截击

（一）正手截击简介

截击，字面意思指拦击，在网球运动中是指一种接球方式，就是指在对方的行动还没成熟的时候将其扼杀。截击球是网前技术中的一种攻击性击球方法，在球落地之前，将球击回对方半场。运用截击球时，球的速度快、力量大、威胁大。目前国内外的优秀网球运动员都普遍采用发球上网或接球上网战术，截击球因此也被提到重要位置。

（二）正手截击的方法

1. 网前截击的准备姿势

两脚自然开立约与肩同宽，重心放在前脚掌上，两手握拍置于胸前，拍头竖起于眼前，两肘离开身体。上体微前倾，两眼注视来球。

2. 网前截击的动作要领

（1）手腕略竖起，拍头高于手腕。

（2）拉拍动作要小，要用举拍转肩、转体来带动上臂，不要夹臂。

（3）击球时以肘为轴，肩关节固定，随身体向前转动。

（4）击球后，随挥动作幅度很小，身体重心移动不大。

3. 网前截击的站位

原则上越靠近球网越好，因为这样控制角度大，但是在完成截击动作时不仅要向前迈步，还要侧身对网并上，一般根据自己的身高和臂长距球网 1～2 米即可。如果过于靠近球网，容易造成过网击球或者触网。

（三）正手截击的练习方法

（1）正手大陆式握拍，当球飞来时，迅速跑到位。

（2）屈膝降低重心，手腕固定好球拍，重心由后向前，由上向下、向前顶。

（3）击球点应保持在身体前方，要主动向前迎击来球，注意拍头不要下垂。

（4）挥拍和引拍幅度不宜太大，要领是腰部发力，转腰跨步进行引拍，动作要稳，为下一拍做好准备。

正手截击动作如图 9-10 所示。

图 9-10　正手截击动作

（四）正手截击的易犯错误及其纠正方法

（1）易犯错误：击球过迟，造成球撞拍。

纠正方法：缩短引拍距离，站在墙边练习，使球拍后摆不超过身体，主动迎球。

（2）易犯错误：击球不准。

纠正方法：养成盯球的习惯，进行多球练习；快速调整步法，尽可能使击球点处在让自己舒服的位置上。

（3）易犯错误：截击低球时，拍头低于手腕。

纠正方法：截击低球时，需屈膝，使自己的膝盖接近地面。

八、反手截击

（一）反手截击的方法

（1）握拍。反手截击最理想的握拍方法是大陆式握拍，手指之间有一些缝隙，特别是食指和中指要形成扣扳机状，便于对拍头有更多的控制。使用大陆式握拍的好处在于用它打正手截击和反手截击都可以，这样可以节省变换握拍方法的时间，从而把注意力集中在盯球上。对初学者来说，如果感觉使用大陆式握拍有困难，可以试试在打正手截击时使用东方式正手握拍，打反手截击时使用东方式反手握拍，这样有利于提高击球的稳定性。

（2）准备动作。截击前观察对手，开始挥拍时做一个向上的分腿垫步动作，以此保持身体平衡。身体向左转，握拍手手臂在体前，后摆幅度切忌太大，双膝弯曲，降低身体重心，保持腰部直立，拍面朝向来球方向，保持拍头向上，以使击球动作简洁而有力。

（3）击球。击球时上右脚，身体向前，用身体重心前移来增加击球的力量，手指紧握球拍，手腕固定，击球点在身体前，双眼紧盯来球。

（4）结束动作。前挥需简短，几乎近似做挡球的动作，左手向后以保持身体平衡，击球后脚步向击球方向自然跟进。

反手截击如图 9-11 所示。

图 9-11　反手截击

（二）反手截击的练习方法

（1）徒手模拟球拍击球。通过练习了解反手击球时手的感觉，并且练习准备动作以及身体重心的移动，这样有利于尽快掌握击球的动作。

（2）短握拍击球。握拍手向拍柄上方移动，从而体会击球时球与人的正确位置关系。

（3）常规握拍击球。在经过前两项练习后，做常规握拍击球练习可以体会实战中击球的感觉，把握最佳的击球点。

（4）对墙练习。站立于离墙 3 米处，反复练习正手和反手截击。

（三）反手截击的常见错误及其纠正方法

（1）常见错误：球打在球拍边上，打不准。

纠正方法：眼睛必须盯住球。

（2）常见错误：击球时步法不正确，两肩同时对网。

纠正方法：击球时必须侧身对网，运用正确步法向前截击；陪练在练习者击球瞬间叫"停"，检查其击球时的手法、步法是否正确，使其随时都用正确方法击球。

（3）常见错误：球拍触球后，缺少控制，使球向场外飞。

纠正方法：手腕固定、使劲，不能放松；球拍顶端高出手腕，击球点在身体前侧；体会截击的力量来源是手腕，而不是手臂挥动。

（4）常见错误：向后引拍幅度太大。

纠正方法：明确正确的引拍技术概念，背靠挡网反复练习截击的模仿动作。

九、高压球

（一）高压球的方法

（1）脚步做小幅调整，侧身做好击球准备。

（2）上体后倾，重心移至后脚上，后脚弯曲。

（3）非握拍手伸展，指向来球方向，保持平衡和伸展。

（4）握拍手引拍，屈肘至肩高，拍面置于头部的后上方。

（5）准备好击球时，拍面向下移到背后。

（6）后脚起跳，收腹，非握拍手收到腹部，如果球靠中前场，击球点就该靠前。保持平衡，完成高压，准备上网截击。

（二）高压球的练习方法

（1）手臂做鞭打动作：抬高肘关节，向前、向上、向远处抛球，或手持毛巾等软的物体，连续做向前、向上鞭打动作。

（2）握拍做高压球动作的模仿练习：在击球点放一个标志物（树叶或悬挂物等），提高模仿练习的实效性。

（3）移动接球练习：陪练在中场喂送高球，练习者站在对面场地中间，通过脚步移动，在身体前面最高点伸直右手接球。

（4）对墙高压球练习：在距离练习墙 6~7 米处自行抛球，对准墙上标志（应高于球网）进行高压球练习，可连续击打高压球后的反弹球。

（5）击打手抛高压球：练习者站在网前 2~3 米处，陪练站在其侧面将球抛向练习者身体右侧前上方，练习者采用高压球动作将球凌空击过网。

（三）高压球的常见错误及其纠正方法

（1）步法。很多人总是面对着场地移动，这样不仅移动慢，而且位置不准。正确的动作是撤腿、转身，形成关闭式步法，用侧滑步和交叉步移动。

（2）拉拍。很多人打高压球时总是感到来不及，这是因为拉拍太慢。对方打出的高球的下降速度通常要比自己发球时抛出的球从最高点落下的速度快一些。要注意，准备打高压球时，转身时要快速拉拍。尽量不要采用和发球一样的下绕式拉拍，在转身的同时直接拉拍即可。

（3）非握拍手不参与或参与不到位。很多人在移动的同时总是会失去重心，导致无法正常完成动作。有时候，移动到位后身体无法向上伸展，导致发不上力。解决办法是，拉好拍后，非握拍手手臂上举，肩部与左耳的距离保持在 5～7 厘米。

（4）瞄准。很多人在打高压球时，总是判断不出高空来球的轨迹，有时候似乎早早就准备好击球了，但最终不是球偏前了就是球已经越过了身体。解决办法是，用左手拇指和食指的缝隙处瞄准来球，这样就能一直保持在球的后边。

（5）制动、击球。很多人打球时站不稳，影响了击球的质量。这是因为他们在移动到位后没有制动，在身体还有惯性的时候就击球了。所以，在移动到位后首先要站稳，再击球，击球时身体应向上伸展（可以想象成左手在抓着一个东西往上够），向斜前方挥拍、击球。

第三节　网球运动基本战术

以下介绍网球的单打战术。

（一）发球战术

发球战术不受对方制约，所以一定要充分利用，争取拿下发球局，掌握主动权。然而一成不变的发球会使对方很容易适应，并找到应对方法。这样你也许会侥幸拿下第一个发球局，但第二个、第三个发球局就不一定了。关键点是内角、外角、中路 3 种路线相结合，上旋、侧旋、平击多变化。

（二）接发球战术

面对快速的发球，不要急于加力回球，这样往往失误较多。如果对方反手较弱，那就打对方的反手；对方发球动作幅度较大，就打追身球，令其没有时间调整。

（三）发球上网战术

应想办法发出质量较高的球，使对方的回球不至于力量太大或落点刁钻。应果断地上网，移动到发球线与球网之间，利用速度和角度优势造成对方失误。如果机会不是很好，第一次截击可将球打深，使球落在对方的弱侧，以利于第二次截击得分。

（四）攻反手，调正手

这一战术用于对付反手较弱的对手。连续攻对方的反手几个回合之后，对方会有一个习惯性的认识，感觉下一拍还是打他的反手。这时可以找准时机攻他的正手，或直接得分，或为下一拍得分创造机会。

（五）放短球，吸引对方上网

当对方的网前技术不是很好时可采用此战术，或直接得分，或为下一拍的穿越破网做准备。

（六）底线打法战术

采用底线打法战术首先要将球打深，使球落在端线前而不是发球线附近，同时利用落点调动对方，或者抓住对方的弱点作为突破。在有机会的情况下，也可上网截击。

第四节　网球比赛竞赛规则简介

一、场地选择和发球选择

一场网球比赛开始之前，裁判一般通过掷币来决定场地选择权的归属以及谁将在第一局中成为发球员。掷币获胜者可以选择以下内容。

（1）成为第一局的发球员或接球员，并由对手选择场地。

（2）选择场地，并由对手选择成为发球员或接球员。

（3）把优先选择的权利让给对手。

二、盘数

在正式的网球比赛中，男子单打一般采取五盘三胜制或三盘两胜制，男子双打采取三盘两胜制；女子单打、女子双打和混合双打采取三盘两胜制。

三、计分规则

网球运动最初用可以拨动的时钟来计分，每得一次分就将时钟转动 1/4，也就是 15 分（aquarter，一刻）。同理，得两次分就将时钟拨至 30 分。这就是 15 分、30 分的由来。至于 40 分，它比较奇特，不是 15 的倍数。这是因为在英文中，15 分 "fifteen" 为双音节，而 30 分 "thirty" 也是双音节，但是 45 分 "forty five" 变成了 3 个音节，当时英国人觉得有点拗口，也不符合 "便利" 的原则，于是就把它改成同为双音节的 40 分（forty）。虽然这样的计分方法有些奇怪，但还是依循传统沿用至今。

1. 胜一分

（1）发球员连续两次发球失误或脚误。

（2）接球员在发来的球着地前用球拍击球，或球触及自己的身体及所穿戴的衣物。

（3）在球第二次落地前未能还击过网。

（4）还击球触及对方场区界线以外的地面、固定物或其他物件。

（5）在比赛中，击球员故意用球拍拖带或接住球，或故意用球拍触球超过一次。

2．胜一局

运动员每胜一球得 1 分，先得 4 分者胜一局。双方各得 3 分时为"平分"，"平分"后，一方先得 1 分时，为"接球方占先"或"发球方占先"。占先后再得 1 分，算胜一局。

3．胜一盘

一方先胜 6 局为胜一盘（如 6∶0、6∶1、6∶2、6∶3、6∶4），但遇双方各胜 5 局（5∶5）时，一方必须净胜 2 局才算胜一盘（如 7∶5）。

4．决胜局（又称抢七局）

双方的胜局数为 6∶6 时，进行决胜局，先得 7 分者胜该局及该盘；若分数为"平分"时（如 6∶6、7∶7、8∶8 等），一方须净胜 2 分。

四、换场地换发球

当每一盘的比赛局数加起来为奇数时，双方运动员要在下一盘时互相换场地换发球，允许运动员休息 90 秒。每一盘的第一局，双方运动员换场地换发球，但不能坐下休息。当进行决胜局的时候，发球员在右区发第一分球后，即改由对方依次在左区和右区发第二、三分球。此后双方轮流交替发球，每人连发两分球。当比分是 6 或者 6 的倍数的时候，双方就要换场地发球，顺序不变，直至比赛结束。

第十章
武术

武术作为传统的体育项目以其独特的形式流传至今，是中华民族在长期的生活和斗争实践中逐步积累、丰富、发展起来的优秀文化遗产。

第一节　武术理论相关知识

一、武术的内涵

武，止戈为武；术，思通造化、随通而行。武术伴随着我国历史与文明发展，走过了几千年的风雨历程。修习武术，可以让人从身到心充满安全感，使人精壮神足，具有安然自胜的实力。总之，武术是我国历代沉淀而成的法宝。

二、武术的概念

武术是以踢、打、摔、拿、击、刺等技击运动为素材，遵照攻守进退、动静疾徐、刚柔虚实等格律，组成套路，或遵照一定的规则进行技击的体育运动项目，具有技击性、民族性。

三、武术发展过程的历史节点

（1）长安二年开始实行武举制度。

（2）戚继光的《纪效新书》，对宋以来的武艺技法和教学训练总结出较为系统的理论。

（3）1927年，中央国术馆在南京成立。

（4）1936年，第十一届奥运会在德国柏林举行，由11人组成的中国武术队前往表演。

（5）1950年，中华全国体育总会召开武术工作座谈会，倡导发展武术。

（6）1953年，在天津举行全国民族形式体育表演及竞赛大会，武术为大会的主要内容。

（7）1956年，中国武术协会在北京成立，并建立了武术队，为武术的发展开拓了广阔道路。

（8）1957年，武术被列为国家体育竞技项目。

（9）1982年，在北京首次召开全国武术工作会议。

（10）1985年，在西安举行了首届国际武术邀请赛，并成立了国际武术联合会筹委会，这是武术发展中历史性的突破。

（11）1986 年 3 月，国务院批准在北京正式成立国家体委武术研究院，主持全国武术工作。

（12）1987 年 9 月，在日本横滨举行第一届亚洲武术锦标赛，并成立了亚洲武术联合会。

（13）1990 年，武术首次被列入第十一届亚运会竞赛项目。

四、武术的分类

武术内容丰富，流派众多，一般按其技术特点分为拳术、器械、对练、集体表演及对抗搏击 5 类。虽然不同的项目有不同的特色及风格，但其动作大多是从格斗中提炼出来的，仍具有技击性，这是武术区分于其他体育项目的显著特点。

五、武术的价值

武术具有健身价值、技击价值、教育价值和观赏价值。

第二节　武术基本技能

一、基本手形和步形

1．手形

（1）拳：四指并拢卷握，拇指紧扣在食指和中指第二指节处（见图 10-1）。

（2）掌：四指伸直并拢，拇指弯曲紧扣于虎口处（见图 10-2）。

（3）勾：五指捏拢屈腕（见图 10-3）。

易犯错误：拳，拳面不平，腕屈；掌，松指，掌背外凸；勾，松指，腕没扣紧。

纠正方法：理解拳、掌、勾在攻防中的作用；先采用静止的手形变换练习，再结合手法练习。

图 10-1　拳　　　　　　图 10-2　掌　　　　　　图 10-3　勾

2．步形

（1）弓步

两脚前后开立（约本人脚长的 4 倍），前脚微内扣，前腿屈膝，大腿接近水平，小腿约与脚面垂直；后腿伸直，脚尖内扣，做到前腿弓，后腿绷，上体正对前方（见图 10-4）。

要点：挺胸、立腰；前腿弓，后腿绷。

练习方法：先原地练习左右弓步，后原地做左右弓步转换练习，再做行进间弓步练习。

易犯错误：后腿屈膝，后脚拔跟。

纠正方法：提高踝关节柔韧性，强调脚跟蹬地，直腿挺膝。

（2）马步

两脚左右开立（约为本人脚长的 3 倍），屈膝半蹲，脚尖尽量正对前方，大腿接近水平，脚尖微内扣，目视前方（见图 10-5）。

要点：头正，挺胸，立腰，扣足。

练习方法：先原地马步练习定型，再做行进间马步练习。

易犯错误：脚尖外撇，弯腰跪膝。

纠正方法：强调挺胸、立腰，头上顶，脚跟外蹬。

（3）虚步

两脚前后开立；后脚外展 45°，屈膝半蹲，大腿接近水平；前腿微屈，脚面绷紧，脚尖虚点地面（见图 10-6）。

要点：挺胸，立腰，虚实分明。

练习方法：先原地练习左右虚步，后原地做左右虚步转换练习，再做行进间虚步练习。

易犯错误：驼背弓腰，虚实不分。

纠正方法：增强腿力；练习时，先屈实腿，再伸虚腿，下蹲时保持挺胸立腰。

（4）仆步

两脚开立略宽于马步，一腿屈膝全蹲，大小腿紧靠，臀部接近小腿，全脚掌着地，膝与脚尖稍外展；另一腿伸直接近地面，全脚掌着地，脚尖内扣；上体微前倾，眼向仆步腿方向平视（见图 10-7）。

要点：挺胸，立腰，开髋。

练习方法：先原地练习左右仆步，后原地做左右仆步转换练习，再做行进间仆步练习。

易犯错误：两脚不能全脚掌着地，仆步腿伸不直。

纠正方法：加强髋和踝关节的柔韧性练习。

（5）歇步

两腿交叉站立，与肩同宽，屈膝全蹲；前脚全脚掌着地，脚尖外展；后脚脚跟离地，臀部外侧紧贴后小腿（见图 10-8）。

要点：挺胸，立腰，两腿贴紧。

练习方法：原地转换练习时，可以两脚前脚掌为轴，起立转体 360° 再下蹲成歇步。

易犯错误：姿势不稳。

纠正方法：两腿要贴紧，两脚距离不可过宽或过窄。

图 10-4　弓步 　　　图 10-5　马步 　　　图 10-6　虚步 　　　图 10-7　仆步 　　　图 10-8　歇步

二、基本手法和步法

1. 手法

（1）冲拳

预备式为两脚开立与肩同宽，两拳抱于腰间，拳心向上，肘尖向后；右拳以拳面为力点向前猛力冲出，同时转腰、顺肩，在肘关节过腰后，前臂内旋，伸直与肩齐平，力达拳面，同时左肘向后引伸，目视前方（见图 10-9）。

要点：挺胸，收腹，出拳快速有力，转腰顺肩，急旋前臂。

练习方法：先放松慢做，体会冲拳路线以及贴肋和旋臂的时间，逐渐过渡到快速有力。

易犯错误：冲拳时肘外展。

纠正方法：强调肘贴肋前冲，臂内旋动作要迟做一些。

（2）推掌

预备式同冲拳。右拳变掌，指间朝前，当右臂接近伸直时，以掌外沿为着力点向前猛力推出，推出时要转腰顺肩，目视前方（见图10-10）。

要点：同冲拳。

练习方法：先练习单掌推出，后练两掌交替推出。

易犯错误：出掌无力，力点不准。

纠正方法：先体会以掌根为着力点，再练习快速和寸劲。

（3）架拳

预备式同冲拳。右拳向右上方画弧架起，拳眼向下，目视左侧（见图10-11）。

要点：松肩，肘微屈，前臂内旋，力达前臂外侧。

练习方法：先放松慢做，体会动作路线和架拳的位置，而后再加快速度；先原地练习，再结合步形、步法和其他手法练习。

易犯错误：摆臂不顺，架拳不舒展，不够稳健。

纠正方法：先练单侧，再左右交替进行；摆臂时松肩，架拳时前臂内旋，挺肩。

（4）亮掌

预备式同冲拳。右拳变掌，向右、向上划弧，至头部右上方时，抖腕亮掌，臂呈弧形，转头目视左侧（见图10-12）。

要点：抖腕、亮掌与转头要同时完成。

练习方法：先分解练习摆臂、抖腕、转头等动作，而后进行完整练习；练习时，可左右手交替进行。

易犯错误：抖腕动作不明显；抖腕、亮掌与转头动作不协调。

纠正方法：先练抖腕动作，以提高腕部的灵活性；再用信号或口令，以一拍完成抖腕、亮掌和转头动作。

图 10-9　冲拳　　　　图 10-10　推掌　　　　图 10-11　架拳　　　　图 10-12　亮掌

2．步法

（1）击步

两脚前后开立，与肩同宽。身体前移，前脚蹬离地面，后脚向前以脚弓碰击前脚跟，后、前脚依次落地，平视前方（见图10-13）。

要点：跳起腾空时，保持上体正直并侧对前方。

练习方法：先练两手叉腰的原地跃起两脚碰击动作，再练习行进间和加上手法变化的击步动作。

易犯错误：两脚碰击不干脆。

纠正方法：练习原地跃起两脚碰击动作。

（2）插步

两脚开立，一脚提起经另一脚后横迈一步，两腿交叉（见图 10-14）。

练习方法：先练下肢动作，再配合手法练习。

易犯错误：落步太近或做成弓步。

纠正方法：可在地面上画出叉步点记号，叉步时不要转身或转胯。

（3）垫步

与击步基本相同，只是两脚不互相碰击（见图 10-15）。

要点：同击步。

图 10-13　击步　　　　　图 10-14　插步　　　　　图 10-15　垫步

三、肩部动作

1. 压肩

预备姿势为开步站立，两手抓握肋木，上体前俯并做下振压肩动作；也可以两人面对面站立，互相扶按肩部，做体前屈的下振压肩动作；也可由助手协助做搬压肩部的练习（见图 10-16）。

要点：挺胸，塌腰，收髋。

练习方法：压肩振幅逐步加大，增加助力时应由小到大；压肩时，另一人可骑坐在练习者背上，随着下振动作，有节奏地助力。

易犯错误：压肩幅度小，拉不开。

纠正方法：调整好人与肋木的距离，注意在压肩时，应挺胸塌腰，臂腿伸直，肩带肌放松，压点集中于肩部。

2. 双臂绕环

（1）前后绕环

两臂同时或依次做向前和向后的绕环（见图 10-17）。

要点：臂伸直，肩放松，画立圆，逐渐加速。

图 10-16　压肩

图 10-17　前后绕环

（2）左右绕环

两臂同时做向右或向左的绕环（见图10-18）。

要点：同前后绕环。

（3）交叉绕环

一臂向前，一臂向后，同时画立圆绕环（见图10-19）。

要点：同前后绕环。

练习方法：练习前要先压肩，绕环时速度由慢到快，要左右、前后交替进行。

易犯错误：绕环时，臂没有画立圆，动作僵硬不流畅。

纠正方法：做动作时，肩部放松，臂伸直，腰协调配合。

图 10-18　左右绕环　　　　　　图 10-19　交叉绕环

3. 抡拍

成左弓步，同时右掌向前下方伸出，左掌朝里，插于右肘关节处，上动不停，成右弓步，同时臂抡至右上方，左掌下落至左下方。随即上体右后转，同时右臂抡至后下方，左臂抡至前上方，继而上体左转做右仆步，同时右臂抡至右腿内侧拍地，左臂停于左上方，目随右手，反方向亦然（见图10-20）。

练习方法：练习前要先压肩，抡拍时速度由慢到快；先练单侧，再左右交替进行；先站立练习，再练习仆步抡拍。

易犯错误：参考双臂绕环。

纠正方法：参考双臂绕环。

图 10-20　抡拍

四、腰部动作

1. 俯腰

并步站立，上体前俯，两掌心尽量贴地，或抱住两小腿（见图10-21）。

要点：挺膝、挺胸、收髋，前折体。

2. 甩腰

两脚开立，两臂上举，以腰、髋关节为轴，上体前后屈甩腰（见图 10-22）。

要点：快速，紧凑，富有弹性。

3. 涮腰

两脚开立略宽于肩，两臂下垂，以髋关节为轴，上体前俯，两臂随之向左前方伸出，继而向右后绕环一周（见图 10-23）。

要点：两脚抓地，两臂随着腰部动作放松绕动，尽量增大上体环绕幅度。

练习方法：练习时，应先练习俯腰，然后再练习甩腰和涮腰；俯腰练习主要是提高腰的柔韧性，做动作要缓慢，幅度要逐渐增大；甩腰练习主要是提高腰的速度和力量，练习时要快速而有弹性；涮腰练习主要提高腰的柔韧性，动作要求缓慢和逐渐加大幅度。

图 10-21　俯腰　　　　　　图 10-22　甩腰　　　　　　图 10-23　涮腰

五、腿法动作

1. 正踢腿

两脚并立，两臂侧平举，两手立掌。一脚上步直立，另一腿挺膝，脚尖勾起向前额处猛踢，平视前方（见图 10-24）。

要点：挺胸，收腹，立腰，踢腿时迅速收髋、收腹，脚尖勾起绷落，过腰后动作加快，要有寸劲。

练习方法：踢腿时可先练压腿和摆腿，充分拉伸腿部的肌肉和韧带；可原地手扶器械踢一条腿，然后再踢另一条腿；踢腿时，要挺胸、直腰，脚尖勾起绷落或勾起勾落，踢腿过腰后加快，要有寸劲。

易犯错误：拔跟或送髋。

纠正方法：强调头上顶，直腰，正髋，上踢时，脚趾抓地，收髋；可先放慢速度踢腿，基本姿势做对再高踢和快踢。

2. 侧踢腿

两脚并立，右脚脚尖外展上步，左脚跟稍提起，身体略右转，两臂后举；随即左腿勾脚向左耳际踢起，右臂上举亮掌，左臂立于右肩前，平视前方（见图 10-25），反方向亦然。

要点：开髋，侧身，猛收腹。

练习方法：参考正踢腿。

易犯错误：参考正踢腿。

纠正方法：参考正踢腿。

3．外摆腿

预备姿势同正踢腿。右脚向右前方上半步，左脚尖勾紧，向右侧上方踢起，经面前向左侧上方摆动，直腿落在右脚旁，平视前方，可用掌在面前依次迎击脚面（见图 10-26 ）。

要点：展髋，腿呈扇形外摆，幅度要大。

练习方法：参考正踢腿。

易犯错误：外摆幅度不够。

纠正方法：外摆时要充分开胯（展髋），平时要注意提高髋关节的灵活性。

4．里合腿

预备姿势同正踢腿。动作同外摆腿，但由外向内合（见图 10-27 ）。

要点：除要求合髋外，其他同外摆腿。

练习方法：可先踢低腿，强调加大幅度；也可使里合腿越过适当高度的障碍物，体会里合时松髋和合髋的要领。

易犯错误：摆幅不足。

纠正方法：注意松髋和充分合髋的动作。

5．拍脚

两脚并立，一腿向前迈半步伸直支撑，另一腿挺膝，绷脚面向上猛力踢摆，同侧手变拳为掌于前上方迎击脚面，然后向前落步，平视前方（见图 10-28 ）。

要点：收腹，立腰，踢腿高度过胸，击拍脚面要准确、响亮。

练习方法：先练不击响的踢腿，再练完整的拍脚；先练原地单腿的拍脚，再练行进间左右腿交替拍脚，也可练习用异侧手击拍脚面的"斜拍脚"。

易犯错误：击拍不响。

纠正方法：踢腿要高，脚面绷平，击拍要准、快。

图 10-24 正踢腿　图 10-25 侧踢腿　图 10-26 外摆腿　图 10-27 里合腿　图 10-28 拍脚

六、跳跃动作

大跃步前穿

两脚并立，左脚上一步蹬地向前跃出，两臂依次向上画弧摆起，右、左脚随即落地成仆步，右掌变拳抱于腰间，左掌下落停于右胸前成立掌，目视左掌（见图 10-29 ）。

要点：跳得高，跃得远，步幅大。

练习方法：可先分解练习臂的动作和腿的动作，然后再练习完整动作。

易犯错误：上下肢动作不协调，纵跳不高，前跃不远。

纠正方法：起跳时要与摆臂协调配合，同时注意提气、立腰、头上顶等要点；起跳后要强调挺胸、抬头、展体，跃步幅度必须超过一弓步之长。

图 10-29 大跃步前穿

七、平衡动作

1. 提膝平衡

右腿直立站稳，左腿屈膝上提近胸，脚面绷直，垂扣于右腿前侧，右臂上举于头上亮掌，左手反臂后举成勾手（见图 10-30）。

要点：站稳，提膝过腰，脚内扣。

易犯错误：站不稳，勾脚。

纠正方法：摇摆时，支撑腿稍屈膝调节，脚趾抓地；强调屈膝、绷脚面。

2. 望月平衡

右脚后撤一步起立，右拳变掌，两手左右分开上摆成亮掌；上体侧倾拧腰向支撑侧上翻，挺胸塌腰，左腿在身后向支撑腿的同侧方上举，小腿屈收，脚面绷平，目视右后侧（见图 10-31）。

要点：展髋，拧腰，转头。

易犯错误：站立不稳。

纠正方法：支撑腿微屈膝，脚趾抓地；亮掌、拧腰、转头动作要协调一致。

图 10-30 提膝平衡

图 10-31 望月平衡

第三节　武术基本套路

长拳是武术中的一大类别，以套路为主要运动形式，既适合基础武术训练，也有助于竞赛和技术水平的提高。长拳的运动量大，结构复杂，套路动作数量和趟数一般较多。长拳中也间或使用短拳，但整套动作是以长击动作为主，在出手或出腿时以放长击远为特点，其动作撑长舒展、筋顺骨直，有时在出拳时还配合拧腰顺肩来加长击打点，以发挥"长一寸强一寸"的优势。长拳的基本技法规律包括：顶头竖脊，舒肢紧指（趾）；形合力顺，动迅静定；以眼传神，以气助势；阴阳相依，相辅相成。长拳的独有特点对武术动作和身体素质的要求极为严格，所以练好长拳对掌握武术套路的其他项目和对抗项目都有很大的助推作用。下面介绍三路长拳的基本套路。

1. 起势

起势包括预备动作（见图 10-32）、虚步亮掌（见图 10-33）和并步对拳（见图 10-34）。

图 10-32　预备动作　　　　图 10-33　虚步亮掌　　　　　　图 10-34　并步对拳

2. 第一段

第一段包括弓步冲拳（见图 10-35）、弹腿冲拳（见图 10-36）、马步冲拳（见图 10-37）、弓步冲拳（见图 10-38）、弹腿冲拳（见图 10-39）、大跃步前穿（见图 10-40）、弓步击掌（见图 10-41）、马步架掌（见图 10-42）。

图 10-35　弓步冲拳　　　图 10-36　弹腿冲拳　　　图 10-37　马步冲拳　　　图 10-38　弓步冲拳

图 10-39　弹腿冲拳　　　　图 10-40　大跃步前穿　　　　　　图 10-41　弓步击掌

图 10-42　马步架掌

3. 第二段

第二段包括虚步栽拳（见图 10-43）、提膝穿掌（见图 10-44）、仆步穿掌（见图 10-45）、虚步挑掌（见图 10-46）、马步击掌（见图 10-47）、叉步双摆掌（见图 10-48）、弓步击掌（见图 10-49）、转身踢腿马步盘肘（见图 10-50）。

图 10-43　虚步栽拳

图 10-44　提膝穿掌

图 10-45　仆步穿掌

图 10-46　虚步挑掌

图 10-47　马步击掌

图 10-48　叉步双摆掌

图 10-49　弓步击掌

图 10-50　转身踢腿马步盘肘

4. 第三段

第三段包括歇步抡砸拳（见图 10-51）、仆步亮掌（见图 10-52）、弓步劈拳（见图 10-53）、挑换步弓步冲（见图 10-54）、马步冲拳（见图 10-55）、弓步下冲拳（见图 10-56）、叉步亮掌侧踹腿（见图 10-57）、虚步挑拳（见图 10-58）。

图 10-51 歇步抡砸拳

图 10-52 仆步亮掌

图 10-53 弓步劈拳

图 10-54 挑换步弓步冲

图 10-55 马步冲拳　　图 10-56 弓步下冲拳　　图 10-57 叉步亮掌侧踹腿　　图 10-58 虚步挑拳

5. 第四段

第四段包括弓步顶肘（见图 10-59）、转身拍脚（见图 10-60）、右拍脚（见图 10-61）、腾空飞脚（见图 10-62）、歇步下冲拳（见图 10-63）、仆步抡臂拳（见图 10-64）、提膝挑掌（见图 10-65）、弓步冲拳（见图 10-66）。

图 10-59 弓步顶肘

图 10-60　转身拍脚

图 10-61　右拍脚

图 10-62　腾空飞脚

图 10-63　歇步下冲拳

图 10-64　仆步抡臂拳

图 10-65　提膝挑掌

图 10-66　弓步冲拳

6. 收势

收势包括虚步亮掌（见图 10-67）、并步对拳（见图 10-68）、还原（见图 10-69）。

图 10-67　虚步亮掌

图 10-68　并步对拳

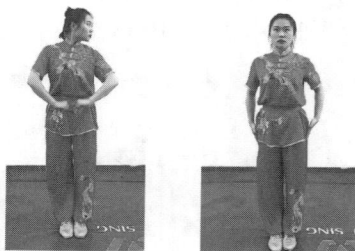

图 10-69　还原

第四节　武术规则及欣赏

一、武术竞赛规则

（一）武术竞赛类型

武术竞赛一般可分为个人赛、团体赛、个人及团体赛，按参赛者的年龄可分为成年赛、青少年赛、儿童赛。竞赛项目有长拳、太极拳、南拳、刀术、剑术、枪术、棍术、其他拳术、其他器械、对练项目、集体项目等。

（二）评分方法与标准

自选项目的评分为 10 分制，其中由 A 组裁判员评动作质量，分值为 5 分，B 组裁判员评演练水平，分值为 3 分，C 组裁判员评动作难度，分值为 2 分（包括动作难度 1.4 分和连接难度 0.6 分）。其他拳术、其他器械、对练项目、集体项目的评分为 10 分制，其中由 A 组裁判员评动作质量，分值为 5 分，B 组裁判员评演练水平，分值为 5 分。

（三）完成套路时间的规定

长拳、南拳和刀、剑、枪、棍的自选套路，不得少于 1 分 20 秒；太极拳自选套路为 3 ～ 4 分钟；太极剑、集体项目为 3 ～ 4 分钟；其他拳术、器械套路，单练不得少于 1 分钟，对练不得少于 50 秒。

二、武术比赛欣赏

现代竞技武术套路的项目有长拳类、南拳类与太极拳类，以及对练项目。欣赏现代竞技武术套路的比赛，除了在整体上把握运动员演练的精气神和对武术技击的个性化展示，还要注意以下一些具有共性的欣赏和评判维度。

（1）静看姿势，动看方法，转换看灵活。武术套路演练的动作无外乎动和静，还有动作之间的衔接转换。在观看时，静态动作主要看姿势，运动时候看动作的方法，动作衔接时看转换是否灵活。

（2）腾空看高度与造型，落地看连接与稳定，难度动作看旋转。现代竞技武术套路与传统套路的最大区别是难度动作。现代竞技武术套路不管是长拳类项目还是南拳类项目，甚至是太极拳类项目和对练项目，都追求难度动作的"难度价值"，表现在跳得高，落得稳和旋转的度数大。

（3）长拳看飘，南拳看猛，太极看绵，对练看逼真。现代竞技武术套路各个拳种之间，虽然都讲究难度动作的完成，演练的动作数量越来越多，速度也有越来越快的趋势，但是也有各自的风格，在高水平的竞技比赛中，拳种风格还是比较明显的。

第十一章
武术散打

　　武术源于我国，属于全世界。武术散打作为我国传统体育的重要组成部分，蕴涵着深厚的中华文化内涵。作为搏击格斗类运动，武术散打是具有独特民族风格的体育项目。学习武术散打可以提高大学生的身体素质、培养大学生的竞争意识、意志品质，使大学生的身心得到全面的锻炼。

第一节　武术散打概述

一、武术散打的发展

　　现代武术包括武术套路、武术散打、短兵器、养生气功四大部分。武术散打是两人按照一定的规则，运用武术中的踢、打、摔等攻防技法进行徒手对抗的体育项目。

　　"散"字，是表示武术的散手、散着（招）、拆手、招数；"打"字，表示运用这些方法进行格斗较量的性质和用途。散打最突出的特点是把传统格斗术中单纯注意"招法"的观念发展为把体能、智能与技能结合起来，突出徒手攻防综合应用能力。散打比赛中，双方没有固定的动作顺序，而是根据对方的技击动作随机变化，抓住对方的弱点，斗智、较技。散打要求运动员不仅要熟练掌握武术中的踢、打、摔等相关技术，还要有较强的攻防反应能力，因此明显区别于武术套路的运动形式。

　　1928年和1933年，南京中央国术馆先后在南京公共体育场举办了两届国术国考，散手被列为"国考"的重点项目。国术国考借鉴了西方现代体育的比赛方法，使武术改变了传统的竞赛形式，在一定程度上促进了武术竞技的发展。1979年3月，原国家体委决定将散手列为武术比赛试验项目。1982年1月，在北京工人体育馆举行的全国武术对抗项目表演赛试行《武术散手竞赛规则（初稿）》，1989年，武术散打运动被原国家体委批准为国家正式竞赛项目，同年10月在江西宜春市举行了第一届全国武术散打擂台赛。1990年，《武术散手（散打）竞赛规则》正式出版，同时比赛也开始采用电子记分器，标志着散打从表演进入了正规化的武术散打比赛时代。

二、武术散打的特点和作用

（一）武术散打的特点

1. 对抗性

武术技击的对抗性是散打本质属性的基本特点。武术散打运动对抗性的特点是相对于演练性质的武术套路而言的。开展武术散打运动的一个重要目的，就是以对抗的运动形式来彰显武术技击的本质特征。

2. 鲜明的民族性

武术作为中华民族优秀文化的缩影，在表现形式上无处不体现着浓烈的中华文化的色彩。中华优秀传统文化将习武融入"修身，养性，治国安邦"的系统之中，把习武看成一种思维方式、人生态度，把"未曾学艺先学礼，未曾习武先习德"作为习武之人的行为准则。武术的民族性特点表明，散打必须沿着中华武术的轨迹发展，要把中华武术的技击理论和技法中的核心要素充分地反映和表现出来。

3. 体育性

散打的体育性特点是相对于武术搏杀技术而言的，即要把人的安全和健康作为自身生存和发展的前提，坚持在竞赛规则引导下的公平竞争。这是我国传统技击术与现代体育文化相互交融、渗透的典型表现和必然结果。武术散打如果不坚持真打实摔的对抗，就会和武术套路混为一谈。但武术散打在规则中明确规定了禁击的部位、禁用的方法等，与使人致伤、致残的传统技击术有本质的区别，这充分体现了以提高运动项目的技战术水平为手段，以强身健体为目的的体育精神和宗旨。

（二）武术散打的作用

1. 培养竞争意识

散打是比较激烈的搏击运动，运动员直面拳脚的攻击和身手比试，因而成功与失败、痛苦与高兴、失落与得意，两者必居其一。竞争意识是现代社会各种人才必须具备的基本素质，而散打能培养胜不骄、败不馁的竞争精神。大学生经过一段时间的散打练习，进入社会的竞争后，将会更加朝气蓬勃而又富有竞争意识。

2. 促进大学生心理健康

根据有关散打对大学生身心健康研究的综述，散打对促进大学生的心理健康有比较明显的效果。例如《散打运动对大学生心理健康影响研究》显示：通过为期 16 周的散打选修课学习后，大学生心理健康量表各因子明显优于学习前，各个因子都有非常明显的差异。

3. 健身防身

武术的强身健体作用已经得到科学的证明，而散打是斗勇斗智、较技较力的运动。散打练习能使人掌握自卫防身的技能，同时能够提高人的速度、力量、耐力等，增强人体内脏器官的功能，尤其是对提高人的神经系统的灵活性、协调性有很显著的作用。掌握各种踢、打、摔、拿等技击方法，可提高自我防身御敌的能力。

4. 磨炼意志，涵养道德

散打对意志品质的锻炼是多方面的。首先，功力训练是十分单调的，运动员训练中要克服全身肌肉的疼痛，从不适应到适应，这是一个艰难的过程。其次，两人交手比试时，要克服心理上的胆怯，逐步增强敢拼的意识。比试中如果遇到强手，可能有皮肉之痛，意志薄弱者会望而却步，而意志坚强者则会咬紧牙关，在艰难中拼搏，直到最后胜利。多年的散打训练，能培养出运动员顽强拼搏的意志品质。

第二节　武术散打基本技术

武术散打技术是运动员在实战或比赛中合理运用有效动作，击中或摔倒对手，而充分发挥动作能力的具体表现。合理运用技术是散打比赛中得分的关键，良好的技术能力能产生良好的击打质量和效果，为比赛的胜利奠定基础。技术是战术的基础，战术的良好运用建立在一定的技术能力之上，只有掌握丰富的、全面的技术动作，才能更好地应用战术，没有技术就没有战术可言。

一、武术散打实战姿势及握拳方法（以左架为例）

散打实战姿势是在实战中既方便进攻又利于防守的准备姿势。实战姿势分为正架式（左架）和反架式。

（一）动作要领

两脚开立与肩同宽，左脚踩在两脚前的等边三角形点上，重心落在两腿之间，左脚脚尖稍内扣 35° 左右，并以两脚掌着地，膝盖微微弯曲；两手抬起握拳，左拳与鼻尖齐平，右拳与耳垂齐高，沉肩坠肘。左肘夹角约为 130°，左拳尖和鼻尖、左脚尖呈一条直线，面对前方，下颌微收。握拳时，食指、中指、无名指和小指同时弯曲，拇指轻轻扣在食指和中指的第二节上。握拳方法如图 11-1 所示。实战姿势如图 11-2 所示。

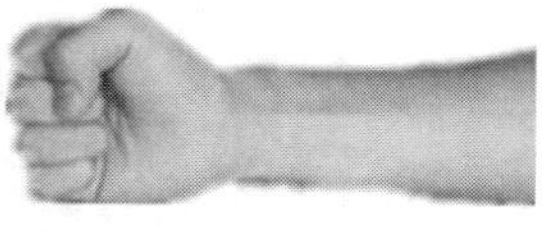

图 11-1　握拳方法

图 11-2　实战姿势

（二）动作要点

全身肌肉适当放松，以减少体力消耗；目视对手面部和两肩，并用余光环视对手全身。

（三）易犯错误及其纠正方法

两脚容易并在一条直线上，影响了重心的稳定以及移动的灵活。纠正时，出左脚的时候放在等边三角形点上，养成习惯。

二、步法

步法是一种辅助技术，是配合踢、打、摔等各种技术和方法的使用，以及攻防、进退、躲闪等技法的有效实施，而采用的专门性的脚步动作。拳谚曰"有招必有步，步动招随，招起步进"，阐明了步法和进攻技术的关系。步法的总体要求为：快，移动迅速变化快；活，灵活、随机应变、有弹性；准，移动位置准确；稳，步法稳定。滑步分前、后、左、右滑步。

（一）前滑步

1. 动作要领

以实战姿势站立，重心微向后移的同时，前脚向前滑，后脚及时跟上。

2. 动作要点

两脚移动时紧贴地面，前步上多大距离，后步跟多大距离，始终保持散打式初始步法距离，上身保持散打格斗式，不要变形。

3. 易犯错误及其纠正方法

（1）重心过于起伏或出现前俯后仰的现象。纠正时，身体各部位要相对固定，注意使重心平稳移动。

（2）向后、向左、向右的滑步，一般情况下都应由所滑动方向一侧的脚先行移动，另一脚紧跟，两脚的滑动距离应大致相等。

（二）后滑步

1. 动作要领

由实战姿势开始，前脚蹬地，后脚后退半步，前脚再退回半步，上体不动，保持平衡。

2. 动作要点

两腿移动时紧贴地面，后步退多大距离，前步跟多大距离，始终保持散打式初始步法距离，上身保持散打格斗式，不要变形。

3. 易犯错误及其纠正方法

内容同前滑步。

（三）侧滑步

1. 动作要领

由实战姿势开始，左脚向左侧滑出一小步，以左脚掌为轴，膝盖微微蹬直，以髋带动右腿向左后方25°～30°落脚，随即向左侧跟滑，双脚移动距离相等。

2. 动作要点

两腿紧贴地面移动，前步向侧面滑多大距离，后步跟多大距离，始终保持散打式初始步法距离，上身保持散打格斗式，不要变形。

3. 易犯错误及其纠正方法

（1）重心过于起伏或出现前俯后仰的现象。纠正时，身体各部位要相对固定，注意重心平稳移动。

（2）前后脚向侧面移动的距离应大致相等，不然在完成动作后的步形会过宽或过窄，影响下一个动作的完成。

（四）垫步

实战姿势站立，重心微向前移的同时，后支撑脚迅速向前支撑脚并拢（垫一步），为侧踹腿、前摆腿等的进攻创造有效距离。

1. 动作要领

由实战姿势开始，后脚蹬向前脚快速并拢，垫步与提膝不脱节、停顿；身体向前移动，勿向上。

2. 动作要点

后脚向前要迅速，不等后脚稳定，前脚就要蹬地前移。

（五）闪步

实战姿势站立，后支撑脚迅速向右（后）侧闪。或是左脚向（左）后侧闪，改变姿势及方向。

1. 动作要领

由实战姿势开始，左脚向左侧平移 20～30 厘米，随即右脚以左脚为轴迅速向左滑动，角度一般为 45°～90°。动作结束后恢复实战姿势。

2. 动作要点

以髋部力量带动步移，转体躲闪灵活、敏捷。

3. 易犯错误及其纠正方法

动作不够协调。纠正时，用腰带动躯干，躯干带动手臂，拳腕做内旋格挡动作，以髋带动下肢。

三、拳法

拳法在散打比赛中的运用非常普遍，可击打部位比较广泛，主要以击打对手的头部为主，能给对手制造很大的威胁。拳法能克制摔法，可在对手使用贴身抢摔时运用。拳法在比赛中可用于"引路、打探"对手的虚实，为实施正确的技战术奠定基础。我们经常讲"以拳开路"，就是指先运用拳法进攻。拳法主要分为直拳、摆拳、勾拳、转身鞭拳 4 种。

（一）直拳

直拳属于直线形攻击方法，分为前、后直拳两种。直拳动作相对隐蔽，尤其是后手冲拳力量较大，是给对手重击的有效方法。

1. 左直拳

（1）动作要领

由实战姿势开始，以髋带动肩向内旋转，由肩带动前臂内旋并快速沿直线向前冲出，力达拳面，手臂自然伸直，拳心朝下，拳尖、鼻尖呈一条直线，左腮几乎挨着左肩。收拳的路线就是出拳的路线，收拳后恢复实战姿势。左直拳如图 11-3 所示。

图 11-3　左直拳

（2）动作要点

出拳时，形成由小腿、膝、髋、腰、肩、肘组成的动力链条进行发力，同时要求步到拳到。

（3）易犯错误及其纠正方法

出拳时，出拳手臂抬肘，形成横向出拳的动作。纠正时，沉肩坠肘，以腰带手臂，对着镜子多练习。

2. 右直拳

（1）动作要领

由实战姿势开始，右脚蹬地并向内扣转，合髋送肩，右拳向正前方沿直线出拳，力达拳面；出拳的同时，左拳收回至左侧下颌前方，肘部自然弯曲贴于肋部，左拳护在左腮前。右直拳如图 11-4 所示。

图 11-4　右直拳

（2）动作要点

发力起于右脚，右脚拧转合髋蹬直，将力量送于腰、肩、肘，最后力达拳面；回来的时候，以腰带肘主动收回。

（3）易犯错误及其纠正方法

① 两腿站在一条直线上。纠正时，不出拳，多次做转身拧髋转脚练习。

② 上体过于前倾，重心前压，没有转身拧脚左转，只是上体发力出拳。纠正时，重心在两腿之间，固定一个距离和击打点，多次对着镜子练习。

（二）摆拳

摆拳是通过身体的侧转，以腰来带动肩、手臂的摆动进行攻击的拳法，分为左、右摆拳两种。摆拳主要用于攻击头部两侧，在近距离作战的情况下使用较多。

1. 左摆拳

（1）动作要领

由实战姿势开始，上体微向右转；同时左拳向外 45°、向前（由击打目标确定上臂、前臂之间的夹角）微抬，向里横摆，臂稍屈，拳心朝下，力达拳面；右拳护于腮旁，拳眼朝下。

（2）动作要点

力发于腰，肘稍抬起，与肩齐平。发拳之前，肩臂不可后引预摆，击打后沿直线回收。

（3）易犯错误及其纠正方法

① 摆拳空击没到标准位置或动作弧度过大。纠正时，在镜子前多次检查标准动作，找到感觉。

② 用上臂带动前臂击打，造成肘关节受伤。纠正时，多次练习转身拧髋、以腰带臂、节节贯穿的空动作，不可以做打沙包那种阻力大的练习，否则更找不到感觉。

2．右摆拳

（1）动作要领

由实战姿势开始，以后脚的前脚掌为轴内旋，带动转髋，重心前移。右摆拳如图 11-5 所示。

（2）动作要点

右脚内扣，合胯转腰与摆拳发力要协调一致，摆拳发力时肘尖微抬，使肩、肘、腕基本水平。

（3）易犯错误及其纠正方法基本同左摆拳。

图 11-5　右摆拳

（三）勾拳

勾拳是近距离攻击时威力很强的拳法，主要是在相互贴近的过程中使用，可击打下颚、腹部。勾拳是运用身体的力量击打，因此击打力量较大，但使用率并不高，因为在这种距离还可使用贴身摔等技术。

1．左下勾拳

（1）动作要领

由实战姿势开始，上体微向左、向下转动，前腿微屈，扣膝合胯，左拳由下向前上方勾起，上臂与前臂的夹角在 90° 左右，重心偏于前腿。左下勾拳如图 11-6 所示。

（2）动作要点

重心略下沉，抄拳时臂应先微向内旋再向外旋，拳呈螺旋形运行，前脚蹬地，身体转动，发力短促。

（3）易犯错误及其纠正方法

出拳时耸肩，挺胯时上体后仰或挺腹。纠正时，身体自然放松，对着镜子多次练习。

2．右下勾拳

（1）动作要领

由实战姿势开始，上体微向右、向下转动，重心略降低并合胯，后脚蹬地挺胯，微向前、向上转体，上臂与前臂的夹角在 90° 左右，向前、向上出拳，拳心向内，重心随之前移。随着挺胯到位后的制动，产生的惯性使出拳臂制动，力达拳面。右下勾拳如图 11-7 所示。

（2）动作要点

转腰的力量要足，发力由下至上，动作协调。

（3）易犯错误及其纠正方法基本同左下勾拳。

图 11-6　左下勾拳

图 11-7　右下勾拳

（四）转身鞭拳

转身鞭拳是拳法之一，动作幅度较大，是利用转体的惯性发力，运用率低。

1. 动作要领

以实战姿势站立，重心前移，右支撑脚向左支撑脚后叉步，左脚随向左转，转身的同时，抡拳轮向前方击打，完成后迅速归位。转身鞭拳如图 11-8 所示。

图 11-8　转身鞭拳

2. 动作要点

转体要快，甩头领先，压重心转体同时，以腰带肩，肩领前臂，上臂带动前臂。

3. 易犯错误及其纠正方法

（1）掌握不了平衡，击打方位不到位。纠正时，转体以头领先，以腰带动整个身体，转身前把左脚脚跟提起向前，定位所要打的位置。

（2）手臂甩得太直。纠正时，出拳要以腰带肩，再由肩带动上臂和前臂把拳甩出。手臂微微弯曲，拳心朝下。

四、腿法

腿法是散打技术体系框架的重要构成部分，能有效地克制拳法的进攻。拳谚中有"手是两扇门，全凭腿打人"，表明腿法的攻击力很强。腿法是散打实战中主要的攻击技术，主要包括蹬、踹、扫、摆、弹等技术。

（一）鞭腿

1. 左鞭腿

（1）动作要领

由实战姿势开始，重心后移，上体微向右后方转动并向后侧仰，两臂下落，同时屈膝提腿，并向内扣膝翻胯，大小腿夹角大约保持在 130°，上动不停，由转体翻胯带动大小腿向外侧前上方摆踢，在击到物体的瞬间，小腿由于加速甩出与大腿基本呈直线，在翻胯出腿的同时，支撑腿以前脚掌为轴跟着转体，脚跟斜向前。

（2）动作要点

以腰带腿，展髋，横摆快而狠，大腿带动小腿，重心要稳。

（3）易犯错误及其纠正方法基本同右鞭腿。

2．右鞭腿

（1）动作要领

由实战姿势开始，后脚蹬地，重心前移，上体左转，后腿膝关节微外展，收胯带动大小腿向前上方提起，上动不停，支撑腿以前脚掌为轴随身体转动，同时后腿翻胯，上体继续向左侧仰，后腿大小腿夹角为 150° 左右，随转体向右前方鞭出。鞭踢腿踝关节绷紧，力达踝关节部位及脚背处，当接触到被击打物体的瞬间，由于大腿的摆动，小腿加速与大腿呈直线。右鞭腿如图 11-9 所示。

（2）动作要点

基本同左鞭腿，唯方向相反。

（3）易犯错误及其纠正方法

① 抬腿时大小腿没折叠，鞭打幅度不够。纠正时，扶墙，单独练习大小腿折叠鞭打，体会动作要领。

② 左脚掌向左拧转不够，脚面朝上，没有达到横体鞭打效果，力量发不出来。纠正时，左手扶墙，单独练提膝转髋，右小腿不必出或单独做提膝转左脚空击练习。

图 11-9　右鞭腿

（二）侧踹腿

侧踹腿是攻击人体正面的技术动作，一般以前腿进攻为主，上可踹头部，下可踹大腿，中可踹躯干，击打距离远，可配合垫步、交叉步运用，力度大，但相对摆腿而言爆发力要弱些。侧踹腿进可攻，退可守，尤其是阻击对手的摆腿或拳法，效果非常好。侧踹腿可分为左、右侧踹腿，专业运动员一般是左架左侧踹，右架右侧踹，业余学习可以右腿练习为主，专业的一般以左腿练习为主。

1．动作要领

以右侧踹腿为例，由实战姿势开始，提起右腿，大小腿折叠，右脚尖勾起，提膝翻髋，身体侧倒，右脚掌对准对手快速踹出。同时展髋伸膝，脚尖横向，力达脚掌的后 2/3 处，此时支撑腿的脚后跟斜向前方，左手保护好左脸。侧踹腿如图 11-10 所示。

图 11-10　侧踹腿

2. 动作要点

转体、侧倒、展髋、踹腿要连贯协调；踹腿时，大腿推动小腿向前发力。

3. 易犯错误及其纠正方法

（1）大小腿折叠得不够，蹬伸不直。纠正时，扶墙提膝，翻髋蹬伸，多次练习。

（2）重心不稳，容易摔倒。纠正时，从两手扶墙到一只手扶墙，每天按组按次练习单腿蹬伸，增加腿部力量。

（三）正蹬腿

正蹬腿是攻击人体正面的腿法，击打部位主要是躯干，左右腿均可运用。正蹬腿动作简单，速度快，但击打力量小于侧踹腿，对阻击拳法进攻效果较好，不易被对手接腿，多用于正面攻击对手胸腹部或阻击对手的侧踹、转身动作进攻。

1. 动作要领

以右蹬腿为例，由实战姿势开始，右腿提膝，大小腿折叠，脚尖勾起，两拳护于脸的左右，含胸收腹，根据需要向前跳，左脚落下的同时上体后仰，右腿对准对方胸部猛力蹬出。正蹬腿如图 11-11 所示。

图 11-11　正蹬腿

2. 动作要点

屈膝时，大小腿折叠得要紧。蹬踢时左脚脚尖向左 30° 有利于展髋，利用前跳的冲力发力蹬出，过程应该具有爆发力。

3. 易犯错误及其纠正方法

（1）提膝不够高，大小腿折叠得不够紧，蹬伸不到位。纠正时，提膝时大小腿收紧，蹬伸时重心微后仰送出，平时单独正蹬腿压髋。

（2）控制不了距离。纠正时，腿到步到，平时多通过打靶和打沙包培养距离感。

（四）转身后摆腿

转身后摆腿是主要攻击人体头部侧面的进攻技术动作，是整个脚掌向后上方旋转鞭打的腿法。转身后摆腿因为是从后方撩踢，一般都出人意料，所以命中率比较高，而且摆腿踢出时往往配合转身，利用上身转体的惯性，击中时的力量很大。

1. 动作要领

以转身后右摆腿为例，由实战姿势开始，和转身鞭拳相似，身体微含，两拳护头，左脚跟对准对方，左膝弯曲，收下颌，头右转，用余光看对手，重心落于左脚，提起右腿的同时大小腿折叠，脚尖垂直于地面，猛然转动，带动身体后转横摆打出，力点在脚掌，用脚掌击打对方头部或躯干部位。由于此腿法对于初学者来说有很大难度，这里只简单介绍。

2. 动作要点

转体时以头领先，并借惯性发力，展髋，挺膝，绷脚背。

3. 易犯错误及其纠正方法

（1）俯身、坐髋、撅臀；膝盖没有扣，形成撩摆。纠正时，多做转身击靶练习，掌握击打点。

（2）腿起不来、摆不高。纠正时，多做侧摆弧线横摆练习。

五、摔法

散打中的摔法有别于其他项目中的摔法，"远踢、近打、贴身摔"是散打的特点，说明摔法是散打技术的重要组成部分。散打摔法得分明显，判分容易，不仅是得分的有效手段，还能给对手造成很大的精神压力，同时又能消耗对手的体力，所以也是取胜的重要法宝。摔法方法很多，相互之间可以转换，由于篇幅有限，下面介绍几种简单实用的方法。

（一）抱腿别腿摔（以抱右腿摔为例）

1. 动作要领

双方由实战姿势开始，一方右鞭腿打出，另一方上右脚抱腿，左手由里向外向下抱对方脚踝处，右手由外往里抄抱对方腘窝处，左脚垫步，右脚提起插于对方左脚跟后侧，然后朝左后方拧转，眼睛看向自己的右脚跟。抱腿别腿摔如图 11-12 所示。

图 11-12　抱腿别腿摔

2. 动作要点

抱腿、垫步、插脚衔接要快。

3. 易犯错误及其纠正方法

接腿和上步脱节，双手抱不紧靶位。纠正时，加强空击练习，加强手臂力量。

（二）抱腿勾踢摔

1. 动作要领

双方由实战姿势开始，一方用边腿进攻时，另一方抢先上步用右手臂抄其腘窝，左手搂抱对方小腿，随后用右手按对方颈部，右脚勾踢对方支撑腿脚踝，然后上体右转，右手回拉，将对方摔倒。抱腿勾踢摔如图 11-13 所示。

图 11-13　抱腿勾踢摔

2．动作要点

接抱腿要准确快速，回拉与按领要同时进行，勾脚、右手按、左手掀协调一致用力。

3．易犯错误及其纠正方法

原地接腿导致自己与对手距离过远，另一只腿不能勾踢到对方的支撑腿。纠正时，面对镜子多做上步接腿练习，循序渐进地进入双人配合练习。

（三）涮腿摔

涮腿摔主要是接侧踹腿时运用。由于侧踹腿力点向前，在接触身体的一刹那，迅速上下夹截，同时步法后撤，拉腿，双手由右向左涮摔。

1．动作要领

双方由实战姿势开始，当对方一腿踢过来，抓住对方脚踝位置，后退一步弓腰屈膝，由上往下放拉，拉出 L 形弧线让对方失去重心。涮腿摔如图 11-14 所示。

图 11-14　涮腿摔

2．动作要点

抓准脚，拉甩快而有力。

3．易犯错误及其纠正方法

拉甩不倒对方。纠正时，注意抓脚、拉甩动作连贯快速。

（四）夹颈过背摔

双方揉抱，左手上臂和身体夹住对手右臂，右脚叉步于对手的两腿之间，快速转身蹬腿、弯腰一气呵成摔倒对手。

1．动作要领

双方由实战姿势开始，一方上右步，同时右臂夹对方颈部，左手抓住对方右前臂，然后身体右转，右脚对对方右脚，左脚跟进半步也对对方左脚，臀抵在对方小腹前；继而两腿蹬伸、弓腰、头转向左侧看左脚，将对方摔倒。夹颈过背摔如图 11-15 所示。

图 11-15　夹颈过背摔

2．动作要点

夹颈要紧，进身动作要到位，两人之间不能距离过远，背步转身要快，低头、蹬腿要一体。

3．易犯错误及其纠正方法

夹颈夹不紧，臀部没有抵对位置。纠正时，要注意两人之间的距离，靶位要抓紧，注意自己移动后的位置。

六、防守技术

防守技术也是散打技术的重要组成部分，是破坏对手进攻而保护自己并乘机反击对手的技术。防守的目的一是保护自己，二是为进攻创造更好的条件。攻中有防，防中有攻，攻防兼备，是一名优秀运动员必须要具备的技能。防守技术分为两大类：一类是接触性防守，另一类是非接触性防守。两类防守技术都有不同的特点：接触性防守阻力较强，较保险；非接触性防守能充分利用四肢的攻击动作，难度较大。实战中应根据不同的情况和目的灵活运用两类防守技术。

（一）向外拍挡

1．动作要领

由实战姿势开始，左手（右手）由拳心或掌心为力点向里横向拍挡，完成动作后回原位。向外拍挡如图 11-16 所示。

图 11-16　向外拍挡

2．动作要点

拍挡幅度要小，一般在 20 厘米左右，用力要短促。

3．易犯错误及其纠正方法

拍挡时用力过猛，太向前，幅度过大。纠正时，应注意动作的幅度，手臂不能伸得太直，向斜后方卸力拍挡。

（二）挂挡

1．动作要领

由实战姿势开始，右手上提护于右耳郭，肘尖向前，同时上体微右转，完成动作后回位。左手方法一样，方向相反。

2．动作要点

上臂和前臂贴于头侧，要含胸侧身，暴露面小。

3．易犯错误及其纠正方法

在移动时身体与手臂位移过大导致失去重心，动作幅度过大。纠正时，应对镜子多做规范练习，再双人进行攻防练习。

（三）拍压

1．动作要领

由实战姿势开始，左手由上向下在腹前拍击，同时上体微右转，完成动作后回原位。右手方法一样，方向相反。拍压如图 11-17 所示。

2．动作要点

幅度不可太大，身体注意稍向内转。

3．易犯错误及其纠正方法

手臂伸得过直。纠正时，需要加强徒手练习。

（四）掩肘

1．动作要领

由实战姿势开始，左臂回收并外旋，上臂贴近左肋，同时上体微右转，完成动作后回原位。右手的方法一样，方向相反。掩肘如图 11-18 所示。

2．动作要点

控制好身体重心，身体注意稍向内转。

3．易犯错误及其纠正方法

上体含胸不足，两手臂未能收紧。纠正时，两人可多做配合练习。

（五）外抄

1．动作要领

由实战姿势开始，左手由上向下、向外画弧，同时上体微左转，完成动作后回原位。右手的方法一样，方向相反。外抄如图 11-19 所示。

2．动作要点

上臂紧护躯干，两手呈钳子状。

3．易犯错误及其纠正方法

手臂离身体过远，手臂过直。纠正时，可以对着镜子多做技术规范练习。

图 11-17　拍压　　　　　　　图 11-18　掩肘　　　　　　　图 11-19　外抄

（六）内抄

动作要领与外抄基本相同，只是动作相反。

（七）外挂

1. 动作要领

由实战姿势开始，左手由上向下、向左后方斜挂，拳心朝里，肘尖朝后。右手的方法一样，方向相反。

2. 动作要点

左臂关节微屈，肘尖内收朝后，左臂朝左后斜下方挂防。

3. 易犯错误及其纠正方法

防守手臂向前迎得过猛，手腕接触对方的位置不对。纠正时，应两人多做配合练习，由慢到快。

（八）内挂

动作要领与外挂基本相同，动作相反。

（九）下潜闪

1. 动作要领

由实战姿势开始，两腿屈膝，含胸，沉胯；重心降低，收腹并微低头，两手护胸；完成动作后回原位，如图 11-20 所示。向右下潜闪方法一样，方向相反。

图 11-20　下潜闪

2．动作要点

头不能太低或过高，膝关节、髋关节和颈部要同时弯曲、收缩，目视对方。

3．易犯错误及其纠正方法

动身不动步，直接弯腰躲闪。纠正时，可面对镜子两人配合，一人用摆拳进攻，一人防守，反复体会正确动作姿势。

七、身体训练方法

武术散打项目对抗性强，需要运动员有强壮的身体才能将技术动作的连贯性、稳定性、准确性、力道和速度打出来。技术动作的发挥，依赖于运动员良好的身体条件。身体训练是发展运动员的柔韧、速度、力量、灵敏、耐力等综合素质的训练过程。这些素质的训练可分为一般身体素质训练和专项身体素质训练两种，一般身体素质训练是为了促进身体的全面发展，专项身体素质训练是有针对性地发展本专项所特有的运动素质。

（一）柔韧训练法

柔韧训练法有以下 3 种。

（1）肩臂柔韧练习的主要方法有压肩、绕环、抡臂等。

（2）腿部柔韧练习的主要方法有正压腿、侧压腿、后压腿、仆步压腿、竖横劈叉，还有正踢腿、侧踢腿、里合腿、外摆腿等。

（3）腰部柔韧练习的主要方法有前俯腰、涮腰、后闪腰等。

（二）力量训练法

力量训练法有以下 3 种。

（1）发展绝对力量的练习方法有卧推、俯身提拉、直体臂屈伸、负重深蹲、负重半蹲跳、负重仰卧起坐等。

（2）发展速度力量的练习方法有阻力练习，通过弹力带在出拳和踢腿时给予阻力、手握哑铃做各种拳法练习、腿系沙绑腿做各种脚法练习，抓、抱假人做各种摔法练习等。

（3）发展耐力力量的训练，多采用自身最大力量约 10%～15% 的小重量负荷进行多次数练习，如卧推、深蹲的递增递减练习等。关节、核心力量可通过平板支撑、侧撑、静蹲、靠墙单腿起脚后跟等方法练习。

（三）速度训练法

速度训练法有以下两种。

（1）反应速度训练：信号反应、喂靶反应、攻防反应等。

（2）动作速度训练：规定最高速度指标和变换练习程序的重复法，使用器械重量变化的训练、测验法。

（四）耐力训练法

耐力训练法有以下两种。

（1）有氧耐力训练：中慢速度长距离跑步、2～5 分钟中等节奏自由击打沙包等。

（2）无氧耐力训练：短距离冲刺、20～60秒快速击打沙袋练习等。

（五）灵敏训练法

灵敏训练法有以下3种。

（1）喂引闪躲

一人或多人做各种动作的进攻，另一人做闪躲练习。

（2）躲闪垒球

一人或多人用垒球投向练习者的身体各部位，练习者尽量躲闪垒球。

（3）云梯练习

通过云梯的间隔标志，手脚配合向不同方位快速移动。

（六）功力练习法

1. 攻击能力的训练

（1）手靶、脚靶练习：手靶、脚靶练习是现代散打训练中十分重要的训练方法，一般以提升动作的速度、协调性或速度耐力为主要目的，可根据要求分组多次练习。打靶者在学会了单独的拳法或腿法后，可做一些组合动作，有了一定的水平后，持靶者可做些反击的动作，增强实战性。

（2）沙袋练习：沙袋练习是以完成拳法、腿法、肘法等动作或组合动作的练习为主要目的的练习方法。经常击打沙袋可增加击打和抗击打能力，把实战意识应用到击打沙袋中既可以增加攻防速度，又可为枯燥乏味的功力训练增添乐趣。

（3）摔假人练习：摔假人练习可以提高摔打结合的能力和力量素质。

（4）实战配合练习：两人一组穿上护具，一人为主练，练习拳腿摔技术，陪练做好配合防守。这样的练习可以改善运动员的距离感、拳腿摔技术的打击效果、击打能力以及实战意识。

2. 摔跌训练

在散打实战中，当运动员在进攻或防守过程中失去重心，或被对方用摔、绊技术使身体失去平衡时，经常会发生倒地或滚翻现象。通过摔跌训练，运动员可掌握正确的倒地方法和缓冲方法，增强抗震能力，避免摔伤。

（1）倒地法

① 前倒地

动作要领

并腿站立，直体前倒的同时屏气，即将挨地时两臂摆伸，手肘着地。前倒地如图11-21所示。

动作要点

快挨地时立刻屏住气，手肘和两脚尖撑地。

易犯错误及其纠正方法

由于恐惧害怕，容易犯膝盖先着地的错误。纠正时，可以在垫子上练习，膝盖弯曲，降低重心。

② 后倒地

动作要领

后倒地可以分为两种，一种是膝盖弯曲降低重心，收紧下颌护头，顺势后坐；另一种是两腿开步与肩同宽，屈膝下蹲的同时屏气，上体后倒，收下颌，在肩背触地的同时，两手在体侧拍地，掌心朝下，一腿上翘，一腿脚尖撑地，臀部和后脑不着地，如图11-22所示。

动作要点

屈膝下蹲后再倒，触地时收下颌。

易犯错误及其纠正方法

下颌没有收紧，臀部先着地。纠正时，可以先在软垫上练习，掌握动作后，向后倒的高度由低到高，进行循序渐进的练习。

③ 侧倒地

动作要领

以右侧倒为例，两脚开步站立，右脚向左前方伸，左膝弯曲；上体向右后方倒，同时屏气；随后小腿、大腿、右臀依次触地，右手在体侧拍地。侧倒地如图 11-23 所示。

图 11-21　前倒地　　　　　图 11-22　后倒地　　　　　图 11-23　侧倒地

动作要点

身体保持一定的紧张，腿、臀、手着力平均，屏住气。

易犯错误及其纠正方法

接触地面时，双臂找不到支撑点，未能起到保护作用。纠正时，可以先立身站在墙边，用侧倒方法向墙边倒下，双臂寻找支撑点，然后再倒向软垫，再到平地练习。

（2）滚翻练习

① 前滚翻

动作要领

两腿前后站立，膝盖弯曲，身体下蹲，双手指尖朝前撑地，同时低头屈臂，躯干缓冲着地。随后以头、肩、背、臀依次着地，含胸弓背顺势站起。前滚翻如图 11-24 所示。

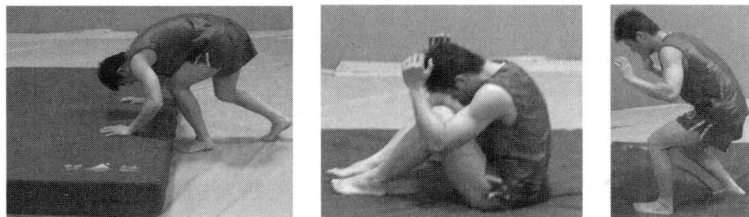

图 11-24　前滚翻

动作要点

低头，滚动中收腿屈手，屏住气息，迅速站立。

易犯错误及其纠正方法

不收下颌，后腿向前蹬的力量不足。纠正时，可以由高处向低处练习。

② 后滚翻

动作要领

由前后腿弯曲、收腹、收下颌开始，两腿屈膝，团身后倒，左脚蹬地，右脚上摆，以臀、背、肩、头依次着地，向后滚翻，然后两臂屈肘，双手撑地，两脚依次落地，推手站立。

动作要点

低头，滚动中收腿屈手，屏住气息，迅速站立。

易犯错误及其纠正方法

后倒意识较强，容易做成后倒动作，头部着地使颈部受伤。纠正时，两手一定要放在头部两边，严格按照臀部先着地的要求，如果有恐惧感，开始时可以多弯曲膝盖以降低重心。

第三节　散打基本战术

散打战术是在实战时根据比赛的实际情况，通过观察与分析对手，合理地运用各种技术，为战胜对手而采取的计策和方法。参加比赛应该树立正确的战术指导思想，遵循散打技术的规律和竞赛规则，才能利用自己的武技和良好的身体素质。参加比赛首先要解决两个问题：一是心理问题，二是战术问题。比赛者要有十足的信心和全力以赴的决心，才会轻松自如，控制情绪并以最佳状态进行比赛；反之，会有动作僵硬、反应迟钝和进攻或防守不果断等现象。下面简单介绍几种初学者常用的战术。

（1）直攻战术。针对技术水平、击打力、抗击打力、体力等方面比较弱的对手，一般直接用直攻战术。特别是初学者，对战术没什么概念，两虎相争勇者胜，进攻就是最好的防守，多打敢打才是最好的战术。

（2）强攻战术。针对防摔能力、近战能力比较弱的对手，战术经验丰富的选手一般直接用强攻战术，打乱对方节奏。

（3）迂回战术。针对动作大、力量大、攻击猛的对手，要避其锋芒，找角度先行让开，用迂回战术，找合适的距离、节奏进行反击。

（4）突袭战术。针对擅长打防守反击、心理比较稳的对手，必须把对方打急打乱，突然袭击，打乱其节奏。

第四节　散打竞赛规则简介

为促进散打技术水平的提高和技战术的合理发展，省级及以上比赛都采用电子打分形式。省级、高校类比赛一般使用青少年规则，禁止使用腿法，不能踢头部和进行拳法连击。竞赛规则会根据实际发展有一定的修改，比如将采用电子护具等。

一、竞赛项目

男子项目：共分 12 个级别，即 48 公斤级、52 公斤级、56 公斤级、60 公斤级、65 公斤级、70 公斤级、75 公斤级、80 公斤级、85 公斤级、90 公斤级、100 公斤级、100 公斤以上级。

女子项目：共分 7 个级别，即 48 公斤级、52 公斤级、56 公斤级、60 公斤级、65 公斤级、70 公斤级、75 公斤级。

二、竞赛办法

（1）分为团体赛、个人赛，采用单败淘汰制。

（2）每场比赛采用三局两胜制，每局净打 2 分钟，局间休息 1 分钟。

三、运动员服装、护具的要求

（1）参赛者必须穿戴大会指定的拳套、护头、护胸，必须穿戴自备的护齿、护裆（护裆必须穿在短裤内）。比赛的护具分红、蓝两种颜色。

（2）运动员必须穿指定的与比赛护具颜色相同的比赛服装。

（3）拳套的重量：65 公斤级及以下级别的拳套重量为 230 克（女子和青少年运动员均使用该重量的拳套），70 公斤级及以上级别的拳套重量为 280 克。

四、比赛场地

比赛场地为高 80 厘米、长与宽均为 800 厘米的木结构的擂台。台面上铺有软垫，软垫上有帆布盖单。台心画有直径为 120 厘米的中国武术协会的会徽，台面边缘有 5 厘米宽的红色边线，台面四边 90 厘米处画有 10 厘米宽的黄色警戒线。台下四周铺有高 30 厘米、宽 200 厘米的保护软垫。

五、禁击部位、得分部位、禁用方法和可用方法

（1）禁击部位：后脑、颈部、裆部。

（2）得分部位：头部、躯干、大腿。

（3）禁用方法：用头、肘、膝和反关节动作进攻对方，用迫使对方头部先着地的摔法或有意砸压对方，用任何方法攻击主动倒地方的头部和被动倒地方。

（4）可用方法：可以使用武术的各种拳法、腿法和摔法。

六、得分标准

1. 得 2 分的情况

（1）一方下台，另一方得 2 分。

（2）一方倒地，站立者得 2 分。

（3）受警告一次，对方得 2 分。

（4）用腿法击中对方头部、躯干得 2 分。

（5）被强制读秒一次，对方得 2 分。

（6）用主动倒地的动作致使对方倒地，而自己顺势站立者，得 2 分。

2. 得 1 分的情况

（1）用拳法击中对方头部、躯干部位得 1 分。

（2）用腿法击中对方大腿得 1 分。

（3）被指定进攻 5 秒钟后仍不进攻，对方得 1 分。

（4）主动倒地 3 秒不站立者，另一方得 1 分。

（5）受劝告一次，对方得 1 分。

3．不得分的情况

（1）方法不清楚，效果不明显，不得分。

（2）双方下台，不得分。

（3）双方倒地都不得分，用方法主动倒地，对方不得分。

（4）抱缠时击中对方，不得分。

七、犯规

1．技术犯规的情况

（1）消极搂抱对方。

（2）处于不利时举手要求暂停。

（3）有意拖延比赛时间。

（4）比赛中对裁判员有不礼貌的行为或不服从裁判。

（5）上场不戴或有意吐落护齿、松脱护具。

（6）背向对方逃跑。

2．侵人犯规的情况

（1）在口令"开始"前或喊"停"后进攻对方。

（2）击中对方禁击部位。

（3）以禁用方法击中对方。

（4）在口令"分开"后没有后退及主动进攻对方。

八、罚则

每出现一次技术犯规，劝告一次。每出现一次侵人犯规，警告一次。受罚达 6 分者，判对方为胜方。运动员故意伤人，取消比赛资格，判对方为胜方。使用违禁药物，取消比赛资格。

九、暂停比赛

运动员倒地（主动倒地除外）或下台时。犯规受罚时。运动员受伤时。相互抱缠超过 2 秒时。运动员举手要求暂停时。裁判长纠正错判、漏判时。运动员消极，被指定进攻后达 5 秒仍无攻时。运动员主动倒地超过 3 秒时。相关人员处理场上问题或险情时。因灯光、场地等客观原因影响比赛时。

第十二章
跆拳道

　　跆拳道是一项以拳法和腿法进行攻防格斗，通过竞技、品势、特技、跆舞等表现形式锻炼身心的运动。跆是腿部的技术体系，拳是手部的技术体系，道指的是，道义和方法。跆拳道是以脚法为主的运动，脚法占 70%。跆拳道以"以礼始，以礼终"为宗旨，推崇的是礼义、廉耻、忍耐、克己、百折不屈的精神。

第一节　跆拳道概述

一、世界跆拳道的发展

　　"跆拳道"在 1955 年由韩国的崔泓熙命名。崔泓熙把自己所学的日本松涛馆流空手道与韩国传统武技跆跟、手搏等技术技巧融入跆拳道。因此，现代跆拳道是一项结合当代东亚武技之长的武术运动。1966 年，崔泓熙创立了第一个跆拳道国际组织——国际跆拳道联盟。1973 年 5 月，世界跆拳道联盟在汉城成立，金云龙当选为主席。1975 年，世界跆拳道联合会被国际体育联合会接纳为正式会员。1980 年，国际奥委会正式承认世界跆拳道联盟。1986 年起，跆拳道列入亚运会正式比赛项目。1988 年，跆拳道在韩国汉城奥运会首次亮相后，又于 1992 年、1996 年两次列为奥运会表演项目。为了适应国际重大比赛，跆拳道的技术在不断地变革和发展。2000 年，跆拳道被列入奥运会正式比赛项目，设男女各 4 个级别。2017 年，世界跆拳道联盟正式推出了全新的名称"世界跆拳道"和品牌标识。这充分说明世界跆拳道联盟一直致力于与时俱进、开拓创新，也更加贴近练习者和观众。

二、我国跆拳道的发展

1. 竞技跆拳道的发展

　　1995 年 5 月，首届全国跆拳道锦标赛在北京体育大学举行。2000 年，陈中在第二十七届悉尼奥运会获得了跆拳道女子 67 公斤以上级冠军。2004 年，陈中、罗微在第二十八届雅典奥运会分别获得了跆拳道女子 67 公斤以上级、67 公斤级冠军。2004 年 7 月，中国跆拳道协会正式成立，崔大林任主席。2008 年，吴静钰在第二十九届北京奥运会获得了跆拳道女子 49 公斤级冠军，朱国获得了男子 80 公斤级季军（实现男子奥运奖牌突破）。2012 年，吴静钰在第三十届伦敦奥运会获得了跆拳道女子 49 公斤级冠军。2016 年，赵帅、郑姝音分别在第三十一届里约奥运会获得了跆拳道男子 58 公斤级冠军、女子 67 公斤以上级冠军，这也实现了男子奥运金牌零的突破。

由此可见，跆拳道成为中国奥运会重点比赛项目。

2．大众跆拳道的发展

2006 年，第一届大众跆拳道教练员培训在北京举行，同年第一届大众跆拳道裁判员培训在深圳举行，第一届大众跆拳道锦标赛在广州天河体育馆举行。

2006 年，首次由大众跆拳道选手组成的品势国家队参加了首届世界跆拳道品势锦标赛。2010 年，在北京举行了全国大众跆拳道培训师、晋段考官培训。2012 年，第七届墨西哥世界跆拳道品势锦标赛中，中国品势国家队获得 5 枚金牌，奠定了中国大众跆拳道的世界地位。为响应国家全民体育健身战略发展需求，2015 年开始举办全国大众跆拳道系列赛。2017 年 8 月，开始推行中国跆拳道段位制度，实行段位双轨制。

三、跆拳道的特点和作用

（一）跆拳道的特点

（1）腿法为主，拳脚并用。由于跆拳道的特点和竞赛规则，跆拳道技法主要是以腿法攻击为主、拳法攻击为辅。

（2）强调呼吸，发声扬威。在跆拳道的练习过程中，发出洪亮的声音能够帮助练习者更加自信，并给对手带来威慑力。

（3）以刚制刚，动作追求速度、力量和效果。跆拳道的所有动作都以技击格斗为核心，提倡快、准、狠的进攻理念；进攻都采用直线连续进攻，以连贯快速的脚法组合击打对手；防守多采用格挡技术或采取以攻对攻、以攻代防的技术。

（4）礼始礼终，内外兼修。跆拳道始终坚持"以礼始，以礼终"的宗旨。无论是在道馆还是其他场合，跆拳道练习者始终对彼此以礼相待；在练习的过程中也都要以敬礼开始、以敬礼结束，逐渐养成谦虚、友好、忍让的风格，不断提高自己的道德修养。

（二）跆拳道的作用

练习跆拳道有助于改善和增强体质，逐步提高防身和自卫的能力，磨炼意志，提高自身的修养，而且跆拳道比赛和表演具有极高的观赏价值。

四、跆拳道的级位

黑带是跆拳道高手的象征，是实力的体现，更代表一种荣誉和责任。跆拳道有着严格的技术等级考核制度，根据练习者的水平高低，以"级""品""段"来划分段位。"级"分为 10 级至 1 级，白带（10 级）水平最低，红黑带（1 级）水平较高。1 级以后入"段"，段位从低到高分为一至九段。16 岁以下选手达到一至三段水平，则授予"一品"至"三品"。

五、跆拳道的礼仪

跆拳道虽然以双方格斗的形式进行，但是不管它怎样激烈，由于双方都是以提高技艺和磨炼意志品质为目的，所以双方都必须持有向对方表示敬意和学习的心理。跆拳道始终倡导"以礼始，以礼终"的宗旨，因此在练习或比赛前后，双方都一定要向对方敬礼。

（1）练习时礼节。练习者进入场地时，首先向国旗敬礼，再向教练敬礼。在开始练习前双方应相互敬礼，练习结束后再次相互敬礼。标准礼用鞠躬来体现，具体做法为：立正站立，腰部前倾15°，头部下倾45°，两手微握拳贴于双腿两侧。

（2）赛前礼节。运动员先向对方教练员、裁判员敬礼，然后根据主裁判发出的"立正""敬礼"口令向对方敬礼。

（3）赛后礼节。比赛结束时，双方运动员相对而站。运动员根据主裁判发出的"立正""敬礼"口令向对方敬礼，宣判后运动员再向裁判员和对方教练员敬礼。

跆拳道是对练习者精神和身体的综合磨炼，使练习者在艰苦的磨炼中培养出理想的人格和体魄，并真正掌握防身自卫的本领，因而精神锻炼是跆拳道练习过程中的重要环节，练习者必须接受"礼仪"的教育和熏陶。"礼仪"贯穿了跆拳道的始终，是不可或缺的重要内容。

第二节　跆拳道基本技术

一、前踢腿

前踢腿主要攻击目标为面部、下颌、腹部、裆部。

（一）基本动作

以实战姿势准备，右脚蹬地的同时髋关节向左旋转，双手握拳置于体前；右腿以髋关节为轴屈膝上提，大小腿折叠收紧；当大腿抬至水平或稍高时，小腿以膝关节为轴快速向前上方踢出，力达脚背，整条腿至脚尖绷直；踢击后迅速放松，右腿沿原路线弹回，将右脚放置在左脚前面仍呈实战姿势。前踢腿如图12-1所示。

图 12-1　前踢腿

（二）动作要领

膝关节夹紧，小腿放松，要有弹性；小腿往前送，高踢时往上送；踢击后小腿迅速收回。

（三）易犯错误

（1）大小腿没有折叠，直腿踢、直腿落。

（2）没送髋或者送髋不充分，导致踢击距离短。

（3）提膝向外绕弧线，没有贴近左大腿内侧起腿。

二、横踢腿

横踢腿主要攻击目标为头部、胸部、腹部和肋部。

（一）基本动作

以实战姿势准备，右脚蹬地，重心移至左脚，右腿屈膝上提，两拳置于胸前；右腿膝关节向前抬至接近水平状态，大小腿折叠收紧，小腿快速向左前方横向踢出；击打目标后迅速放松，收回小腿；右腿落回原地，转成实战姿势。横踢腿如图 12-2 所示。

图 12-2　横踢腿

（二）动作要领

膝关节夹紧，向上提膝，尽量走直线；支撑脚向左转动 180°；髋关节往前送；击打的力点在正脚背；踝关节放松，击打的感觉是"甩鞭""鞭梢"。口诀："起腿正面起，转腰拧髋踢。"

（三）易犯错误

（1）膝关节没有夹紧，大小腿折叠不充分。

（2）提膝方向不是正上方，走斜线，角度过大。

（3）支撑脚转动不充分，踢出后直腿下落。

三、下劈腿

下劈腿主要攻击目标为头部、肩部。

（一）基本动作

以实战姿势准备，右脚蹬地，重心移至左脚；同时，右腿以髋关节为轴屈膝上提，两手握拳置于胸前；将髋充分送出，膝关节上提至胸部，右小腿以膝关节为轴向上伸直，将右腿伸直举于体前，右脚过头，脚尖勾起；然后右脚放松向下，当右脚脚后跟接近击打目标时，脚面绷平（同时腰部发力）下压击打，力量在空中快速爆发，右脚自然落地呈实战姿势。下劈腿如图 12-3 所示。

图 12-3　下劈腿

（二）动作要领

在发力时腿尽量抬高，往头后举，要向上送髋而且尽量往前，重心往高移；脚放松往前落，落地过程要有控制；起腿要快速、果断；踝关节要放松。

（三）易犯错误

（1）起腿高度不够，重心没有往上抬。
（2）身体过分后仰，导致重心不稳。
（3）送髋不充分，击打腿落地太重。

四、推踢

推踢主要攻击目标为胸腹部。

（一）基本动作

以实战姿势准备，右脚蹬地，重心前移，右腿以髋关节为轴提膝向前蹬出，用右脚脚掌向前蹬推，力点在脚底，推向正前方；蹬推后右腿沿原路线弹回原位，落地仍呈实战姿势。推踢如图 12-4 所示。

图 12-4　推踢

（二）动作要领

膝关节夹紧，小腿放松，要有弹性；腿往前送，击打后小腿迅速回落。

（三）易犯错误

（1）收腿不紧，直腿起。
（2）重心下移，腿不能水平往下落。
（3）身体过分后仰，导致重心不稳，且易被反击。

五、后踢腿

后踢腿主要攻击目标为膝部、腹部、裆部、胸部和头部。

（一）基本动作

以实战姿势准备，两脚以脚掌为轴均转约180°，身体随之右转约90°，双手置于胸前；上体右转时扣肩转头，眼睛看进攻方向，右脚蹬地，蹬地时要注意和身体拧转的力量结合，同时将右侧大、小腿收紧，然后左腿向后方沿直线踢出，击打后收腿转身呈实战姿势。后踢腿如图12-5所示。

图 12-5　后踢腿

（二）动作要领

身体向右后方转动的同时，要快速提起左膝；背对对方，眼睛看进攻方向，同时右脚蹬地，此时身体不要再转动，膝盖此时的方向应与左腿膝盖方向一致；在提起左腿时，两大腿内侧之间的距离应尽量小，头部带动身体转动；左腿应积极配合髋部的转动，调整好身体重心；后踢的方向应在正后方稍偏向右侧。

（三）易犯错误

（1）转身角度过大，导致身体重心不稳。
（2）转身、出腿不连贯，导致停顿。
（3）边旋转边出腿，打击目标不准确。

六、双飞踢

双飞踢主要攻击目标为胸部、肋部、腹部和头部。

（一）基本动作

以实战姿势准备，先用右横踢攻击对方肋部，同时，左脚蹬地起跳，身体腾空右转，腾空高度在膝关节以上；左脚起跳后，在空中用左横踢迅速踢击对方胸部或腹部；身体略微向后倾斜，右脚落地支撑，左腿击打后迅速落地呈实战姿势。双飞踢如图 12-6 所示。

图 12-6　双飞踢

（二）动作要领

右腿横踢目标的同时，左脚蹬地跳；左脚起跳后迅速转腰、拧髋、右转横踢目标；双飞踢时，身体略往后倾斜，重心往前方移动。

（三）易犯错误

（1）转腰拧髋不充分，直腿踢，以脚内侧接触目标。
（2）腾空高度过高，导致出腿困难。
（3）身体直立，没有向后倾斜。

七、后旋踢

后旋踢主要攻击目标为头部和胸部。

（一）基本动作

以实战姿势准备，两脚以脚掌为轴均转约 180°，身体随之右转约 90°，双手置于胸前；身体继续右转，右脚蹬地，将蹬地和身体拧转的力量结合在一起，右腿继续向右后方旋摆鞭打，带动右腿呈弧形摆至身体右侧；右腿屈膝回收，落地后呈实战姿势。

（二）动作要领

转身旋转与踢腿动作必须连贯进行，不能停顿；屈膝起腿的旋转速度要快；身体略向后倾斜，重心在原地旋转 360°。

（三）易犯错误

（1）转身与踢腿不连贯，导致动作脱节。
（2）左腿转动不足，导致攻击目标不准确。
（3）身体晃动，导致重心不稳。

八、旋风踢

旋风踢主要攻击目标为胸部、腰腹部、头部。

（一）基本动作

以实战姿势准备，右腿屈膝上提，左脚蹬地跳起，转腰拧髋，左横踢攻击，右、左脚依次落地呈实战姿势。

（二）动作要领

转身过程中目视目标，左脚蹬地起跳，身体腾空，但高度不过膝，以能带动身体旋转起跳为宜，目的是快速旋转出腿；左脚横踢时，右腿向下落地。

（三）易犯错误

（1）旋转过程不顺畅，双脚的交换不连贯。
（2）重心不稳定，旋转后找不到目标。
（3）距离控制不好，难以准确击打到目标。

九、侧踢腿

主要攻击目标为膝部、腹部、肋部、胸部和头面部。

（一）基本动作

以实战姿势准备，右脚蹬地，右腿以髋关节为轴屈膝提起，双手置于体前；随即左脚以前脚掌为轴外旋 180°，同时髋关节向左旋转，右脚勾脚尖成为足刀，右腿以膝关节为轴快速向右前上方沿直线踢出，力点在足刀；击打后收腿落地呈实战姿势。

（二）动作要领

起腿时大小腿夹紧；踢出发力时头、肩、髋、膝和脚踝呈一条直线；大小腿沿直线踢出。

（三）易犯错误

（1）支撑脚转动不充分，大小腿折叠不充分。
（2）上体过分后仰，重心不稳。
（3）头、肩、髋、膝和脚踝没有呈一条直线。

第三节　跆拳道竞赛规则简介

一、比赛场地

比赛场馆至少应有 2000 个座位，场馆地面面积至少为 40 米×60 米，能给观众和运动员提供最佳的视觉和听觉效果。场馆地面到天花板的高度应在 10 米以上。场馆内照明应为 1500～1800 勒克斯，由场馆顶部直接照射到比赛场地。比赛区应为水平、无障碍物、边长为 3.32 米的八角形场地。

二、比赛时间

每场比赛为 3 局，每局比赛 2 分钟，局间休息 1 分钟。比赛时间和比赛局数也可根据实际情况做相应调整，由比赛技术代表决定调整为每局比赛 1 分钟或 1 分半钟，或调整为每场比赛设 2 局。

三、称重

（1）当日比赛前一天称重。称重必须在 2 小时内完成。如称重不合格，在 1 小时内有 1 次补称机会。

（2）运动员称重时须持有效证件，否则按称重不合格计。

（3）称重必须由 2 名裁判员、1 名仲裁委员和至少 1 名运动队代表现场监督，最后由技术代表签字确认，并于赛前公布。称重全过程必须进行录像，并存档备查。

四、检录

比赛开始前 30 分钟，检录处开始检录，呼叫该场参赛运动员名字 3 次，运动员在规定时间持有效参赛证件到检录区进行身份确认，领取护具，等候赛前检查。

五、允许使用的技术

（1）拳的技术：紧握拳头并使用正拳进行正面攻击的技术。

（2）脚的技术：使用踝关节以下脚的部位进行攻击的技术。

六、允许攻击的部位

（1）躯干：允许使用拳和脚的技术攻击躯干部位被护具包裹的部分，但禁止攻击后背脊柱。

（2）头部：锁骨以上的部位，只允许使用脚的技术攻击。

七、得分要求及部位

（一）得分要求

使用允许使用的技术，准确、有力地击中得分部位时得分。

（二）得分部位

（1）躯干：护具上蓝色或红色部分覆盖的躯干部位。

（2）头部：锁骨以上的头颈部位（包括颈部、双耳和后脑在内的整个头部）。

八、竞技比赛的分值

（1）使用有效拳的技术击打躯干得 1 分。

（2）使用有效踢击技术击打躯干得 2 分。

（3）使用有效旋转踢技术击打躯干得 3 分。

（4）使用有效踢击技术击打头部得 3 分。

（5）使用有效旋转踢技术击打头部得 4 分。

（6）被判罚 1 个"扣分"则给对方加 1 分。

（7）比赛 3 局得分总和为本场比赛得分。

九、比赛的获胜方式

（1）主裁判员终止比赛胜。

（2）最终局数胜。

（3）优势胜。

（4）弃权胜。

（5）失格胜。

（6）因不符合体育道德精神而被取消资格获胜。

十、犯规行为

（1）越出边界线。

（2）倒地。

（3）回避或拖延比赛。

（4）抓或推对方运动员。

（5）为阻碍对方运动员进攻而提腿阻挡，踢对方运动员腿部；或控腿超过 3 秒；或有意图（使用侧踢或推踢技术）踢击对方腰部以下部位的行为。

（6）故意踢击对方腰部以下部位。

（7）"分开"口令后攻击对方运动员。

（8）用手攻击对方运动员头部。

（9）用膝部顶撞或攻击对方运动员。

（10）攻击倒地的运动员。

（11）运动员或教练员有不良言行。如，不服从主裁判员的判罚，对技术官员的判罚进行不恰当的抗议行为，对比赛结果有不恰当的干扰、影响行为，挑衅或侮辱对方运动员或教练员，非注册队医或其他运动队官员坐在医生席位，运动员或教练员有其他严重的不良行为或违反体育道德的行为。

十一、即时录像审议

每场比赛双方各有一次即时录像审议配额。

比赛时临场教练员可进行录像审议，录像审议委员原则上在 30 秒内做出裁决。教练员提出的问题不属于录像审议条款的，审议委员维持主裁判员的原判。

第十三章
健美操

　　健美操是一项深受广大群众喜爱、广泛普及，集体操、舞蹈、音乐、健身、娱乐于一体的体育项目。健美操大量吸收了迪斯科舞、爵士舞、霹雳舞中的上下肢、躯干、头颈和足踝动作，特别是髋部动作，为自身增添了活力。大学生通过练习健美操，有利于减少臀部和腹部脂肪的堆积，也有利于改善动作的协调性和灵活性。

第一节　健美操概述

一、健美操的起源与发展

　　健美操起源于 20 世纪 70 年代末，英文名称为"Aerobics"，意为"有氧运动""健身健美操"。

　　20 世纪 80 年代初，美国人简•方达根据自己的健身经验和体会，于 1981 年编写出版了《简•方达健美术》一书，引起了轰动，对健美操的发展起到了积极的作用。健美操于 20 世纪 80 年代初传入我国。那时，美育教育逐渐在我国学校教育中占有一席之地，健美操的引进与兴起为我国美育教育提供了一个重要手段。1981—1983 年，在健美操传入我国的初期，很多高校教师在报纸杂志上刊登了一些介绍健美操和探讨美育教育的文章，并编排了一些健美操成套动作，如"女青年健美操""哑铃健美操""形体健美操"等。从此，追求人体健与美的"健美操"一词迅速被广大体育工作者所采用。

　　1984 年，北京体育学院（今北京体育大学）成立了健美操研究组。由其编排并推出的"青年韵律操"传遍全国各大院校，无数青年学生投入学习"青年韵律操"的浪潮，使健美操迅速在我国各大院校得到普及。此后，许多高校将健美操内容列入教学大纲，健美操成为一项重要的体育教学内容，各种健美操教材也陆续出版，促进了健美操的理论研究。

　　为了推动全国大学生健身健美操的开展，中国大学生体协健美操艺术体操分会决定从 1993 年开始，每年在大学生中推广一套由协会审定的健身健美操。

　　与此同时，表演健美操和竞技健美操也开始在学校中出现，而高校良好的师资和场馆条件又为竞技健美操的普及奠定了基础，不少高校每年都组织队伍参加各种形式的全国健美操比赛。如今，高等院校已成为我国竞技健美操发展的重要基地。

二、健美操的概念与分类

（一）健美操的概念

健美操是在音乐伴奏下，以徒手体操各类型的基本动作为基础，吸收舞蹈、艺术体操、现代舞和武术的许多动作，经过编排、组合而形成的具有独特风格的体育项目。

（二）健美操的分类

健美操可分为健身健美操和竞技健美操。

1．健身健美操

健身健美操根据风格可分为一般健身操、爵士健身操、踏板健身操、搏击健身操、瑜伽健身操等。健身健美操根据年龄、锻炼目的、徒手与否、锻炼部位等的不同，还可有不同的分类。

（1）根据锻炼年龄分为：儿童健身操、青少年健身操、中老年健身操。

（2）根据锻炼目的分为：康复健身操、保健健身操、健美健身操。

（3）根据徒手与否分为：徒手健身操、持轻器械健身操。

（4）根据锻炼部位分为：颈部、胸部、腰部、腿部、手臂、臀部等的局部健身操。

2．竞技健美操

竞技健美操观赏性强、有一定难度，对健美操有很大的推广作用，但不太适合大众健身。1987年5月，在北京举办了首届"长城杯"健美操邀请赛，取得了很好的反响。

第二节　健美操基础训练

一、身体姿态训练

（一）动作控制法

动作控制法是指当身体处于某一动作位置时，保持该动作正确的身体姿态，使该动作持续一段时间的方法。该方法的目的是让锻炼者找到控制该动作的肌肉感觉，起到强化动作的作用。

（二）舞蹈训练法

舞蹈训练法是指通过拉丁舞、爵士舞、现代舞、民间舞等不同风格舞蹈的练习，体会不同的表现意识、气质与风格。通过徒手、把杆、双人姿态等舞蹈动作的训练，锻炼者可以进一步改善身体形态，逐步形成正确的站姿、坐姿、走姿，并提高形体动作的灵活性。

二、上肢动作训练

此部分介绍上肢动作训练中的手形及训练规范。

健美操中的手形有多种，它吸收和借鉴了芭蕾舞、现代舞、迪斯科、武术的特点。

（1）并掌：拇指指关节弯曲内扣，其余四指并拢伸直；手腕伸直，使手臂呈一条直线；腕关节与掌指关节适度紧张。

（2）开掌：五指用力分开并伸直。

（3）立掌：手掌用力上屈，五指自然弯曲。

（4）拳式：四指卷曲，拇指末关节压住食指、中指的末关节，拳呈空心状。

（5）西班牙舞手形：五指分开，小指内旋，拇指稍内收。

（6）剑指：食指和中指并拢伸直，拇指、无名指，小指内收。

（7）"V"指：拇指、无名指、小指弯曲，食指与中指伸直并尽力分开。

（8）响指：无名指与小指屈握，拇指与中指、食指摩擦后，中指击打大鱼际处产生响声。

三、健美操基本步法

健美操的基本步法分为 7 类：踏步、吸腿跳、高踢腿跳、后踢腿跳、侧弹踢腿跳、开合跳、弓步跳。基本步法在健美操套路中极其重要，是评价动作好坏的重要指标。健美操基本步法如图 13-1 所示。

图 13-1　健美操基本步法

（1）踏步：传统的低强度步法，要求落地顺序为先脚尖后脚跟。

（2）吸腿跳：上体（头至臂）正直吸腿，膝关节至少弯曲 90°，脚尖必须绷直。

（3）高踢腿跳：支撑腿可稍微弯曲，踢起腿必须伸直。

（4）后踢腿跳：相对于踏步是高强度动作，要求髋和膝在一条直线上，脚在后。

（5）侧弹踢腿跳：膝关节和髋关节的运动伸展要有控制（不生硬）。

（6）开合跳：分腿时，髋部外开，膝关节在同方向弯曲，并腿时脚可平行落地或外开，并腿动作不可突然进行（要有控制），落地必须有缓冲。

（7）弓步跳：上体（重心）必须在两腿之间，脚向前和平行（不能外翻），膝关节在支撑的脚上面，脚后跟不需要着地。

第三节　健美操套路

本节主要介绍第三套健美操大众锻炼标准测试二级套路动作。

（一）动作组合一

（1）预备姿势：直立。

（2）第一个 8 拍。

① 1~4 拍：左脚开始原地踏步 4 次，两臂前后自然摆动，两手握拳。

② 5 拍：左脚脚尖向前点地，同时两腿屈膝弹动一次，右臂胸前屈，左手握拳叉腰。

③ 6 拍：左脚收回，同时两腿屈膝弹动一次。

④ 7~8 拍：动作同 5~6 拍，方向相反。

（3）第二个 8 拍。

① 1~4 拍：左右脚交替向前、向后迈步各 1 次，两臂前后自然摆动。

② 5~6 拍：并腿屈膝弹动 2 次，两臂夹肘胸前屈，击掌 2 次。

③ 7 拍：上体左转 90°，面向 7 点方向，左脚侧滑步同时顶左髋，左腿屈膝，两臂侧平举，并掌，挺胸。

④ 8 拍：还原成直立。

（4）第三个 8 拍动作同第一个 8 拍，方向相反。

（5）第四个 8 拍动作同第二个 8 拍，方向相反。

（二）动作组合二

（1）第一个 8 拍。

① 1 拍：左脚侧迈一步，两臂胸前上屈，两手握拳向前敲击，

② 2 拍：右脚左并，右腿屈膝，脚尖点地，手臂动作同 1 拍。

③ 3~4 拍：下肢动作同 1~2 拍，方向相反，两臂于体侧微屈击，拳心向前，面向 3 点方向。两手握拳向下敲。

④ 5~6 拍：左脚侧迈一步，脚尖点地呈弓步（左），两臂于体侧微屈，握拳，拳心向前，两肩上下抖动 2 次，面向 7 点方向。

⑤ 7 拍：右脚向左前方 45° 迈一步，重心前移，面向 7 点方向，左腿后屈，右臂体前平屈，左臂体后屈，双手握拳。

⑥ 8 拍：左脚触地，重心后移。

（2）第二个 8 拍。

① 1 拍：右脚侧迈一步，两臂胸前交叉，拳心向后。

② 2 拍：侧摆腿跳（左），右臂侧上举，左臂侧平举，并掌，掌心向下。

③ 3~4 拍：动作同第一个 8 拍的 7~8 拍，方向相反。

④ 5~8 拍：动作同 1~4 拍。

（3）第三个 8 拍动作同第一个 8 拍，方向相反。

（4）第四个 8 拍动作同第二个 8 拍，方向相反。

（三）动作组合三

（1）第一个 8 拍。

① 1 拍：后踢腿跑（右），两臂夹肘，胸前击掌。

② 2 拍：后踢腿跑（左），两臂肩侧上屈，握拳，拳心相向。

③ 3~4 拍：动作同 1~2 拍。

④ 5~8 拍：动作同 1~4 拍，第 8 拍并腿跳后直立，两臂放于体侧。

（2）第二个 8 拍。

① 1~2 拍：右腿屈腿跳 2 次，两臂屈于体后，面向 7 点方向。

② 3~4 拍：动作同 1~2 拍，方向相反。

③ 5~6 拍：下肢动作同 1~2 拍，左臂侧下举，握拳，拳心向下；右臂上屈，握拳，拳心向外，面向 7 点方向。

④ 7~8 拍：动作同 5~6 拍，方向相反。

（3）第三个 8 拍。

① 1~2 拍：右腿向前小踢腿跳 2 次，绷脚尖，两臂屈于体后。

② 3~4 拍：动作同 1~2 拍，方向相反。

③ 5 拍：侧摆腿跳（右）。

④ 6 拍：动作同 5 拍，方向相反。

⑤ 7 拍：动作同 5 拍。

⑥ 8 拍：并腿跳后直立。

（4）第四个 8 拍。

① 1~2 拍：后踢腿跳（右）2 次，两臂屈于体后。

② 3~4 拍：同 1~2 拍，方向相反。

③ 5~8 拍：动作同第三个 8 拍的 5~8 拍。

（四）动作组合四

（1）第一个 8 拍。

① 1~4 拍：左脚向左侧并步跳，两臂经体侧向内绕环一周至胸前交叉，第 4 拍右腿向左后方屈腿跳，同时两手握拳，拳心向后，面向 7 点方向。

② 5~8 拍：动作同 1~4 拍，方向相反，第 8 拍手臂侧举，并掌，掌心向下。

（2）第二个 8 拍。

① 1 拍：左脚向左前方点地的同时顶左髋，右臂胸前上屈，握拳，左手扶左髋。

② 2 拍：还原成直立。

③ 3 拍：动作同 1 拍，方向相反。

④ 4 拍：动作同 2 拍。

⑤ 5~8 拍：左脚开始踏步 4 次，两臂前后自然摆动，握拳，第 8 拍并腿跳成直立。

（3）第三个八拍。

① 1 拍：上体左转 45°，面向 8 点方向，吸腿跳（左），两手握拳于腰间，拳心向上。

② 2 拍：左腿后撤弓步跳（右），两手冲拳前举，拳心相对。

③ 3 拍：动作同 1 拍。

④ 4 拍：右转 45°，面向 1 点方向，并腿跳后直立。

⑤ 5 拍：右脚侧迈一步，两臂肩侧屈，五指张开，掌心向前。

⑥ 6 拍：左脚向右后交叉。

⑦ 7 拍：侧摆腿跳（左），左臂侧上举，右臂侧下举，并掌，掌心向下，面向 3 点方向。

⑧ 8 拍：并腿跳后直立。

（4）第四个 8 拍动作同第二个 8 拍，方向相反。

第四节　健美操竞赛规则与裁判法

一、总则

（一）目的

制定本规则的目标是保证全国大众健美操比赛评分的客观性、规范性和公正性。

（二）比赛内容

规定动作比赛（《全国健美操大众锻炼标准》）、自选动作比赛。

（三）参赛人数

（1）规定动作：每队 5 人，性别不限，或按比赛规程执行。

（2）自选动作：可分为个人、双人和集体项目等，性别按规程执行。

（四）比赛场地与设备

（1）赛台高 80～100 厘米，比赛场地为 12 米×12 米的地板或地毯，有背景遮挡。

（2）有专业的放音设备和舞台灯光。

（3）裁判席设在比赛场地的正前方。

（五）成套动作时间

（1）规定动作：成套动作时间按《全国健美操大众锻炼标准》规定时间执行。

（2）自选动作：成套动作时间为 2 分～2 分 15 秒，计时从动作开始到动作结束。

（六）音乐伴奏

（1）由主办单位提供《全国健美操大众锻炼标准》规定动作音乐并统一播放。

（2）自选动作音乐由参赛队自备，音乐必须录在磁带 A 面或光盘的开头，需备 2 份，其中 1 份报到后交大会放音组。

（3）自选动作音乐允许有 2×8 拍的前奏，音乐的速度不限，比赛音乐必须是高质量的。

（七）比赛服装

（1）着健身服或运动式休闲服和运动鞋（旅游鞋式，不可穿球鞋、体操鞋等）。

（2）服装上可有亮片等装饰物，女选手可化淡妆；比赛时选手不得佩戴首饰。

（八）评分方法

（1）采取公开示分的方法，成套动作满分为 10 分，裁判员的评分精确到 0.1 分。

（2）裁判员的评分去掉 1～2 个最高分和最低分，中间 3 个分数的平均分即为得分，再减去裁判长减分即为最后得分。

（3）对比赛成绩和结果不接受申述。

二、成套动作评分（10分制）

评分因素与分值：表演和团队精神4分、动作完成6分。

1. 表演和团队精神

（1）表现力与热情：动作要展示内心的激情，体现一种健康和向上的情绪。

（2）队形：队形变化清晰、流畅，体现集体配合的意识。

（3）一致性：集体动作整齐，每个人在完成动作的时间、空间、能力和表现力上一致。

2. 动作完成

（1）动作的正确性

身体姿态舒展，动作技术正确，动作范围适当。

（2）动作的熟练性

动作熟练，无漏做动作。漏做个别动作扣0.1~0.2分，漏做1×8拍以上动作扣0.3~0.4分，漏做2×8拍以上动作扣0.5分或更多。

（3）身体的协调性

① 全身协调运动，动作轻松、有弹性，动作清晰、无多余动作。

② 避免过分松弛或过分紧张。

（4）连接动作的流畅性

动作之间的连接自然、流畅，动作的转换及方向的变化干净、无多余动作。

（5）动作与音乐

① 动作要充分表现音乐的情绪。

② 动作和音乐节奏的配合要准确。

③ 若干动作不吻合扣0.1~0.2分。

④ 半套动作不吻合扣0.3~0.4分。

⑤ 整套动作不吻合扣0.5分或更多。

成套动作扣分表如表13-1所示。

表13-1　成套动作扣分表

评分因素	内容	一般/分	较差/分	不可接受/分
表演和团队精神4分	表现力与热情	0.1~0.2	0.3~0.4	0.5或更多
	队形	0.1~0.2	0.3~0.4	0.5或更多
	一致性（每次）	0.1	0.2	0.3
动作完成6分	动作的正确性	0.1~0.2	0.3~0.4	0.5或更多
	动作不熟练、漏做动作	0.1~0.2	0.3~0.4	0.5或更多
	身体的协调性	0.1~0.2	0.3~0.4	0.5或更多
	动作连接	0.1~0.2	0.3~0.4	0.5或更多
	改变动作或附加动作	0.1~0.2	0.3~0.4	0.5或更多
	动作充分表现音乐的情绪	0.1~0.2	0.3~0.4	0.5或更多
	动作和音乐节奏配合准确	0.1~0.2	0.3~0.4	0.5或更多

三、自选动作评分（10分制）

评分因素与分值集体/个人：动作设计3分/4分，动作完成4分/4分，表演和团队精神3分/2分。

1. 动作设计

① 艺术性

主题应健康、充满活力、富有激情，表演风格和形式不限，可是健身街舞、拉丁操、搏击操和啦啦队操等不同风格的健身操或舞，也可使用轻器械，如扇子、纱巾、健身球、哑铃、橡皮筋等。风格突出，富有创意。动作类型丰富，动作的转换自然流畅。音乐的选择与动作风格相一致并配合协调，录音清晰、质量高。充分利用场地和空间，服饰美观协调。

② 安全性

无可能对身体造成伤害的动作（不安全动作）。动作的难度适合参赛者的身体能力和运动水平。符合参赛者的年龄特点。

2. 动作完成

① 动作完成轻松、准确、流畅。

② 动作完成能体现所选择主题的风格和特点。

③ 动作与音乐协调一致，包括风格、结构、动效等方面。

④ 基本姿态和技术正确，动作优美。

3. 表演和团队精神

① 表现力与热情：动作要展示内心的激情，体现一种健康和向上的情绪。

② 队形：队形变化清晰、流畅，体现集体配合的意识。

③ 一致性：集体动作整齐，每个人在完成动作的时间、空间、能力和表现力上一致。自选动作扣分表如表13-2所示。

表13-2　自选动作扣分表

评分因素	内容	一般/分	较差/分	不可接受/分
动作设计集体3分/个人4分	主题健康、充满活力	0.1~0.2	0.3~0.4	0.5或更多
	风格突出、富有创意	0.1~0.2	0.3~0.4	0.5或更多
	动作类型丰富，动作的转换自然流畅	0.1~0.2	0.3~0.4	0.5或更多
	服饰美观协调	0.1~0.2	0.3~0.4	0.5或更多
	音乐的选择与动作风格相一致并配合协调，录音清晰、质量高	0.1~0.2	0.3~0.4	0.5或更多
	充分利用场地和空间	0.1~0.2	0.3~0.4	0.5或更多
	安全性	0.1~0.2	0.3~0.4	0.5或更多
	每出现一个不安全动作	0.2		
动作完成集体4分/个人4分	动作完成轻松、准确、流畅	0.1~0.2	0.3~0.4	0.5或更多
	动作完成能体现所选择主题的风格和特点	0.1~0.2	0.3~0.4	0.5或更多
	动作与音乐须协调一致	0.1~0.2	0.3~0.4	0.5或更多
	基本姿态和技术正确，动作优美	0.1~0.2	0.3~0.4	0.5或更多

续表

评分因素	内容	一般/分	较差/分	不可接受/分
表演和团队精神3分	表现力与热情	0.1～0.2	0.3～0.4	0.5 或更多
	队形	0.1～0.2	0.3～0.4	0.5 或更多
	一致性（每次）	0.1	0.2	0.3
个人/表演2分	表现力与热情	扣至0.3	0.4～0.5	0.6 或更多

四、裁判长减分

　　裁判长对比赛的过程进行组织和监控，并对下列情况进行减分，每项均减0.2分。

（1）被叫到后20秒内未出场。

（2）参赛人数不符合规定。

（3）成套时间不足或超过。

（4）着装不符合规定。

（5）比赛时掉物或装束散落。

第十四章
花样轮滑

轮滑运动是一项融时尚、竞技、健身、娱乐和艺术于一体的体育运动，深受广大群众的喜爱。它使用的器材便携，技术动作富有美感，并能全面协调和发展人的各项身体素质。大学生参与其中，不仅能够强身健体，而且还能从摔倒和爬起的过程中锻炼自强不息、顽强拼搏、勇于克服困难的意志品质，不断完善与提高自我。

第一节　花样轮滑概述

轮滑运动是一项全身性的运动，受气候及场地条件限制较小，用具便于携带，技术容易掌握。在全民健身的大背景下，经常参与轮滑运动，不仅能够改善练习者的心血管系统和呼吸系统的功能，促进人体新陈代谢，增强身体的灵活性，还能培养练习者勇敢顽强的意志品质。

轮滑运动的起源最早可以追溯到 18 世纪。1760 年，一个叫默林的比利时人将很小的木轮子安在鞋上滑行。1800 年，为了能够在夏天继续进行溜冰练习，德国人将木轮子安装在溜冰鞋上。最早的滚轴溜冰鞋于 1818 年诞生于德国柏林，很快又在法国巴黎的大街上出现。到了 1863 年，美国人詹姆士·普利姆普顿发明了有转动装置的鞋，从而带来轮滑运动的一场革命。我国于 1980 年正式成立了中国轮滑协会，同年加入了国际轮滑联合会，并在 1986 年加入亚洲轮滑联合会。2010 年，在第十六届亚运会上，轮滑运动首次成为正式比赛项目。

花样轮滑融入了体操、舞蹈、造型艺术等元素，具有很强的娱乐性、健身性和技巧性，主要的特点有：是一项技巧类项目而不是机能性项目，以平衡为基础，以旋转为精髓，是体育和艺术相结合的项目。

第二节　花样轮滑基本技术

一、基本术语及基本技术

花样轮滑基本技术包括：站立、平衡与移动、前滑、后滑、压步、180° 转体、弧线滑行等。

其基本原理就是利用动作的配合，引起人体重心位置的变化，从而使轮滑鞋 4 个轮子的受力产生变化，使人体在"平衡—打破平衡—建立新的平衡"的循环运动中完成各项技术动作，并展示花样轮滑的魅力。

在开始学习花样轮滑基本技术之前，首先应该对花样轮滑的基本术语进行了解。

刃——轮滑鞋（见图 14-1）底下装有 4 个轮子，当人体向内或向外倾斜时，身体重心会分配到不同的轮子上：向外侧倾斜时，身体重心偏向外侧轮子，称为外刃；当人体直立，体重均衡地分配到 4 个轮子上时，称为平刃；向内侧倾斜时，身体重心偏向内侧轮子，称为内刃（见图 14-2）。

前滑——面向滑行方向，向前滑行时，称为前滑。

后滑——背对滑行方向，向后滑行时，称为后滑。

滑足——在地面上滑行的脚，称为滑足。

浮足——在滑行中，离开地面的脚，称为浮足。

纵轴——将两个或两个以上的圆构成的图形，纵向分为对称的半圆的一条线。

横轴——将两个圆构成的图形，沿两圆相切处，将两圆分为对等的一条线。

封口——两圆或三圆图形的切点处，即纵轴、横轴的交叉点。

护具——佩戴于头、手、肘、膝、踝等人体关键部位，用于保护其免受外力冲击伤害的专门防护装备。

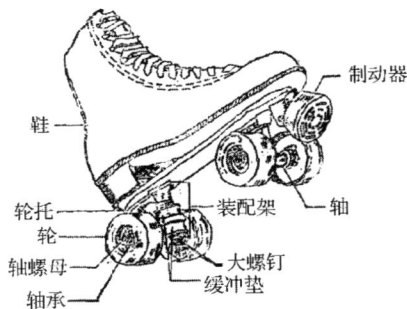

图 14-1 轮滑鞋各部位示意图

图 14-2 外刃、平刃、内刃（从左起）

二、花样轮滑技术

掌握花样轮滑基本技术的根本目的在于控制身体重心，维持身体动态平衡并呈现不同滑行姿态，顺序应从易到难，从前到后，从直线到曲线。

（一）站立、平衡与移动

掌握基础的站立、平衡与移动技术是正式开始滑行的基础。

1. 站立姿势

（1）丁字形站立。将左脚跟紧靠右脚内侧或将右脚跟紧靠左脚内侧，使双脚呈丁步形站立。两膝微屈，重心位于后脚上，上体稍前倾，两眼平视前方，两臂在体侧自然打开以保持身体平衡。

（2）八字形站立。双脚跟靠近，脚尖自然分开呈"八"字步，双膝微屈，重心落于两脚之间，抬头目视前方，保持身体平衡。

（3）平行站立。两脚开立与肩同宽，两脚尖稍内扣，上体稍前倾，两膝微屈，重心落于两脚之间以保持身体平衡。

2. 原地移动重心

原地移动重心练习包括原地踏步、原地蹲起等。

（1）原地踏步

动作方法：在八字形站立的基础上，重心先移至一条腿上，另一条腿提膝上抬，脚离地面再落下；然后重心移至另一条腿，交替练习。

易犯错误：步幅过大，重心不稳。

纠正方法：抬腿高度由低至高，速度由慢到快；当重心完全移至一条腿后再进行交替练习。

（2）原地蹲起

动作方法：在平行站立或八字形站立的基础上，做下蹲、起立动作；练习时要求两腿始终保持直立，下蹲时两膝尽量前弓，上体稍前倾，两眼平视前方，双臂自然打开。

易犯错误：在起立时身体先向前倾再直立，只做腿部的蹲伸。

纠正方法：练习时先做半蹲，再逐渐过渡到深蹲，速度由慢到快，保持身体的垂直升降，注意动作的协调性。

（3）原地提踵

动作方法：在平行站立的基础上，手扶栏杆或在同伴的扶持下，原地做双脚和单脚提踵练习，感受轮滑鞋两个前轮和制动器的位置；要求提踵时膝盖保持直立，上体稍前倾，目视前方。

易犯错误：提踵时上体过于前倾，重心不稳。

纠正方法：练习时动作幅度从小到大，循序渐进。

（4）原地两脚交替前后移动

动作方法：在平行站立的基础上，手扶栏杆或在同伴的扶持下，在原地做两脚交替前后移动练习，重点体会轮滑鞋 4 个轮子在脚下的位置和滚动时的感觉。

易犯错误：在移动过程中，重心落在一条腿上，双脚不能保持平衡。

纠正方法：两腿伸直，控制好重心，大腿发力做前后滑动练习。

（5）向前八字走

动作方法：在丁字形或八字形站立的基础上，一只脚向前迈出一小步，脚尖向外展；同时重心迅速跟上，当重心完全落于前脚时，后脚再抬起向前迈，两脚交替进行。

易犯错误：移动步幅过大，重心过高。

纠正方法：降低重心，移动速度由慢到快。当重心完全落于前脚时再向前移动。

（二）前滑

初学者在掌握了基础的站立、平衡与移动技术后，就可以开始学习前滑。前滑包括双足向前滑行、前葫芦步等技术。

1. 技术解析

（1）双足向前滑行。开始以双脚平刃站立，起滑时身体稍前倾，重心位于两脚之间，身体保持正直，目视前方；滑足需充分蹬伸后转换为浮足停于体后，浮足需贴近滑足做由后至前的转换为滑足的动作，双脚做交替蹬滑动作。

（2）前葫芦步。开始以双脚内刃站立，起滑时身体稍前倾，两膝弯曲用力，两脚尖向外，两臂左右伸开帮助维持身体平衡。当双脚向前外滑至大弧线（两脚稍宽于肩）时，两脚尖迅速内收靠拢，恢复至开始姿势。连续做双脚的分开与靠拢动作，就能够不断向前滑进。

（3）前双曲线滑行。两脚平行站立，左脚以内刃向侧后方蹬地（四轮不离地），重心在右脚上，向右滑双脚曲线，然后右脚用内刃向侧后方蹬地，重心偏于左脚，向左滑双脚曲线，依次连续进行。

（4）单足向前直线滑行。原地两脚呈 T 形站立，左脚在前，右脚在后，两腿稍弯曲，用右脚内刃蹬地，重心慢慢移至左腿，右腿蹬直后，右脚蹬离地面，左脚向前滑行。然后收右脚在左脚侧面落地后，左脚蹬地重复上述动作，成右脚向前滑行。

2．练习指导

（1）原地两脚呈八字形站立，做左脚内刃向侧后方蹬地的双脚滑行。两臂向侧前方伸出，以维持身体平衡。

要求：开始时，左脚内刃蹬地的力量要小些，蹬地时步幅也小一些，之后逐渐加大；当练习左脚蹬地的双脚滑行有一定经验后，应换右脚蹬地的双脚滑行；在对上述练习较熟练后，即进行两脚轮换蹬地的双脚滑行。

（2）在完成滑行练习后，从原地站立开始向前滑出，滑至最大弧线时，两脚尖内收靠拢，恢复开始姿势。从静止原地站立开始，做双脚前滑，体会惯性前滑以及脚和膝的协调配合动作。

要求：两脚尖外展，两膝稍屈，两脚跟用力下压。

（3）从两脚平行站立开始，重心向右移，同时用左脚内刃向侧后方蹬地，两脚同时向右前方滑行，在地面上形成平行的曲线。滑出一段距离后，重心向左移，同时用右脚内刃向侧后方蹬地，向左滑双曲线。

要求：重心要平稳移动。

3．常见错误动作及其纠正方法

前滑常见错误动作及其纠正方法如表 14-1 所示。

表 14-1　前滑常见错误动作及其纠正方法

技术名称	常见错误动作	纠正方法
前葫芦步	（1）只能蹬出不能收回，致使滑行停止 （2）外滑过大，不能内收，失去平衡	（1）强调蹬时屈膝，用外刃；收时直膝，用内刃 （2）及时内收，避免分腿过度
单足向前直线滑行	（1）蹬地效果不好 （2）身体不能保持平衡	（1）蹬地时腿要伸直，蹬地角度要合理 （2）滑足一侧的膝部适当弯曲，上体不可过于前倾，两臂自然伸开以控制平衡。为更好地移动重心，换脚时保持稳定，必须在换脚时让浮足靠近滑足

（三）后滑

在基本掌握前滑技术的基础上，就可以学习后滑。初学者一般都是先学向后葫芦步，再学向后蛇形滑行，最后过渡到向后直线滑行。

1．技术解析

（1）向后葫芦步。在平行站立的基础上，脚尖稍向内，两膝弯曲，用两脚内刃向前蹬地，同时两脚跟向两边分开，向后外滑至最大弧线（两脚稍宽于肩）时，两脚跟收拢，两膝用力伸直，恢复开始姿势（见图 14-3）。随后重复上述滑行动作，就能连续向后滑行。

关键环节：双腿的蹬收过渡。

（2）向后蛇形滑行。以站立开始，两脚分开（约一只脚距离），两膝弯曲，脚尖稍向内转。用右脚内刃蹬地，重心移向左侧，成左脚向后滑行。右腿在体前伸直，随即右脚放在左脚侧面，恢复开始姿势。然后用左脚蹬地，身体重心移向右侧，成右脚向后滑行（见图 14-4）。左腿在体前伸直，随即左脚放在右脚的侧面，依次重复上述动作。要注意，在滑行中上体始终保持稍前倾姿势，两膝保持弯曲，两手在体侧分开侧举。

关键环节：重心移动方向与欲滑行方向一致。

（3）向后直线滑行。在平行站立的基础上，双膝弯曲，脚尖稍转向内，用左脚内刃蹬地，右脚向后滑行，左腿在前伸直。然后将浮足放在滑足侧，恢复开始姿势，再用右脚蹬地，蹬地后，右腿在左腿前伸直（见图 14-5）。依次重复上述动作。

关键环节：交叉蹬收动作。

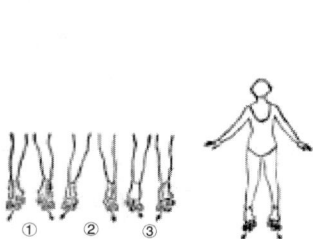

图 14-3　向后葫芦步　　　　图 14-4　向后蛇形滑行　　　　图 14-5　向后直线滑行

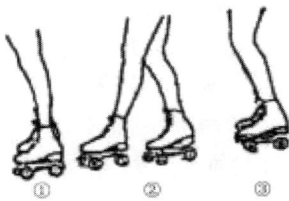

2．练习指导

（1）在同伴的帮助下获得滑行速度后，独立做向后双足滑行，双足要平行。在练习的基础上，从静止开始完成小幅度的向后葫芦步。

要求：练习时要注意身体的姿势及两腿的屈伸动作。

（2）在完成向后葫芦步获得一定速度后，即可依照向后蛇形滑行的动作要领进行练习。左右脚各蹬地滑行一次后，依靠滑行的惯性，两脚平行站立滑行一次。

要求：保持正确的滑行姿势，反复练习。

（3）在完成向后葫芦步获得一定速度后，完成单足滑行、浮足前伸动作。在完成的基础上，可从静止开始做完整练习。

要求：保持上体竖直，重心稳定。

3．常见错误动作及其纠正方法

后滑常见错误动作及其纠正方法如表 14-2 所示。

表 14-2　后滑常见错误动作及其纠正方法

技术名称	常见错误动作	纠正方法
向后葫芦步	（1）只能蹬出不能收回 （2）身体前倾，影响滑行	（1）强调蹬时屈膝用内刃，收时直膝用外刃 （2）强调滑行时有后坐的感觉
向后直线滑行	（1）身体前倾 （2）身体不平稳	（1）滑行两步，双足平行站立滑行一次 （2）要求浮足收放在滑足旁

（四）压步

压步是花样轮滑的基本技术。通过压步，练习者可以获得滑行加速度、改变滑行方向。根据滑行方向，压步可分为前压步和后压步。

1. 技术解析

（1）前压步。在掌握了前滑技术之后，就可以学习前压步了。前压步有左前压步和右前压步之分，二者除方向不同外，其他技术完全一样，这里以左前压步为例。

前滑中，在获得一定滑行速度之后，用右脚内刃蹬地，左脚以外刃沿一较大弧线滑行。身体向左倾，右臂在身前、左臂在身后侧平举，头稍向左转，往左前方看，两腿弯曲（见图 14-6）。右脚蹬地结束后，用大腿带动小腿，右脚由后提到左脚前呈交叉状，以内刃落地向左前方滑出，同时左腿用力以外刃向侧后方蹬地（见图 14-7），随后以大腿带动小腿，左脚由后提到右脚左前方，左脚以外刃落地向左前方滑出。两脚交替滑行，就可以左转弯并滑出较大的弧线。前压步时，始终要保持上体正直稍前倾的姿势。

关键环节：双脚交叉动作。

图 14-6　前压步弧形路径　　　　图 14-7　前压步两脚交替

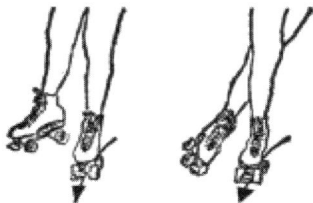

（2）后压步。在掌握后滑技术的基础上，就可学习后压步了。后压步分为左后压步和右后压步两种，二者动作技术完全相同，这里以右后压步为例。

两脚平行站立，上体稍向前倾。开始时，用左脚内刃蹬地，同时身体倾向右侧，两腿弯曲，以右脚外刃沿弧线向后滑行，头向右转，由右肩上方向后看，右臂向后平举，左臂向前平举（见图 14-8）。左脚蹬地后抬起，在右脚前方落地交叉，以内刃沿弧线向后滑行（见图 14-9）。同时右腿迅速蹬直，蹬地结束后，用大腿带动小腿跨向圆形弧线内，以外刃沿弧线向后滑行，同时重复左腿蹬地动作。按上述动作反复交替进行，可滑出较大的弧线。

关键环节：双脚交叉动作。

图 14-8　后压步弧形路径　　　　图 14-9　后压步两脚交替

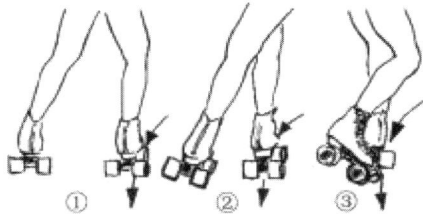

2. 练习指导

（1）辅助练习。①侧上台阶练习。采用压步的姿势，身体的侧面对着台阶，一步一步地登上台阶，落脚要与台阶的边沿平行。要求：不要有角度，膝向台阶的方向倒。②侧走练习。在地面上画出平行等距离的直线，线间距离可根据练习者的身高而定。练习者侧对直线，教师在另一侧拉住练习者的手臂，练习者侧倒身体用压步的姿势和动作踏着线痕侧走。

要求：脚的纵轴与地上的线痕吻合。

（2）单足蹬地沿弧线滑行。①逆时针单足蹬地沿弧线滑行。用右脚内刃蹬地，左脚外刃滑行，上身保持压步的姿势，左脚不要离开地面，沿弧线滑行，右脚蹬地后立即收拢，靠在左脚旁与左脚平行，然后再次蹬地。连续重复右脚的蹬地动作，沿弧线滑行。

要求：右脚动作要平滑迅速。

②顺时针单足蹬地沿弧线滑行。方向与逆时针单足蹬地沿弧线滑行相反，练习方法和要求相同上。

（3）压步一次，双足平行站立滑行一次。以压步的姿势向左（逆时针）压步一次，然后双足平行站立，沿圆形重复练习这个动作。在此练习的基础上，可逐渐增加压步的次数，减少双足平行站立滑行的次数，最后取消双足站立，完成压步。教师可在圆内随同滑行，扶练习者两臂进行保护和纠正错误。要求：动作平稳自然。

（4）为进一步熟悉压步这个基本动作，可做以下练习：①改变压步的节奏，做变速压步练习；②加手势练习；③在压步的过程中，做双臂直臂前后交替摆臂练习。

要求：动作自然和谐。

（5）后滑双曲线，获得速度后，做双足交叉滑行，逐步过渡到后压步。

要求：动作自然和谐。

3. 常见错误动作及其纠正方法

压步常见错误动作及其纠正方法如表 14-3 所示。

表 14-3　压步常见错误动作及其纠正方法

技术名称	常见错误动作	纠正方法
前压步	（1）蹬地没有弹性，腿没有充分蹬直 （2）髋不正，髋的横轴不能与所滑弧线的切线垂直 （3）重心起伏	多做前压步练习
后压步	（1）滑行时，重心前倾，无法完成后滑 （2）滑行路线呈菱形，无法滑成一个圆	（1）保持头部竖直，引导身体直立 （2）脚跟内旋，始终对着滑行方向

（五）180° 转体

180° 转体是自由滑的主要内容之一，是花样轮滑的关键技术，包括前滑转后滑（前转后）和后滑转前滑（后转前）两种，其基本技术包括准备步法、转动步法。它对串联动作、丰富自由滑的内容、表达音乐的特点、增加自由滑的美感都起特殊作用。

1. 技术解析

（1）前转后（逆时针）

准备步法：双脚由滑行步调整为并步，双脚前后分开，左脚脚尖与右脚脚跟不能相连或重叠，立腰挺胸抬头，重心位于两脚之间。

转动步法：左脚后轮稍稍抬起，以前轮为轴向内侧偏转，此时由于受力方向发生改变，人体会产生转动的趋势（见图 14-10），可顺势逆时针转动 180°。

关键环节：转体时身体保持平衡，重心放在两脚之间；在转动时，前脚的后轮和后脚的前轮为主要受力轮。

（2）后转前（逆时针）

准备步法：双脚向后滑行相向靠拢，一前一后排列在一条弧线上，左脚脚尖与右脚脚跟不能交叉或重叠，立腰挺胸抬头，重心位于两脚之间。

转动步法：重心移动至右脚的外刃和左脚的内刃，上体向后外方倾斜，借之前的惯性，人体可顺势沿双脚运动形成的弧线做曲线运动（见图14-11），完成逆时针180°转体。

关键环节：转体时身体保持平衡，前后脚要及时顺势排列在弧线上。

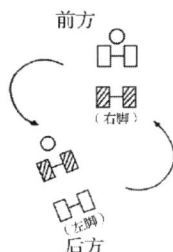

图 14-10　前转后运动轨迹　　　　图 14-11　后转前运动轨迹

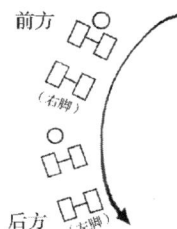

2．练习指导

（1）体会正确的旋转姿势和两脚用轮的感受，头部保持竖直。

（2）低速做完整的双脚滑行，重心在两脚之间。

（3）做顺时针转体（方法同逆时针转体，双脚互换）。

要求：用轮准确，逐渐加快速度。

3．常见错误动作及其纠正方法

（1）常见错误动作

躯干因主动发力而扭转。

（2）纠正方法

① 低速练习。

② 有意识地只偏转后脚，躯干保持固定，体会身体整体的转动。

（六）弧线滑行

弧线滑行涉前外、前内、后外和后内4种弧线，这4种弧线构成了花样轮滑千变万化的滑行动作。也就是说，一切花样轮滑动作所滑出的线痕，都与这4种弧线密切相关。因此，要想学好花样轮滑，必须认真学习并掌握好滑出这4种弧线的方法。

1．技术解析

（1）前外弧线

以左脚滑前外弧线开始，右脚内刃蹬地，左脚外刃滑出，身体稍向左侧倾斜，重心落在左脚上，左臂在前，右臂在后，左腿在前，右腿伸直在左腿后举起，滑行时左腿微屈膝。滑行中，两肩缓慢左转，右腿由后前移。滑到弧线的一半时，右腿靠近左腿，两臂在身体两侧平举。在滑过弧线的一半时，右臂向前，左臂向后，右腿向前，右脚在左脚前。

当滑行速度减慢时，右脚落地滑前外弧线，左脚内刃蹬地，身体向右侧倾斜，重心移至右腿，右臂在前，左臂在后，右腿在前，左腿伸直在右腿后举起（见图 14-12）。其他动作与左脚滑前外弧线完全相同，只是左右位置互换，随之身体姿势也进行变换，两脚依此交替滑行。

关键环节：重心移至滑足并保持。

（2）前内弧线

以左脚滑前内弧线开始，右脚内刃蹬地，重心落在左脚上，左脚内刃滑出，右臂在前，左臂在体侧，右脚伸直后举。滑过弧线的一半时，两臂交换位置，右脚移至滑足前，在滑行速度减慢时，右脚落地以内刃向前滑出，身体右移，重心落在右脚内刃上，左臂在前，右臂在体侧（见图 14-13），其他动作除左右变换外与左脚滑前内弧线相同。

关键环节：重心移至滑足并保持。

图 14-12　前外弧线

图 14-13　前内弧线

（3）后外弧线

以右脚滑后外弧线，可先向右做后压步。左脚内刃蹬地后，右脚外刃落地向后滑弧线。动作开始时，将左脚留在右脚前面，由右肩上方向后看，右臂在后，左臂在前，身体向右倾，左腿稍屈膝。当滑过弧线的一半时，仍向后看，两臂随身体左转互换前后位置，左腿逐渐伸直，左脚放到体后（见图 14-14）。当滑行速度减慢时，再做后压步，然后再进行右后外弧线滑行。

关键环节：重心移至滑足并保持。

（4）后内弧线

以右脚内刃做后内弧线滑行，先做左后压步，左脚蹬地后，右脚内刃着地向后滑弧线，右臂在前，左臂在后，身体稍向左倾，从左肩上方向后看。滑过弧线的一半时，浮足移至滑腿的侧前方，上体姿势不变（见图 14-15）。当滑行速度减慢时，再做左后压步，继续做右后内弧线滑行。

关键环节：重心移至滑足并保持。

图 14-14　后外弧线

图 14-15　后内弧线

2. 练习指导

（1）依照上述方法和身体姿势要求，先以一足外刃不间断滑行，另一足连续蹬地，体会重心的位置。在上述练习的基础上，按照动作完成方法，两腿交替做外刃短弧线滑行。

要求：体会全身的协调配合与重心的移动特点。

（2）先以左脚内刃滑出，以右脚连续蹬地做左前内刃滑行，体会重心的位置和身体各部位的正确姿势，然后两脚交换进行练习。在上述练习的基础上，配合身体姿势的变换，做左右脚交替前内刃短弧线滑行。

要求：逐步加长滑行弧线。

（3）在掌握以压步开始的后外弧线滑行之后，做左右脚交换的后外刃弧线滑行，反复交替练习。

要求：交换腿的同时，头随上体、手臂的变化而自然转动。

（4）在做后压步过程中，当右脚以内刃着地做后内弧线滑行时，保持身体姿势不变，体会重心的位置和滑行时身体的正确姿势。

要求：尽量延长右后内弧线滑行时间，体会重心的位置和滑行时身体的正确姿势。

（5）在单脚后内弧线滑行的基础上，两脚交替进行后内刃弧线滑行。此时，头、上体和手臂应随着两腿交换而进行转动，以保持正确的后内刃弧线滑行的身体姿势。

要求：尽量延长右后内弧线滑行时间。

3. 常见错误动作及其纠正方法

（1）常见错误动作

在练习中，滑行弧线达不到预期效果。

（2）纠正方法

注意重心要保持在预滑弧线方向同侧，两脚错开的位置要根据个人身高决定，以适当为宜。

（七）燕式平衡

燕式平衡是自由滑的基本动作种类之一，根据在滑行过程中用刃和方向的不同，可分为直线、前外、前内及后内燕式平衡。直线前燕式平衡是此技术的基础，因此，这里仅介绍直线前燕式平衡。

1. 技术解析

图 14-16　燕式平衡

在直线前滑获得一定速度后，两臂侧平举，目视前方，抬头挺胸。滑腿膝部伸直，浮腿伸直膝部经后向上逐渐抬起，同时上体下压与地面平行，随后浮足慢慢高于头部（见图 14-16），身体呈飞燕状。

关键环节：双膝绷直，头部抬起，浮足在身体平衡的前提下尽量高举。

2. 练习指导

（1）双手扶器械，做一条腿支撑，另一条腿后举，上体尽量下压与地面保持平行的动作。

（2）练习单足支撑滑行，对浮足暂不做要求，在熟练掌握单足支撑滑行的基础上，上体慢慢下压至与地面平行，逐渐后抬浮足。

要求：动作协调自然，保持身体平衡。

3. 常见错误动作及纠正方法

（1）常见错误动作

① 滑行过程中，不能控制重心。

② 滑腿膝部没有伸直，浮足抬起高度不够。

（2）纠正方法

① 改善腿部力量及柔韧素质。

② 多做原地燕式平衡练习，在练习过程中强调两腿伸直，抬头挺胸，尽量保持身体平衡。

（八）停止法

停止法主要包括内八字停止法、T字形停止法、双足急停法和后滑停止法等。

1. 技术解析

（1）内八字停止法。在获得一定向前滑行速度后，两脚平行分开站立，随后脚尖内转，两脚以内侧轮柔和地压紧地面，两腿弯曲，上体稍前倾，臀部下蹲，两臂前伸保持身体平衡（见图 14-17），就可以逐渐减速至停止。

关键环节：脚尖内转动作。

（2）T字形停止法。以单脚向前滑行开始，浮足在滑足后呈T字形后慢慢放在地面上以内侧轮柔和地压紧地面，减缓向前滑行速度（见图 14-18），直到停下来为止。

关键环节：平稳将浮足过渡到滑足后方。

（3）双足急停法。在向前滑行时，双足同时做逆时针转动，与滑行方向呈90°角，用左脚外刃和右脚内刃压地停止。顺时针转动时则用右脚外刃和左脚内刃压地。

关键环节：双脚压地动作。

（4）后滑停止法。轮滑鞋的前端装有制动器，因此在后滑的过程中，只要抬起两脚跟，用两只鞋的制动器摩擦地面，就可立即停止。停止时，身体稍前倾，两臂后举维持平衡（见图 14-19）。

关键环节：提踵动作。

图 14-17　内八字停止法　　　　图 14-18　T字形停止法　　　　图 14-19　后滑停止法

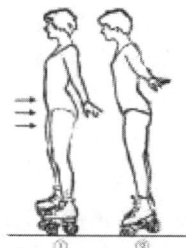

2. 练习指导

（1）在向前滑行时，两脚平行分开站立，先使右脚脚尖内转，以内侧轮柔和地压紧地面，重心稍向左移，以完成动作。在上述动作的基础上，再按照内八字停止法进行练习。

要求：速度可由慢到快，循序渐进。

（2）原地左脚在前，右脚在后呈T字形站立，右脚以内侧轮蹬地，左脚向前滑行，随后右脚在左脚跟后做T字形停止动作。速度可由稍慢开始，以便体会动作。在上述动作完成的基础上，加快向前滑行速度，按照T字形停止动作法练习。

要求：速度可由慢到快，循序渐进。

（3）原地做双足转动练习。在这一练习的基础上先慢速完成双足急停的动作，然后再快速完成动作。

要求：保持重心平稳。

（4）由同伴扶持，在原地抬起足跟，借助制动器站立。

要求：身体保持一定的紧张感。

（5）向后滑行，获得速度后，双足平行站立滑行，抬起足跟，用制动器触地停止。注意制动时身体的前倾角度要和向后滑行的速度相适应。

要求：身体保持一定的紧张感。

3. 常见错误动作及其纠正方法

停止法常见错误动作及其纠正方法如表 14-4 所示。

表 14-4　停止法常见错误动作及其纠正方法

技术名称	常见错误动作	纠正方法
前滑停止法	（1）用停止法仍然无法停止 （2）突然停止，产生摔倒现象	（1）正确使用停止法，注意力量的方向 （2）停止动作要柔和，注意重心的转移
后滑停止法	突然停止，重心不稳	（1）抬脚跟动作要柔和 （2）停止时身体适当前倾

（九）旋转（双脚转）

旋转是自由滑的主要内容之一，它对丰富自由滑的内容，表达音乐的特点，增加自由滑的美感都起特殊作用。

旋转的种类较多，一般可分为单独转和联合类型转。单独转包括双脚转和单脚转，单脚转又包括直立转、蹲踞转、燕式转，旋转方向还可分成正转、反转两种。而联合类型转则有跳接转、转接转、转跳转、跳转跳等。不论是哪种旋转，都以单独转作为基础，因此，掌握好单独转是学习旋转的首要任务。

旋转是花样轮滑的关键技术，包括起转前的步法、起转、旋转和结束旋转 4 个技术阶段。

（1）起转前的步法。旋转前的最后一步一般是沿后内弧线（其他弧线也可用），滑腿要富有弹性，同侧手臂要后引，另一臂向前伸，两腿微屈，头部转向浮足方向。要求：四肢远离滑脚的支点，保持好肩、臂和髋的稳定，为起转做好准备，身体姿势要优美。

（2）起转。起转可分为准备旋转弧线和起转弧线两个阶段。旋转弧线的半径较大，弧线较长，其作用是为旋转积聚动力，并且把重心移到另一条腿上。而起转弧线的半径很小，弧线短，其作用是保证原地旋转。起转是旋转中最复杂的技术阶段，要求练习者在刚进入旋转时，四肢向外伸展，以增强转动的惯性，当身体平稳地进入旋转时，开始收紧四肢并加速旋转。

（3）旋转。旋转实质上是用轮子在地面上做圆周运动，而不是绕身体轴转动。它要求练习者在伸展四肢、稳定地进入旋转后，逐渐收紧四肢形成稳定转轴，加快旋转速度或改变滑行姿势及滑足，完成旋转。

（4）结束旋转。结束旋转要求展开四肢，远离转轴停止旋转，滑腿深屈关节缓冲，使身体平稳地滑出，并保持优美的滑姿。

1. 技术解析

双脚转是用一只脚的前轮和另一只脚的后轮旋转（见图 14-20）。旋转时，身体保持直立姿势，旋转的重心在两脚之间。

（1）起转前的步法：向左转体进行双脚转时，开始以右脚后内刃滑一条较长的弧线（弧线的半径要大一些），左肩、臂在前，右肩、臂在后，浮足在滑足后方的弧线上，滑腿膝部微屈。

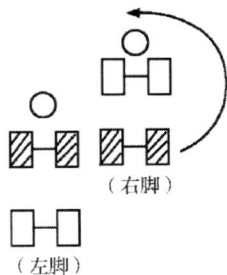

图 14-20　双脚转

（2）起转：保持右后内刃滑行姿势，接着左脚以前外刃滑出，并逆时针方向转"3"；浮足由后并拢于滑足旁着地，左脚用前轮、右脚用后轮着地旋转，两手侧举。

（3）旋转：保持两手侧举姿势，平稳地进入旋转后，两臂收拢至胸前加速旋转。

（4）结束旋转：当旋转速度减慢时，以左脚蹬地，两臂向体侧打开，面向正前方，右脚微屈，用后外刃滑出。

关键环节：旋转时身体保持平衡。

2．练习指导

（1）体会正确的旋转姿势和两脚用轮的感受。

（2）低速滑行做完整的双脚滑行，重心在两脚之间。要求：用轮要准确，逐渐加快旋转速度。

3．常见错误动作及其纠正方法

（1）常见错误动作

在练习中，身体摇晃和转动周数少。

（2）纠正方法

① 开始双脚转时，要注意将重心放在两脚之间，不能忽左忽右。

② 开始双脚转时，不收手臂旋转，重点体会正确的重心位置和身体姿势。

三、安全注意事项与自我保护方法

无论练习者将轮滑技术掌握到何种程度，都无法完全避免摔倒。因此，只有认真了解安全注意事项与自我保护方法，才能将运动损伤的发生概率降至最低。

（一）安全注意事项

（1）充分做好准备活动，做好场地及周围环境的检查工作，杜绝在湿滑不平的路面、交通路面等不安全的场地滑行。

（2）穿戴好全套护具，包括护腕、护肘、护膝及头盔等。

（3）检查轮滑鞋的滑轮、螺丝、环扣等部件是否完好牢固，系紧鞋带。

（4）尽量结伴滑行，初学者应在教师的辅导下练习。

（5）禁止做危险或妨碍他人的动作。

（6）患有心脏病、高血压等的人员不宜参加剧烈的轮滑运动，饮酒后和过度疲劳的人员禁止参加轮滑运动。

（二）自我保护方法

除了穿戴好全套护具外，练习者还应注意加强自身保护技术的练习。在滑行过程中，如果出现身体失衡，应及时屈膝屈髋，降低重心，双臂做补偿动作，尽力使身体恢复平衡；若摔倒趋势无法挽回，则应顺势而为，积极缓冲。

1．向前摔倒时的自我保护方法

当身体向前摔倒时，应屈膝屈髋，膝部跪地，身体顺势前倾，双手撑地的同时屈肘缓冲，整个过程要有意识地抬头，防止头部由于惯性触地。当身体停止运动后，及时将肢体收拢，降低与其他滑行者发生意外碰撞的概率。

2．向后摔倒时的自我保护方法

当身体向后摔倒时，应屈膝屈髋，有意识地侧身，顺势倒下，单侧臀部先着地，防止尾骨与地面碰撞，手指朝前，手掌撑地的同时屈肘缓冲，低头团身，防止后脑着地。当身体停止运动后，及时将肢体收拢，降低与其他滑行者发生意外碰撞的概率。

3．恢复站立的方法

当身体停止运动时，不要急于起身，坐在原地确认身体无恙及周边安全后，先转身呈双手撑地、双腿跪地姿态，再呈单腿跪姿，最后再双腿站立。

第三节　花样轮滑初级规定图形

当掌握了花样轮滑基本技术后，就可以开始学习规定图形了。花样轮滑共有 69 种滑法、17 种规定图形。本节主要介绍两种初级规定图形供练习者参考和学习。

8 字形（见图 14-21）是所有规定图形的基础，根据身体的滑行方向和用刃的不同，可分为前外 8 字形、前内 8 字形、后外 8 字形、后内 8 字形。那么什么叫 8 字形呢？例如：用右脚滑一个圆，再用左脚滑一个圆，使两个圆相切，就构成阿拉伯数字 8 的形状。对于青年人来说，在滑 8 字形时，每个圆圈的直径应是 6 米左右。

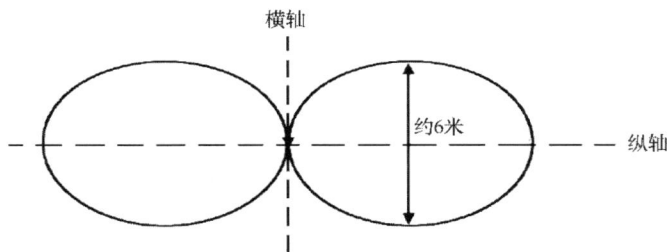

图 14-21　8 字形

一、前外 8 字形

（1）预备姿势：面对滑行方向，背对所滑圆心站立，右脚站在纵、横轴交叉点上，4 只轮子的中心点与纵、横轴交叉点相重合，左脚站在右脚后面，脚跟对脚跟，与右脚约呈 90° 角；右肩、臂在前，左肩、臂在后，重心落在两脚之间，左脚的 4 只轮子要紧压地面。

（2）起滑：两腿膝部弯曲，身体稍后倒，重心移至左脚，四轮压紧地面，用力蹬地，右脚沿地面上的线痕滑出。

（3）滑行：保持右肩、臂在前，左肩、臂在后和浮足在后的身体姿势，随后浮腿膝部内转，浮足稳定地靠近滑足前移，放至线痕上方与滑足交叉；变换两臂的位置，右肩、臂向后，左肩、臂向前，滑腿逐渐伸直（滑行中，也可以先变换两臂的位置，然后再前移浮足）。

（4）结束：保持以左肩、臂在前，右肩、臂在后，浮足在前的姿势滑至圆的封口处。

（5）换脚：当右脚滑行接近纵、横轴交叉点时，四轮向圆内滑离圆形，浮足的四轮中心点准确地放到纵、横轴交叉点上，用右脚蹬地，重心移至左脚上沿左前外圆形线痕滑出。

其他技术动作与右脚滑行完全相同（方向除外）。

二、前内 8 字形

（1）预备姿势：面对滑行方向，身体正对所滑圆心站立，右脚站在纵、横轴交叉点上，4 只轮子的中心点与纵、横轴交叉点重合，左脚在右脚后面，脚跟对脚跟，与右脚约成 90° 角，同时左肩、臂在前，右肩、臂在侧后，重心落在两脚上。

（2）起滑：两腿膝部弯曲，身体稍后倒，重心移至左脚，四轮压紧地面，用力以内刃蹬地起滑，右脚用内刃沿地面上的线痕滑出。

（3）滑行：保持以左肩、臂在前，右肩、臂在侧后，浮足在体后的姿势滑行，随后浮腿膝部先内转，由膝带动小腿靠近滑足，滑至圆的 1/3 处，浮足前移放在滑足前的线痕上方，与滑足交叉，接着变换两肩、臂的姿势，左肩、臂向后，右肩、臂向前；姿势的变换可在滑行至圆的 1/4、1/2 和 3/4 处进行，也可以先变换姿势，然后再移动浮足。

（4）结束：以右肩、臂在前，左肩、臂在侧后，浮足在前的姿势滑至圆的封口处。

（5）换脚：当滑行接近纵、横轴交叉点时，右脚向圆外滑离圆形，左脚以四轮中心点重合放在纵、横轴交叉点上，右脚用内刃蹬地，左脚沿左前内圆的线痕滑出。

第四节　花样轮滑竞赛规则简介

本节依据中国轮滑协会主编的《轮滑规则》（简称《规则》）对花样轮滑竞赛规则进行简要的介绍。《规则》规定，花样轮滑竞赛项目分为 3 级，具体项目如表 14-5 所示。

表 14-5　花样轮滑竞赛项目

一级项目	二级项目	三级项目
单人滑	规定图形	
	自由滑	①短节目；②长节目
双人滑	短节目	
	长节目	
舞蹈	双人舞	①图案舞；②风格舞；③自由舞
	单人舞	①图案舞；②风格舞；③自由舞
队列滑		
表演	四人舞	
	小团	
	大团	

由于篇幅限制，本节仅对单人滑的自由滑项目进行说明。

一、滑法种类

自由滑分为短节目和长节目，指运动员在自选音乐的伴奏下，在规定的时间里完成一套优美、均衡的自选动作（包括规定动作）。其内容包括跳跃、旋转、步法、联合动作和其他一些优美的轮滑动作。

二、评分要求

评分要求分为评分标准和评分内容。

（一）评分标准

花样轮滑采用 10 分制，分数至多可到小数点后 1 位。

0 分：没滑。

1 分：很差。

2 分：劣。

3 分：差。

4 分：较差。

5 分：一般。

6 分：较好。

7 分：好。

8 分：优。

9 分：很好。

10 分：完美无缺。

（二）评分内容

自由滑评分是指运动员在规定时间内完成单人动作（即跳跃、旋转、步法联合等）的情况下，裁判员进行技术分、表演艺术分两次评分，表演艺术分主要建立在技术基础（节目的内容）之上。

1. 技术分

技术分主要考虑多样性和难度。一套均衡的自由滑节目应尽可能多地包括旋转、跳跃、步法等内容，同时还必须考虑这些技术动作的难易程度。技术分根据动作的质量进行评价而不是动作的数量。

2. 表演艺术分

表演艺术分必须考虑姿态、优美性、音乐表达和场地利用这 4 个因素。姿态主要是运动员完成跳跃、旋转、步法和连接步时应流畅轻松，也要姿态优美、动作流畅。优美性是跳跃的高度和距离、旋转的控制和速度、个性和步法的稳定性综合印象的反映，也应考虑每个跳跃的起跳和落地的稳定性，每个旋转的开始和结束的稳定性，在一点上旋转。音乐表达是运动员对音乐主题、节奏、速度和风格的表达。动作应与音乐相协调一致，运动员表演的每一个动作应轻松、有信心，应避免动作僵硬。场地利用主要指节目的所有动作不应在一个地方完成，运动员应以多种风格充分利用整个场地，使节目给人连贯的而不是孤立的印象。

第十五章
拉丁舞

　　拉丁舞是体育舞蹈的重要组成部分，是体育与艺术高度结合的一种体育项目，是以身体动作舞蹈为基本内容，双人或集体配合，既有娱乐健身作用，又有竞技表演价值的体育运动。它将艺术、体育、音乐等融于一体，被人们誉为"健"与"美"的典范，是世界通用的"情感语言"，具有传播人类精神文明和物质文明的作用。大学生通过学习拉丁舞，可以达到陶冶身心、感悟人生、促进交往、发现人生价值等目的。

第一节　拉丁舞概述

一、拉丁舞的起源及发展

　　拉丁舞起源于拉丁美洲的拉丁风情舞，动作花样繁多，变化快，具有很强的观赏性，充满了激情和活力。1960 年，拉丁舞被正式列为世界国际标准舞锦标赛比赛项目。

　　1929 年，舞会舞蹈委员会成立，制定了《国际标准舞比赛规则》，并开始每年举行全英锦标赛和国际锦标赛等比赛。

　　1947 年，首届世界交际舞锦标赛在德国柏林举行。

　　1959 年，第一届业余和职业舞蹈世界锦标赛举行，此后该比赛每年举行一次。

　　1993 年 12 月，"中国上海•北京世界杯体育舞蹈锦标赛"举办，这是我国首次获得世界舞蹈总会和国际体育舞蹈联合会认可的世界性公开赛，也是中国最具规模的舞蹈大赛。

二、国际组织及重大赛事

1. 世界舞蹈总会

　　世界舞蹈理事会的前身是以英国为首的职业舞协——国际标准舞竞技协会。1994 年，国际标准舞竞技协会更名为世界舞蹈与体育舞蹈理事会。该组织包括两个分支机构：一个是体育舞蹈委员会，其职能是商议比赛规则、挑选裁判以及进行理事会各类锦标赛的资格授权等；另一个是社交舞委员会，其职能是商议所有有关舞蹈学校、社交舞及社交舞者的事项。2006 年，世界舞蹈与体育舞蹈理事会正式更名为世界舞蹈理事会。

现在，世界舞蹈理事会共有 59 个会员，其中 56 个会员是国家会员，另外 3 个是关联会员，即国际组织。这 3 个国际组织是：国际舞蹈机构、世界竞技体育舞蹈组织、国际国标舞联合会。

世界舞蹈理事会的主要赛事有 7 项：世界国际标准舞锦标赛、世界国际拉丁舞锦标赛、世界国际十项舞锦标赛、欧洲竞技舞锦标赛、亚洲竞技舞锦标赛、世界杯国际标准舞邀请赛、世界杯国际拉丁舞邀请赛。

2．世界体育舞蹈联合会

国际业余舞者联合会于 1957 年 5 月 12 日成立。1990 年，为使"舞蹈运动"被国际奥林匹克委员会接受，为了体现"舞蹈运动"这个主体，该组织正式更名为国际体育舞蹈联合会。1997 年 9 月，国际体育舞蹈联合会正式加入国际奥林匹克委员会。2011 年 6 月，国际体育舞蹈联合会更名为世界体育舞蹈联合会。

国际上普遍认为，世界舞蹈理事会的发展方向更倾向于艺术；而世界体育舞蹈联合会仍在持续向体育方向发展，并一直努力使体育舞蹈成为一种"全民参与的运动"。

世界体育舞蹈联合会的常规赛事有：世界各洲体育舞蹈锦标赛、体育舞蹈世界杯赛、国际体育舞蹈大奖赛、德国体育舞蹈公开赛等。

3．黑池舞蹈节

在众多体育舞蹈赛事活动中，备受关注的是英国黑池舞蹈节——每年 5 月的最后一周在英国黑池举办。首届黑池舞蹈节于 1920 年在英国皇家舞厅举行。

三、舞种及其特点

拉丁舞包括伦巴舞、桑巴舞、恰恰舞、斗牛舞和牛仔舞 5 项。拉丁舞的音乐热情洋溢、奔放，具有节奏感。拉丁舞的表演通常以男士和女士的双人对舞为主，握持姿势因不同舞种而各不相同，没有统一的固定模式，需要根据舞姿变化而变换。

拉丁舞每一舞种的风格都与起源地的历史条件、地理环境、生产方式、民俗风情、审美观念密切联系，是受其传统文化影响而形成的。每一舞种展示的人体美都具有鲜明的民族性，都具有强烈感人的艺术表现力和鲜明独到的艺术风格。拉丁舞舞种的起源地及特点如表 15-1 所示。

表 15-1　拉丁舞舞种的起源及特点

舞种	起源地	特点
伦巴舞	古巴	舞姿柔媚动人、甜美含蓄，舞步柔美
桑巴舞	巴西	舞姿活泼动人、甜美生动，舞步摇曳
恰恰舞	墨西哥	舞姿花哨利落，舞步欢快爽朗
斗牛舞	起源于法国，发展于西班牙	舞姿威猛、激昂、刚劲有力，舞步坚定、悍厉
牛仔舞	美国	舞姿豪放、开朗，舞步自由多变，节奏快

第二节　拉丁舞基本技术

由于课程时数以及篇幅限制，牛仔舞、桑巴舞、斗牛舞非主要教学内容，本教材不进行详细介绍。

一、伦巴舞

伦巴舞是由古巴舞蹈吸收 16 世纪的非洲舞蹈和西班牙舞蹈而逐渐完善形成的,后期也受到美国爵士乐和舞蹈的影响。20 世纪 30 年代初,皮埃尔夫妇在英国表演和推广伦巴舞,伦巴舞受到极大欢迎并风行欧洲。伦巴舞是一种多元文化的集合体,早期形式多种多样,有独舞、双人舞,还可以众人参与,有时还有语言表演的加入。

伦巴舞的音乐缠绵、浪漫,舞蹈风格柔媚、抒情,大多是表现男女之间的爱情和生活,舞步婀娜多姿,充满了浪漫情调,令人陶醉。伦巴舞历史悠久,拥有成熟的舞蹈技术和具有异国情调的独特风格,所以享有"拉丁舞之魂"的美誉。

（一）伦巴舞的音乐特点

伦巴舞的音乐是 4/4 拍,每分钟 25～27 小节,因强拍落在每小节音乐的第 4 拍上,所以要从音乐的第 4 拍起跳。胯部的动作是靠控制重心由一脚向另一脚移动实现的,每次脚部的移动用半拍的音乐。在跳第 2、3 拍时,身体的动作和重心的变换从第 2 拍的后半拍开始。第 4、1 拍只跳一步,身体的动作和重心的变换需要一拍半的时间。每个舞步都从第 4 拍开始,即正式开始前的预备舞步。

（二）伦巴舞的基本舞步

伦巴舞所有向前的舞步,都应先以脚尖接触地板,再换成前脚掌,并在地板上施加压力,而脚跟则在步伐抵达位置之前下降。后退的舞步则先以前脚掌带动,再换成脚尖,最后脚跟才随着步伐抵达位置,等重心稳定后才下降。

1. 基本步（Basic Movement）

预备姿势：闭式位。

男士：

（1）左脚向前；

（2）重心回到右脚；

（3）左脚向侧；

（4）右脚向后；

（5）重心回到左脚；

（6）右脚向侧。

女士：

（1）右脚向后；

（2）重心回到左脚；

（3）右脚向侧；

（4）左脚向前；

（5）重心回到右脚；

（6）左脚向侧。

动作难点与要求：摆动腿在前进、后退时要经过主力腿的内侧向前或向后运步。

2. 纽约步（New York）

预备姿势：分式位。

男士：

（1）左脚前进，右腿屈膝提踵，两膝靠拢，重心在两脚之间，同时右转 1/4 周；

（2）重心回到右脚，同时左转 1/4 周；

（3）左转向左横移步。

女士：

（1）右脚前进，左腿屈膝提踵，两膝靠拢，重心在两脚之间，同时左转 1/4 周；

（2）重心回到左脚，同时右转 1/4 周；

（3）右脚向右横移步。

动作难点与要求：男女在反侧行位时，重心落在前脚，不要刻意向前送肩和伸脖子。

3. 手拉手（Hand to Hand）

预备姿势：闭式位，双手环握式。

男士：

（1）左脚后退，同时左转 1/4 周；

（2）重心回到右脚，右转 1/4 周；

（3）左脚向左横移步。

女士：

（1）右脚后退，同时右转 1/4 周；

（2）重心回到左脚，左转 1/4 周；

（3）右脚向右横移步。

动作难点与要求：男女在反侧行位时，位置平行，重心落在后脚上。

4. 定点转（Spot Turn）

预备姿势：分式位。

男士：

（1）左脚越过右脚前进，重心移到左脚，同时右转 1/2 周；

（2）重心回到右脚，左脚并向右脚左侧，继续右转 1/2 周；

（3）左脚向左横移步，重心回到左脚。

女士：

（1）右脚越过左脚前进，重心移到右脚，同时左转 1/2 周；

（2）重心回到左脚，右脚并向左脚右侧，继续左转 1/2 周；

（3）右脚向右横移步，重心回到右脚。

动作难点与要求：在转动时，重心要在动力腿和主力腿之间转换，头部留后，在身体完成转动时，做瞬间快速的头部转动，重心要稳。

注：往左转动作同往右转，方向相反。

5. 扇形步（Fan）

预备姿势：闭式位。

男士：

（1）右脚向后；

（2）重心回到左脚；

（3）右脚向横侧移动，同时左转 1/8 周。

女士：

（1）左脚向前，同时左转 1/8 周；

（2）右脚向侧稍后，继续左转 1/4 周；

（3）右脚向后，继续左转 1/8 周。

动作难点与要求：男士在第四步时把右手松开，引导女士右转。

6. 库卡拉恰（Cucaracha）

预备姿势：闭式位并步。

男士：

（1）左脚向左横移步，重心在两腿之间；

（2）重心回到右脚；

（3）左脚并向右脚左侧，重心在左脚。

女士：

（1）右脚向右横移步，重心在两腿之间；

（2）重心回到左脚；

（3）右脚并向左脚右侧，重心在右脚。

动作难点与要求：在做库卡拉恰时，男女同时做强烈的臀部扭摆动作。

7. 阿列曼娜（Alemana）

准备姿势：扇形位。

男士：

（1）左脚前进；

（2）重心回到右脚；

（3）左脚并向右脚左侧；

（4）右脚向后；

（5）重心回到左脚；

（6）右脚向右横移步或并向左脚右侧。

女士：

（1）右脚向左脚并步，同时右转 1/8 周，重心在右脚；

（2）左脚前进；

（3）右脚前进，同时右转 1/8 周，处于男士正前方；

（4）左脚交叉于右脚前，同时右转 3/4 周，重心在左脚；

（5）右脚前进，继续右转 1/4 周；

（6）左脚向左横移步，继续右转 1/8 周。

动作难点与要求：女士在第三步时右脚处于男士的正前方，尽量向男士身边靠近，有利于做右转动作。

8. 曲棍形转步（Hockey Stick）

准备姿势：扇形位。

男士：

（1）左脚前进，脚尖外旋；

（2）重心回到右脚，引导女伴前进；

（3）左脚向右脚并步，同时抬高左臂引导女士开始左转；

（4）右脚后退一小步，同时右转 1/8 周；

（5）重心回到左脚，引导女士完成左转；

（6）右脚前进或向右横移步。

女士：

（1）右脚向左脚并步，重心在右脚，同时右转 1/8 周；

（2）左脚前进；

（3）右脚前进，在男士左前方；

（4）左脚向前，同时左转 1/8 周；

（5）右脚前进，同时左转 1/2 周；

（6）左脚后退或向左横移步，继续左转 1/4 周。

动作难点与要求：女士在第三步时右脚处于男士的正前方，尽量向男士身边靠近，有利于做右转动作，同时女士的右臂屈肘在右耳侧形成一"窗口"，眼睛看向男士。

9．左右分展（Opening out to Left and Right）

准备姿势：闭式位。

男士：

（1）右脚向右横移步；

（2）重心回到左脚；

（3）右脚并向左脚右侧，重心在右脚。

女士：

（1）左脚后退，同时左转 1/2 周；

（2）重心回到右脚，后半拍时右转 1/2 周；

（3）左脚并向右脚左侧，重心到左脚。

动作难点与要求：呈并列肩位时，女士尽量向外侧伸展，但不要失去重心。

注：向右分展动作同向左分展，方向相反。

10．右陀螺转（Natural Top）

准备姿势：闭式相对位。

男士：

（1）右脚交叉在左脚后面，重心在左脚且右脚脚跟抬起，身体向右微转 1/8 周；

（2）先落右脚脚跟，向右拧转 3/8 周，重心移至左脚；

（3）右脚交叉在左脚后面，重心在左脚且右脚脚跟抬起，身体向右微转 1/8 周；

（4）右脚交叉在左脚后面，重心在左脚且右脚脚跟抬起，身体向右微转 1/4 周。

女士：

（1）左脚向正前方前进一小步，重心在左脚且右脚脚跟抬起，身体向右微转；

（2）左脚向左拧转 1/2 周，重心保持在左脚，右脚完成一个画圈的动作后再向正前方前进一小步，重心移至右脚；

（3）左脚向正前方前进一小步，重心在左脚且右脚脚跟抬起；

（4）右脚向右拧转 1/4 周，再将左脚向左迈一小步，重心移至左脚。

动作难点与要求：男女的间距不能过大，男士舞步中，向后屈腿的延迟步是关键，女士转体易出现两步转 1/2 周的错误。

（三）伦巴舞的常见错误动作及其纠正方法

1. 常见错误动作

（1）脱离重心的自然配合，导致髋部独立地画 8 字扭摆。

（2）髋部不能保持在身体中心线上而呈现出小腹前挺、臀部后撅的错误姿态。

（3）肩胛骨内挟，致使前胸外凸、僵硬，破坏了身体的协调舞动。

2. 纠正方法

了解重心移动在髋部动作中的重要作用，感觉重心在平常位和下降之间的差异，配合身体的转动来完成髋部扭摆的动作。体会身体动作与身体纵轴之间的关联，改变前挺后撅的错误姿态。

二、恰恰舞

恰恰舞由非洲传入拉丁美洲后，逐渐在墨西哥和古巴发展起来。恰恰舞步法花哨，多姿多彩，给人一种明朗轻快、欢乐逗趣的感受，男、女动作不求统一整齐，在动作编排上多半是男子随后。

恰恰舞节奏欢快，加之鼓和沙锤的声音与动作相吻合，所以备受欢迎，是拉丁舞中最流行的舞种之一。在 20 世纪中叶，恰恰舞开始在全球广泛流行。

（一）恰恰舞的音乐特点

恰恰舞的音乐曲调欢快有趣，音乐节拍是 4/4 拍，每分钟 30～32 小节。它是 4 拍走 5 步，慢步一拍一步，快步一拍两步。其中，第 4 拍跳两步，即为"恰恰"，要先出胯，后出步，重拍在第一拍，舞步的力度要在重拍上展现。

（二）恰恰舞的基本舞步

恰恰舞所有的前进舞步都是以脚尖着地开始，再以前脚掌对地板施力，脚跟在舞步完成之前下降。此种脚底动作称为"脚掌平伏"。

后退舞步则先以前脚掌着地，随着脚的移动再换成脚尖，脚跟在舞步完成时下降，重心也移转过来。一个舞步完成后，动力脚的脚跟，便可轻松、自然地离开。

恰恰舞的追步、前进锁步及后退锁步分别如表 15-2、表 15-3、表 15-4 所示。

表 15-2　恰恰舞追步

步序	节奏	时值	步位	步法	使用动作	转度
1	4	1/2	右脚向侧	掌、跟	右膝弯曲，胯部开始移至右边	
2	&	1/2	左脚向右脚半并合	掌、跟	两膝弯曲，胯部移回中间	根据舞步而定
3	1	1	右脚向侧	掌、跟	两膝伸直，胯部向右移	

表 15-3　恰恰舞前进锁步

步序	节奏	时值	步位	步法	使用动作	转度
1	4	1/2	右脚前进、右肩带领	掌、跟	右膝弯曲，胯部开始移至右边	
2	&	1/2	左脚在右脚后面交叉	脚尖	两膝弯曲，胯部移回中间成拉丁交叉	根据舞步而定
3	1	1	右脚前进、右肩带领	掌、跟	两膝伸直，胯部向右移	

表 15-4　恰恰舞后退锁步

步序	节奏	时值	步位	步法	使用动作	转度
1	4	1/2	左脚后退，脚尖向外转，左肩带领	脚尖	左膝伸直，胯部开始移至左边	根据舞步而定
2	&	1/2	右脚在左脚前面交叉	掌、跟	两膝弯曲，胯部移回中间成拉丁交叉	
3	1	1	左脚后退，左肩带领	掌、跟	两膝伸直，胯部向左移	

1. 基本步

准备姿势：闭式位。

男士：

（1）左脚前进，并准备左转；

（2）重心回到右脚；

（3）～（5）向左的左追步；

（6）右脚后退，并继续左转；

（7）重心回到左脚；

（8）～（10）向右的右追步。

女士：

（1）右脚后退，并准备右转；

（2）重心回到左脚；

（3）～（5）向右的右追步；

（6）左脚后退；

（7）重心回到右脚；

（8）～（10）向左的左追步。

动作难点与要求：在做追步时，两脚不能离地，脚尖稍向外打开。

2. 纽约步

准备姿势：分式位。

男士：

（1）左脚前进，右腿屈膝提踵，两膝靠拢，重心在两腿间，同时右转1/4周；

（2）重心回到右脚，同时左转1/4周；

（3）～（5）向左的左追步。

女士：

（1）右脚前进，左腿屈膝提踵，两膝靠拢，重心在两腿间，同时左转1/4周；

（2）重心回到左脚，同时右转1/4周；

（3）～（5）向右的右追步。

动作难点与要求：男女在反侧行位时，重心落在前脚，不要刻意向前送肩和伸脖子。

3. 手拉手

准备姿势：分式位。

男士：

（1）左脚后退，同时左转1/4周；

（2）重心回到右脚，同时右转 1/4 周；

（3）～（5）向左的左追步。

女士：

（1）右脚后退，同时右转 1/4 周；

（2）重心回到左脚，同时左转 1/4 周；

（3）～（5）向右的右追步。

动作难点与要求：男女在反侧行位时，重心应落在后侧脚上。

4. 定点转

准备姿势：分式位。

男士：

（1）左脚越过右脚前进，重心移到左脚，同时右转 1/4 周；

（2）重心回到右脚，左脚并向右脚内侧，继续右转 1/2 周；

（3）～（5）向左的左追步。

女士：

（1）右脚越过左脚前进，重心移到右脚，同时左转 1/4 周；

（2）重心回到左脚，右脚并向左脚内侧，继续左转 1/2 周；

（3）～（5）向右的右追步。

动作难点与要求：在转动时，重心要在动力腿和主力腿之间转换，头部留后，在完成转动时，做瞬间快速的头部转动，重心要稳。

5. 扇形步

准备姿势：闭式位，闭握式。

男士：

（1）～（5）基本步；

（6）右脚后退；

（7）重心回到左脚；

（8）～（10）向右的右追步，同时左转 1/8 周。

女士：

（1）～（5）基本步；

（6）左脚前进，同时右转 1/8 周；

（7）左转 3/8 周，同时右脚落于左脚后方；

（8）～（10）向后的左追步，同时左转 1/8 周。

动作难点与要求：男士在第四步时把右手松开，引导女士完成转动到扇形位结束。

6. 阿列曼娜

准备姿势：扇形位。

男士：

（1）左脚前进；

（2）重心回到右脚；

（3）～（5）左脚靠近右脚做原地的左追步，同时将女士引到自己的正前方；

（6）右脚后退；

（7）重心回到左脚；

（8）～（10）向右的右追部。

女士：

（1）右脚向左脚并步，重心在右脚，同时右转 1/8 周；

（2）左脚前进；

（3）～（5）向前的右追步，同时右转 1/8 周；

（6）左脚向右越过右脚前进，继续右转 5/8 周；

（7）继续右转 5/8 周；

（8）～（10）左追步再向前或后。

动作难点与要求：在第 3 拍时女士的右脚要处于男士正前方，尽量向男士靠后，利于做后半部分的转动动作。

7. 曲棍步

准备姿势：扇形位。

男士：

（1）左脚前进；

（2）重心回到右脚，引导女士前进；

（3）～（5）左脚靠近右脚，做原地的左追步，同时抬高左臂引导女士开始左转；

（6）右脚后退，同时右转 1/8 周；

（7）重心回到左脚，引导女士完成左转；

（8）～（10）向前的右追步。

女士：

（1）右脚向左脚并步，重心在右脚，同时右转 1/8 周；

（2）左脚前进；

（3）～（5）向前的右追步；

（6）左脚前进，并开始左转；

（7）右脚前进，继续左转，（6）～（7）完成左转 5/8 周；

（8）～（10）向后的左追步。

动作难点与要求：女士在第三步时右脚处于男士的正前方，尽量向男士靠近，有利于做左转动作，同时女士的右臂屈肘在右耳侧形成一"窗口"，眼睛看向男士。

8. 肩对肩

准备姿势：闭式位。

男士：

（1）以右脚脚掌为轴，向右转 1/8 周，左脚向正前方前进一小步，左腿伸直，右腿稍弯曲，呈左脚在前的抵制步，重心在两脚之间；

（2）重心移动到右脚上，抬前脚跟，落后脚跟；

（3）身体向左转 1/8 周，左脚回到右脚边并向左迈一小步；

（4）右脚回到左脚边，右腿膝关节伸直合拢于左腿，双膝伸直；

（5）原地移重心至右脚，左脚向左迈一小步，重心至左脚；

（6）～（10）动作同上，方向相反。

女士：

（1）以左脚脚掌为轴，向右转 1/8 周，右脚向正后方后退一小步；

（2）重心移到左脚，落前脚跟，抬后脚跟；

（3）身体向左转 1/8 周，右脚回到左脚边并向右迈一小步；

（4）左脚回到右脚边，左腿膝关节伸直合拢于右腿，双膝伸直；

（5）原地移重心至左脚，右脚向右迈一小步，重心至右脚；

（6）～（10）动作同上，方向相反。

动作难点与要求：男女身体转动的方向要一致，男士要主动引导女士后退。

9. 开式扭臀转步

准备姿势：分式位。

男士：

（1）左脚前进；

（2）重心回到右脚；

（3）～（5）左脚经过右脚左侧，做向后稍左的左追步，结束于两脚并步；

（6）右脚后退；

（7）重心回到左脚；

（8）～（10）向右的右追步，同时左转 1/8 周。

女士：

（1）右脚前进；

（2）重心回到左脚；

（3）～（5）右脚经过左脚右侧，做向前稍左的右追步；

（6）左脚小步向前，同时右转 3/8 周；

（7）右脚向右横步，稍前，同时左转 5/8 周；

（8）～（10）向左的左追步，同时左转 1/8 周。

动作难点与要求：女士在运步和转动身体都应靠近男士，同时保持重心稳定，男士要及时引导女士进行转动。

（三）恰恰舞各类追步及锁步常见错误动作

1. 向左、向右的追步常见错误动作

（1）在两个半拍动作中，双脚的步法都是脚掌。

（2）在两个半拍动作中，步幅过大。

（3）脚跟延迟落地。

（4）动作过于僵硬，髋部只转不压。

2. 向前的锁步常见错误动作

（1）前脚脚跟先着地，前腿膝关节始终弯曲。

（2）身体正对前方，没有"肩引导"动作。

（3）在锁步的瞬间，后脚脚尖内扣，两脚间距过小，双腿呈罗圈形。

（4）出现轻微向上跳跃的现象。

3. 向后的锁步常见错误动作

（1）重心的移动领先于后脚，致使后脚脚跟着地。

（2）前脚脚跟推离地板。

（3）在锁步的瞬间，后脚脚尖内扣，两脚间距过小，双腿呈罗圈形。

4. 划圆追步常见错误动作

（1）划圆时脚部离开地板；形成拉丁交叉时，双膝位置不准确。

（2）第二步步位出现仅前脚掌着地的现象。

（3）重心过高。

5. 扭臀追步常见错误动作

（1）前两步中，脚跟未落地。

（2）第二步双脚合并时，膝关节过于松弛或伸直。

第三节　拉丁舞基本套路

一、伦巴舞的基本套路

1. 铜牌套路

（1）基本步。（2）纽约步。（3）手臂下左转。（4）定点转向左。（5）后退走步。（6）前进走步。（7）基本步。（8）手臂下右转。（9）时间步。

2. 银牌套路

（1）开式扭胯。（2）阿列曼娜。（3）手拉手。（4）定点转向左。（5）基本步。（6）扇形步。（7）曲棍步。（8）基本步进入右陀螺转。（9）闭式扭胯（结束在开式位）。

3. 金牌套路

（1）卷曲步。（2）滑门步。（3）从影形位置开始的螺旋转。（4）后退走步。（5）右陀螺转 B 式结束。（6）高级扭胯。（7）阿列曼娜。（8）套索急转。（9）左右分展。（10）螺旋转、阿依达。（11）古巴摇摆。（12）向左定点转。（13）影形位置向前走步结束在扇形位。（14）曲棍步。

二、恰恰舞的基本套路

1. 铜牌套路

（1）闭式基本步。（2）纽约步。（3）手臂下左转。（4）定点转向左。（5）三个后退锁步。（6）三个前进锁步。（7）开式基本步。（8）手臂下右转。（9）肩对肩。（10）时间步。

2. 银牌套路

（1）开式扭胯。（2）阿列曼娜。（3）手接手三个侧形恰恰恰。（4）向左定点转。（5）闭式基本步。（6）扇形步。（7）曲棍步。（8）三个后退恰恰。（9）恰恰恰陀螺转。（10）闭式扭胯（结束在开式位）。

3. 金牌套路

（1）三个后退恰恰恰。（2）右陀螺转。（3）交叉基本步。（4）古巴断步。（5）纽约步接三个恰恰并退步。（6）向左定点转。（7）时间步。（8）右手对右手的阿列曼娜。（9）右手接右手的高级扭胯。（10）曲棍步。（11）时间步。（12）手臂下左转。（13）向左定点转。（14）阿列曼娜。（15）高级扭胯。（16）曲棍步。

第四节　拉丁舞竞赛规则简介

一、国际及国内舞蹈比赛的组别

国际比赛一般分为职业组和业余组两大类。

（1）职业组：分为职业组和职业新星组。

（2）业余组：分为业余组、业余新星组、年龄组。

国内专业组包括青年 A 组（21 岁以下）、青年 B 组（18 岁以下）、少年 A 组（16 岁以下）、少年 B 组（14 岁以下）。

国内业余组除以上专业各组外，还增加少儿 A 组（12 岁以下）、少儿 B 组（10 岁以下）、壮年 A 组（35 岁以上）、壮年 B 组（45 岁以上）、长青 A、B 组（一人 55 岁，一人 45 岁以上）。

二、"淘汰"与"顺位"相结合的比赛方法

选手根据比赛编排按顺序上场比赛，预赛采用半数淘汰制，直到选出前 6 名参加决赛。"顺位"比赛决赛时采用顺位法决定单项和全能的名次，由人数为单数的裁判公开亮出选手的名次排名，依据顺位法计算出名次。

三、裁判竞赛评判内容

（1）时值和基本节奏：裁判必须确定选手是否按时值和基本节奏进行表演，时值指每一舞步的时间正好与音乐合拍，基本节奏指舞步在规定时间内完成并保持舞步之间有正确的时间关系。选手的时值和基本节奏错误时，该项舞蹈所得分是最低的，不能以任何内容来弥补。

（2）身体线条：两位选手作为一个整体，在运动中身体各部位构成的整体效果，应表现出优美的舞姿，包括手臂、背部、肩部、胯部、腿部、颈部和头部。

（3）整体动作：裁判必须确定选手是否正确掌握该舞蹈的风格特点，并且评估选手的动作起伏、倾斜和平衡；在控制和平衡掌握良好的情况下，动作幅度越大，评分越高；还要评估每种舞蹈典型的胯部动作。

（4）节奏表现力：评估选手的舞蹈节奏表现力，若表演与节奏不合，也要按违反第一项处理。

（5）步法技巧：评估选手正确表现舞步的脚法，如每一步的足着点是脚掌、脚跟或脚趾等，以及脚步移动的控制和表现力。

第十六章

瑜伽

本章主要介绍瑜伽的含义、功效、基本技术、基本姿势等。瑜伽能够帮助大学生培养健康平和的心态、舒缓身心压力，并且提高欣赏美的能力。

第一节　瑜伽概述

作为一项健身运动，瑜伽具有鲜明的特点。理解瑜伽的含义，了解其功效、练习准备和注意事项，有助于有效实现其功效，并避免运动损伤。

一、瑜伽的含义

瑜伽（Yoga）原意是"结合""一致"或"和谐"，来源于印度梵语词根"尤之（yuj）"，后来逐渐引申出"归一""统一"，以及"拓展灵性"等含义。修炼者借助瑜伽，解决内心存在的各种冲突，发挥自身的内在潜能，以达到"小我（个体）"和"大我（自然、宇宙）"的结合与统一。

瑜伽是古印度六大哲学派别之一，主要探索"梵我相连"的理论与方法，修炼人的灵魂。在当代，瑜伽逐渐成为一种群众性的健身运动，也是效果颇佳的养生运动。现代人在练习瑜伽时，主要通过一系列的修身体位法、调息呼吸法以及调心冥想法，达到健康身心、放松减压、增强体质等功效。

二、瑜伽的功效

瑜伽的功效有以下几点。

（1）辅助其他运动热身和放松。

（2）增强体质、促进健康。

（3）提高柔韧性、塑造体形。

（4）预防疾病、恢复健康。

（5）平衡内分泌机能、促进新陈代谢。

（6）调节神经、活跃细胞。

（7）缓解压力、平和内心。

三、练习准备和注意事项

（一）练习准备

1. 时间

进行瑜伽练习有一些时间上的禁忌。例如，洗浴结束 30 分钟内不宜练习，而练习结束后 30 分钟内也不宜洗浴，以免血液循环加快进而增加心脏的负担。

2. 场地

瑜伽练习一般不受场地的制约。当然，最好是在干净、舒适、空气流通良好的房间里，或者在露天的场地，比如花园、湖泊与小溪边练习；不宜在极端天气中练习。

3. 辅助用品

专业的瑜伽垫易于保持身体的平衡和洁净，不要使用过于厚重、蓬松和光滑的垫具。初学者还可以准备瑜伽砖、瑜伽绳等作为辅助工具。

4. 服装

最好穿着专业的瑜伽服进行练习，也可以穿宽松舒适的衣服，如棉质或有弹性的运动服。在天气温暖时，建议光脚练习，并在练习前取下项链、手表、眼镜等饰品，以免不小心受到伤害。

5. 饮食

一般来讲，饭后 2 小时方可练习瑜伽，在练习的过程中可以适当喝水；练习结束 30 分钟后方可进食；如果是晚间练习，在结束后不宜进食，可喝适量的水。

（二）注意事项

（1）充分热身——练习前要做腹式呼吸和热身练习，以免造成运动伤害。

（2）呼吸顺畅——任何瑜伽体位都需要控制一段时间，重点是将注意力放在体会身体的感觉上，保持自然、缓慢的呼吸，切忌憋气。

（3）自然伸展——练习瑜伽体位时应保持动作舒展，并配合呼吸把握正确的姿势。

（4）量力而行——练习时应循序渐进，不可操之过急，强迫身体扭转或拉伸到特定位置，只需伸展到身体所能承受的最大限度，以免受伤。

（5）遵医、师嘱——年龄大，颈、背等部位有损伤、有疾病（如高血压、心脏病等）的人不适合练习某些瑜伽体位，在练习前应该征求医生和教练的意见。

（6）放松冥想——练习后需要进入冥想状态，以充分放松自己。

第二节　瑜伽基本技术

目前，哈他瑜伽是人们最为熟悉的瑜伽练习法。"哈"意指太阳，即阳性的力量；"他"意指月亮，即阴性的力量。"哈他"的含义就是结合阴阳两种力量，并使之达到平衡。呼吸、冥想与放松、体位，是哈他瑜伽 3 个不可分割的构成要素，三者缺一不可，且相辅相成。

一、呼吸

呼吸方式可以反映出一个人的情绪和情感。人们在心烦意乱、沮丧、悲痛或抑郁的时候，呼吸会变得很慢且没有规律；在焦虑、狂怒或者紧张不安的时候，呼吸则变得急促和混乱。瑜伽相关理论认为，呼吸缓慢而规律，犹如在品尝空气的人，可以获得较长的寿命。呼吸在瑜伽练习过程中发挥着重要的作用。

（一）呼吸的方式

呼吸根据发生的部位，可以分为胸式、腹式和完全呼吸（胸腹式）。

（1）胸式呼吸——通常使用肺的中上部进行呼吸。吸气时一般会明显感觉胸部区域扩张，而腹部则相对不动。深吸气时，腹部向内，朝脊柱方向收缩。

（2）腹式呼吸——通常使用肺的底部进行呼吸。吸气时能感觉到腹部在鼓动，胸部则相对不动。吸气越深则腹部升得越高，同时随着腹部扩张，隔膜肌会下降。呼气时，腹部向内，朝脊柱方向收，双肺逐渐排空，隔膜肌升起。

（3）完全呼吸——完全呼吸结合了上述两种方式的呼吸。肺的上、中、下 3 个部分都会参与呼吸运动，胸部、腹部乃至全身都会起伏张缩，其练习方式如下。

采用舒适坐姿或者仰卧，缓慢深长地吸气，先将气吸向腹部区域；当腹部鼓起时气体会首先充满胸部区域的下半部分，然后逐渐充满上半部分。尽量使胸部充满空气，锁骨和肩部向上耸并把胸部扩张到最大限度。

呼气按相反的顺序，首先放松胸部然后再放松腹部。呼吸顺畅且轻柔，就像水面上的一个涟漪，轻而稳定、渐进地从腹部波及胸中部再到上半部。

（二）瑜伽调息法

调息是控制呼吸的艺术，它能帮助人们集中注意力和控制情绪。调息包括吸气、屏息（又称悬息）和呼气 3 个阶段。吸气时要有意识地延长时间，以使肺部充满纯净且新鲜的空气；呼气时力求排出浊气，清空肺部；吸气和呼气之间的正常停顿即为屏息，一呼一吸称为一次调息。

二、冥想与放松

冥想和放松是瑜伽练习中非常重要的环节，也是容易被忽视的部分。冥想能培养专注力，放松能彻底舒缓身心，也能为练习下一个体位做好充分准备。

（一）瑜伽的冥想

冥想是瑜伽练习中使人的精神达到专注的方法，练习者通过有意识地将注意力集中在身体的某个部位，宁静身心、实现专注。

1. 呼吸冥想

冥想时要时刻注意呼吸的节奏，并留意感觉器官和身体各个部位的状况。至少要花 2 ~ 3 分钟的时间把注意力集中到调整呼吸节奏上，使呼吸逐渐变得缓慢而深沉，这样才能放松身体，平静思绪。可以根据自己的练习情况循序渐进地调节冥想时间，例如开始时 5 分钟，然后逐渐增加到 10 分钟，甚至更长的时间。

2. 语音冥想

特定的语音能够驱除内心的烦躁，抚平纷扰的思绪，有助于将心绪调整到适合冥想的状态。最为经典的语音为 "OM"，它作为使内在集中的声音，被广大瑜伽练习者唱诵。在每次吸气的时候，可以在心里默念 "OM"，想象有数十亿个音节同时进入身心的最深处，使每一个细胞都平和、安宁和充满力量。

3. 注目凝视冥想

传统的方式是烛光冥想法，即先一直凝视着烛光的中心，然后闭上眼睛想象着烛光的影像，并使这个影像长久地保存在脑海中。当然，也可以凝视任意一种简单的物体，如一块石头、一片树叶、一支笔等，都有助于心情的平静。

（二）瑜伽的放松

放松练习一般安排在瑜伽练习之后或者身体因参与其他活动而感到疲劳之后进行，以集中注意力、消除紧张和肌肉张力以及放松大脑为目的。在完成每个瑜伽体位后都应该做一些放松练习，这样才能为练习下一个体位做好准备。体位之间的放松练习时间可安排得稍微短一些；完成所有的体位练习之后，可以做 10 分钟左右的放松练习以消除长时间运动造成的紧张感。主要有以下几种常见的放松方式。

1. 仰卧式

仰卧在地上，双臂放于身体两侧，掌心朝上；双腿伸直，两脚自然放在地上；轻闭双眼，全身放松。每两个体位之间都可以用仰卧式放松，一般持续 30～60 秒，所有体位结束后的放松练习可达 10 分钟。仰卧式是一个令人放松的姿势，配合瑜伽呼吸法，有消除神经紧张、恢复精力和安定心灵的功效。

2. 俯卧式

俯卧，两臂向斜下方打开，掌心朝上，一侧脸贴地；双腿分开与肩同宽，脚背贴地；闭上双眼放松身心。俯卧式能够有效地伸展练习者的背部、肩部和双臂，有助于消除颈部的僵硬感，特别是对弯腰驼背的练习者有明显的功效。

3. 婴儿式

模仿胎儿在母体中的姿势，双脚并拢，跪坐在脚后跟上；上身前弯至一侧脸着地，双臂放在身体两侧，掌心朝上；腹部压向大腿，闭眼放松。该动作尤其适合在背、腿拉展后练习，能够有效地缓解背部的酸痛，同时按摩腹部，消除疲劳。

4. 鱼戏式

俯卧，将头转向右侧，十指相交置于头部下方；弯曲右膝，并将它拉近胸部；头放在左臂弯曲处，交换左右位置重复做。该动作能够促进消化、预防便秘以及缓解坐骨神经疼痛。

三、体位

瑜伽体位的练习过程是在某一个动作或姿势上维持一段时间，借助一些拉伸、弯曲、扭转的静态姿势及其后的放松、呼吸与冥想行为，刺激腺体的活动、按摩特定的部位，以达到放松神经、强身健体、延展肌肉、安定心灵的效果。

第三节　瑜伽基本姿势

瑜伽基本姿势可分为站姿、坐姿、跪姿、卧姿、仰姿、手脚支撑和倒立 7 个类别，共计上百种体位。受篇幅所限，本节将介绍单人瑜伽 7 个类别中的基本姿势和拜日式，以及双人瑜伽。

一、单人瑜伽

（一）坐姿

1. 脊柱扭动式

（1）练习方法

- 呈坐姿，两腿并拢前伸，脊柱伸直；
- 左小腿折叠靠近右大腿内侧；
- 右脚移到左膝左侧，左臂绕过右膝外侧，左手放在右脚外侧地板上；
- 右臂抬起与眼齐平，双眼注视指尖，右手转向右方，放在地板上；
- 颈、两肩、脊柱自然转向右后方；保持 30 秒，换方向，各做两次。

（2）益处：按摩脊柱、刺激神经、揉挤腹内脏、促进消化吸收、预防背痛。

脊柱扭动式如图 16-1 所示。

图 16-1　脊柱扭动式

2. 束角式

（1）练习方法

- 呈坐姿，两腿并拢前伸；
- 弯曲双膝，两脚脚心相对，双手抓住两脚脚趾，脚后跟尽可能靠近大腿根部，两膝两脚的外侧接触地面；伸直脊柱，保持顺畅的呼吸，维持 30 秒；
- 呼气，向前俯身直到额头或下颌靠近垫子。

（2）益处：预防静脉曲张，改善月经不调，促进下背部、腹部和骨盆的血液循环。

（3）易犯错误：额头或下颌不能靠近地面。

（4）纠正方法：两肘用力压向两膝，加强腿内侧柔韧性。

束角式如图 16-2 所示。

图 16-2　束角式

（二）站姿

1. 树式

（1）练习方法

- 呈基本站立式，即直立，双脚并拢，两手贴近左右大腿的外侧，掌心向内；
- 吸气，右脚跟提起至左腹股沟，贴近左大腿内侧根部，右脚尖朝下，呼气；
- 平衡身体，吸气的同时双手于胸前合十，两臂缓慢伸直，高举过头；
- 自然呼吸，保持 30 秒，左右互换。

（2）益处：强化腿部、背部和胸部的肌肉群，增强稳定与平衡能力。

（3）易犯错误：脚掌下滑，身体不能保持平衡。

（4）纠正方法：注意力集中，平视前方，脚掌用力抵住对侧大腿根部，手臂垂直指向天空，收腹，感觉像树一样挺拔。

树式如图 16-3 所示。

图 16-3　树式

2. 双角式

（1）练习方法

- 呈基本站立式，吸气，两臂放在背后，十指相交；
- 呼气，上身自腰起向前弯，尽量把两臂向头的后上方伸展；
- 上身和头尽可能靠近身体，自由呼吸，保持 30 秒；吸气，慢慢回到基本站立式，重复 3 次。

（2）益处：镇静神经系统，强化上背部和肩膀的肌肉群，使腿部韧带柔韧。

（3）易犯错误：练习时双手握不紧，背部伸展幅度不够。

（4）纠正方法：为防止手指打滑，可手握小方巾。

（5）注意事项：量力而行，循序渐进，不要拉伤腿部肌肉。

双角式如图 16-4 所示。

图 16-4　双角式

（三）跪姿

骆驼式

（1）练习方法

- 跪在垫上，两大腿与双脚略分开，脚掌向后伸展，脊柱后弯；
- 呼气，头后仰，双手手掌压住两脚底，将脊柱向大腿上方推，保持两大腿垂直于地面，大腿、小腿、手臂、背部形成长方形；保持 30 秒，吸气，推手，慢慢复原，放松。

（2）益处：伸展和强化脊柱，促进血液循环，拉伸腹部、胸部和颈部，纠正驼背。

（3）易犯错误：背部没有弧线，呈斜面，身体僵硬。

（4）纠正方法：髋关节尽量向前推，腰椎呈反弓形，眼睛看后面。

（5）注意事项：背部、踝关节受伤人群不宜练习。

骆驼式如图 16-5 所示。

图 16-5　骆驼式

（四）卧姿

弓式

（1）练习方法

- 俯卧，双腿分开，吸气，屈膝，双手抓住双踝；
- 将大、小腿和胸、腹部抬离垫子，操持髋部着地，手臂伸直，扩胸，两肩向后；
- 目视前方，伸展喉、颈部；面部放松，保持自然呼吸，坚持 30 秒。

（2）益处：伸展背部，刺激甲状腺，扩展胸部，减少腰部上的脂肪。

（3）易犯错误：身体不稳定，前后摇晃；大腿不能抬离地面，弓形不明显。

（4）纠正方法：髋部着地，主动将大、小腿和腰、胸、肩部往上伸展，缓慢呼吸。

（5）注意事项：疝气、胃溃疡和肠结核患者应先咨询医生方可练习。

弓式如图 16-6 所示。

图 16-6　弓式

（五）仰姿

1. 船式

（1）练习方法

- 仰卧，两腿伸直放松，两脚并拢；两手平放于体侧，掌心向下；吸气，将头部、上身、两腿和双臂全都抬起来，离开地面，双腿伸直；

- 双臂向前上方伸直，双手平展或握拳；
- 保持这个姿势并且自然呼吸，持续 30 秒；呼气，慢慢复原。

（2）益处：促进胃肠蠕动、改善消化功能，加强腰背部力量，锻炼腹肌。

（3）易犯错误：憋气，腹部凸起。

（4）纠正方法：保持自然呼吸，收紧腹部。

船式如图 16-7 所示。

图 16-7　船式

2. 蹬自行车式

（1）练习方法

- 仰卧，两脚抬高并做蹬自行车动作；
- 头部和身体其余部位都要平放在地面上；
- 做 30 次，再做反向动作。

（2）益处：加强腿膝力量，促进血液循环。

（3）易犯错误：屈腿前后蹬，没有绕环。

（4）纠正方法：想象蹬自行车的动作，双脚运动轨迹尽可能是圆。

蹬自行车式如图 16-8 所示。

图 16-8　蹬自行车式

（六）手脚支撑

1. 鸟王式

（1）练习方法

- 呈基本站立式，左腿稍微弯曲，右大腿从左大腿前侧绕过，右小腿胫骨贴紧左小腿腓肠肌部位，右脚尖勾住左脚踝的上半部；
- 保持平衡，左肘放右肘上，左手手心朝右，右手手心朝左，右臂缠住左臂，右手手指扣住左手手心；
- 缓慢呼吸，保持 30 秒，左右互换。

（2）益处：锻炼踝关节、膝关节和腓肠肌，按摩腹部，紧致手臂肌肤，提高平衡和协调能力。

（3）易犯错误：身体不能平衡，含胸弓背。

（4）纠正方法：收腹挺胸，背部挺直。

（5）注意事项：踝关节、腕关节受伤者不宜练习。

鸟王式如图 16-9 所示。

图 16-9　鸟王式

2．三角转动式

（1）练习方法

● 直立，两脚分开约一肩半宽，脚尖朝前，吸气，两臂向两侧平伸，同时右脚向右转 90°，左脚向右转 30°；

● 呼气，以髋关节为轴将上身躯干转向右方，左手在右侧脚外缘接触地面，同时右臂向上伸展，与左臂成一条直线；

● 转动颈部，双眼注视右手指尖，伸展双肩和肩胛骨，保持呼吸 30 秒；吸气，复原，换方向。

（2）益处：锻炼脊柱神经，强化背部肌肉群，扩张胸部，按摩腹部，减少腰部的脂肪，拉伸双腿。

（3）易犯错误：两臂不在一条直线上。

（4）纠正方法：双腿伸直，腰部尽量转动，面部、胸部朝向后面。

三角转动式如图 16-10 所示。

图 16-10　三角转动式

（七）倒立

1. 犁式

（1）练习方法

- 仰卧，吸气，两腿并拢、两膝伸直，推手的同时收缩腹部肌肉，使两腿举起，升到躯干上方，臀部、背部不可离开地面；
- 两腿上升至躯干与地面垂直，呼气，两腿向后伸展至两脚过头，脚趾并拢触碰垫子；
- 熟练后可将手臂放头后方，保持这个姿势30秒，缓慢而有规律地呼吸。

（2）益处：锻炼脊柱神经，促进血液循环，增强腹肌，缓解胃、腹部胀气，有助于消除腰部和腿部的脂肪，改善月经不调。

（3）易犯错误：两膝弯曲，两腿复原落下时头翘起。

（4）纠正方法：利用腹部、腿部的力量将腿部举起；复原时背部、臀部依次着地，头、颈部不动。

犁式如图16-11所示。

图16-11　犁式

2. 肩倒立式

（1）练习方法

- 仰卧，先完成犁式；两手托下腰部的两边，支撑躯干；
- 吸气，慢慢将双脚向上举起至与地面垂直；自然呼吸，回复原状。

（2）益处：具备犁式的功能，还能使神经系统平静，减轻贫血、心烦易怒、过度紧张、失眠、头痛等症状，改善子宫移位和月经不调。

（3）易犯错误：肩、肘部没有起到支撑作用，身体歪斜。

（4）纠正方法：首先将犁式的起落姿势练好；肩肘部支撑下肢，五指伸开推背，使身体成一条直线。

（5）注意事项：处于经期和患高血压的人不宜练习。

肩倒立式如图16-12所示。

图16-12　肩倒立式

（八）拜日式（太阳敬礼式）

拜日式共 12 个体位，是经典的流瑜伽体位，体现了瑜伽组合体位的连贯性和平衡性，练习方法如下。

（1）山式：两脚并拢，手掌于胸前合十，收腹挺胸，自然呼吸。

（2）后弯式：吸气，手掌向后伸过头顶，两腿、两臂伸直；背部后弯。

（3）前弯式：吐气，上体缓慢前弯，手掌触地放于手脚外侧，上体和头部尽量贴近双腿。

（4）弓箭式：双手和右脚不动，吸气时左腿向后伸直，头后仰，背呈凹拱形，手掌触地。

（5）顶峰式：呼气，右脚后移，两脚靠拢，身体呈倒 V 形，双腿、双臂伸直，脚跟着地。

（6）蛇击式：呼气，双脚后移，两肘弯曲，两臂垂直于地面，胸部和膝盖略高于地面。

（7）眼镜蛇式：吸气，慢慢伸直两臂，腹部、双腿贴地，两腿伸直。

（8）～（12）分别与（5）、（4）、（3）、（2）、（1）体位相同。

拜日式有起有落，是体会瑜伽呼吸的绝佳组合。具体学习时，先分解练习每一个体位，待熟练后再连贯地练习，直到能够自如呼吸并和标准的瑜伽体位相结合。拜日式能使人充满活力，同时有稳定身心、放松筋骨的功效，并能促进全身的血液循环。

二、双人瑜伽

双人瑜伽，是指两个人共同进行的瑜伽练习，强调两个人之间的合作，需要彼此协助才能完成。两个人可以完成相同或不同的瑜伽体位，同时也可以扩展到多人。

（一）单腿上提下犬式

（1）动作要领：一人在前（右），一人在后（左）；从顶峰式开始，前者一只脚掌踩在后者背阔肌一侧，双手掌向下贴地，腹部收紧，一条腿向上高高抬起，眼睛看脚趾或肚脐方向。

（2）对前者的益处：美化肩部形状，增强手臂力量，使双腿修长，促进血液回流。

（3）对后者的益处：增强力量控制能力，提高腰部柔韧度。

单腿上提下犬式如图 16-13 所示。

图 16-13 单腿上提下犬式

（二）双人船式

（1）动作要领：两人面对面做船式，调整好距离，两人的脚掌紧贴在一起，双臂或双手交握；保持这个姿势，呼吸 3 次。吸气时向上拉伸脊柱，吐气时将鼻子探向膝部；脊柱向上延伸，尽量不要向后倒；如果觉得吃力，可以拉开两人坐骨之间的距离。

（2）益处：伸展手臂，强健腹部，刺激甲状腺和肠道，缓解压力，提高消化能力，消除腰部脂肪。双人船式如图 16-14 所示。

图 16-14　双人船式

（三）骆驼式加变体狮身人面式

（1）动作要领：一人在向前（右）做狮身人面式，双脚回勾，脚尖伸向头顶；一人在后（左），双腿打开，在前者大腿外侧边缘做骆驼式，胸腔完全打开去找寻彼此的头顶。

（2）对前者的益处：放松久站后疲劳的双腿与腰部，收紧腰臀部，按摩脊柱，美化胸部形状。

（3）对后者的益处：促进血液循环，锻炼改善驼背和双肩下垂，伸展、强化脊柱。

骆驼式加变体狮身人面式如图 16-15 所示。

图 16-15　骆驼式加变体狮身人面式

（四）双人辅助：船式金刚坐

（1）动作要领：一人在后（左），做船式。一人在前（右），做金刚坐；前者深吸气，胸腔向上提肋骨，双肩后绕，肩胛骨收紧，双手握后者双手；后者双脚抵住前者背部。

（2）对前者的益处：打开胸腔，美化胸、肩、背部形状，消除腿部肿胀，促进消化。

（3）对后者的益处：消除腰部脂肪，强壮肾脏，缓解腹部胀气。

双人辅助：船式金刚坐如图 16-16 所示。

图 16-16　双人辅助：船式金刚坐

第四节　瑜伽竞赛规则简介

2016 年，国家体育总局成立的全国瑜伽运动推广委员会（以下简称委员会），是隶属国家体育总局社会体育指导中心的瑜伽管理机构，也是由我国体育部门设立的第一个瑜伽推广组织。委员会立足于为瑜伽运动的开展和推广提供各种服务，并引导和督促瑜伽行业的健康发展。在委员会的推动下，国家体育总局出版了《健身瑜伽 108 式体位标准》，并出台了全国瑜伽裁判员管理办法以及全国瑜伽导师资格标准。竞赛规则以 2018 年全国健身瑜伽公开赛竞赛规程为例。

（1）比赛执行 2018 版国家体育总局社会体育指导中心、全国健身瑜伽指导委员会审定的《健身瑜伽竞赛规则及裁判法（试行）》和《健身瑜伽体位标准（试行）》（以下简称《体位标准》）。

（2）根据报名人数进行预赛、复赛和决赛。参赛人数超过 16 名（对、队）需先进行预赛，超过 8 名（对、队）不足 16 名（对、队）进行复赛，不满 8 名（对、队）直接进行决赛。

（3）比赛体式规定

① 预赛：规定体式在《体位标准》3、4 级中抽签决定，从 5 个类别（前屈、后展、扭转、平衡、倒置）中各选取 1 个体式，共 5 个体式。自选体式在《体位标准》第 3~9 级体式中选取，前屈、后展类各 1 个，共 2 个体式。

② 复赛：规定体式在《体位标准》5、6 级中抽签决定，从 5 个类别（前屈、后展、扭转、平衡、倒置）中各选取 1 个体式，共 5 个体式。自选体式在《体位标准》第 3~9 级体式中选取，平衡、倒置类各 1 个，共 2 个体式。

③ 决赛：单人、双人决赛只进行自编套路的比赛。

④ 集体项目只进行自编套路的比赛。

⑤ 《体位标准》中 7、8、9 级体式分别为 A、B、C 级难度，根据难度级别有相应的难度得分，难度得分总分不超过 2 分。

第十七章

击剑

本章分为 4 节，分别为击剑概述、击剑基本技术、击剑基本战术和击剑竞赛规则简介。大学生通过对击剑的学习，可以培养随机应变的能力和提高战胜困难的心理素质，并为践行终身体育打下良好基础。

第一节　击剑概述

一、击剑的起源与发展

击剑起源于中世纪的欧洲。在当时的欧洲，击剑与骑马、游泳、投枪、打猎、下棋、吟诗一起被列为骑士的 7 种高尚运动，人们把掌握一定的击剑技术作为一种高尚的技能。1776 年，法国著名击剑大师拉·布瓦西埃发明了面罩，人们戴上面罩、手套，穿上击剑服，就可以安全地进行连续的攻防交锋。面罩的问世是击剑发展的一个里程碑。

现代击剑是奥运会的传统项目。花剑是最早进入奥运会的击剑项目之一。1896 年在雅典举行的第一届现代奥林匹克运动会中，就设有男子花剑、佩剑比赛。1900 年，在巴黎举行的第二届奥运会增加了男子重剑比赛。1924 年，在巴黎举行的第八届奥运会又增加了女子花剑比赛。1996 年，在亚特兰大举行的第二十六届奥运会上，女子重剑被列为正式比赛项目。2004 年在雅典举行的第二十八届奥运会上，女子佩剑也被列为正式比赛项目。电动裁判器的发明也是现代击剑运动史上的一个重要的里程碑，它使击剑比赛更加公平，同时也推动击剑技术向新的高度发展。

我国的现代击剑最早由留学日本的贾玉瑞引进。1955 年，苏联人赫鲁晓娃在北京体育学院（现北京体育大学）开设击剑专修课。1973 年，中国击剑协会成立，同年加入亚洲击剑联合会。1974 年，我国加入国际击剑联合会。

二、击剑的健身价值

击剑是一项竞技健身运动项目，它以自身固有的健身价值和魅力吸引着全球运动健身者。击剑的健身价值包括：培养性格、修身塑形、改善气质、增强体质、释放压力等。

第二节　击剑基本技术

一、击剑技术特点

击剑技术是指为能充分发挥运动员的身体能力，合理、有效地完成击剑运动的方法的总称。击剑是一对一的攻防格斗，以防止对手击中自己而得分。击剑时的每个动作虽各有特点、任务不同，但必须互相依存，互相配合，组成一个有机的整体，才能构成击剑技术。练习可从手上动作、脚步动作、身体姿势等方面有序进行，然后组合成完整的击剑技术。

二、花剑基本技术特征

花剑是 3 个剑种中的基础，初学者往往是从学习花剑技术开始的。在国外，击剑界普遍采用这种方法，这是多年实践的结晶。刺是花剑唯一的有效得分手段。花剑有效面积最小，交锋距离近，剑的接触多，交换交叉频繁，攻防转换快而多，动作幅度小，技术动作多样。击剑的专项感知觉在花剑中运用得更细、更精、更全面、更频繁。

（一）花剑有效部位及其划分

按照规则，花剑的有效部位不包括四肢和头部。更严格地说，从护面下沿颈部金属部分开始，即下颌下 1.5～2 厘米处水平线以下的部位有效。上面至衣领顶端，即锁骨上 6 厘米处。侧面至肩袖缝，即通过肱骨的顶部。下面沿髋骨顶端呈水平走向，再从髋骨顶端通过一条直线连接腹股沟皱褶的交汇点。花剑有效部位如图 17-1 所示。

图 17-1　花剑有效部位

为便于教学训练，花剑有效部位又可划分为 4 个部分，即以实战姿势的持剑手位置的护手盘剑身根部为中心点画一条水平线与一条垂直线相交，并以此在躯干上有效部位的投影，将躯干有效部位分为 4 个部分，分别称第一、第二、第三、第四部位。随着击剑技术不断发展，腰部、肩部、背部也被众多选手作为攻击目标，因此相应地又增加了新的攻防技术。

同时与这 4 个部位相对应的有 8 个基本防守动作。

与第一部位相对应的为第一、第七防守。

与第二部位相对应的为第二、第八防守。

与第三部位相对应的为第三、第六防守。

与第四部位相对应的为第四、第五防守。

（二）握剑方法

掌握正确的握剑方法，是学习击剑技术的基础与先决条件，目的是便于用握力和手指控制力，运用、控制剑身及剑尖进行格斗。花剑枪柄、直柄如图 17-2 所示。

图 17-2 花剑枪柄（左）、直柄（右）

握剑要领

拇指弯曲以指腹与食指第一指节相对（手指力量大者也可用食指指腹与拇指相对），握住剑柄上下面，中指、无名指、小指的第一指节置于剑柄的侧面，剑柄尾部紧靠掌根中线，掌心与剑柄之间留有空隙，不要握得太紧，使剑身与前臂呈一直线。枪柄握剑、直柄握剑如图 17-3 所示。

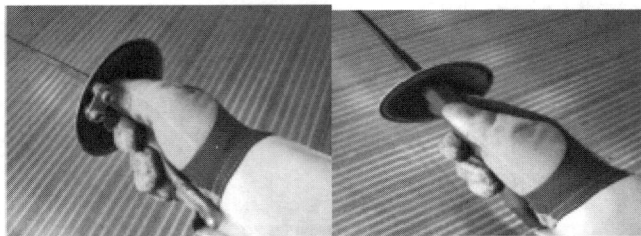

图 17-3 枪柄握剑（左）、直柄握剑（右）

易犯错误

掌心与剑柄之间没有空隙，完全抓握剑柄，失去用手指控制剑身、剑尖的能力。

（三）立正姿势与敬礼

1. 立正姿势

击剑的立正姿势和普通列队立正姿势相同，面向对手，左手拇指第一指节与食指第一、第二指节相对捏握于剑柄根部并与护手盘凹面圆心接触，其余手指自然弯曲依次扶于剑身上，手臂自然下垂，剑尖向下置于体侧。

2. 敬礼

从面向对手呈持剑立正姿势开始，头面部不动，身体向左转约 90°，以右手握住剑柄，脚跟并拢并相互垂直，以立正姿势侧立；右手握剑经体前由下至身体右侧，屈曲持剑臂，使剑尖向上，护手盘位于下颌处，然后分别向裁判员、对手、观众，伸臂做致敬动作，礼毕呈实战姿势。

（四）实战姿势

击剑运动的不断发展，要求实战姿势更加自然灵活，以适应快速移动、步法间连接变换多而快、启动快、动作突然性强的需要。因此，实战姿势有两个要求：一是在移动中保持身体平稳，而且要灵活，能随时向任何方向快速移动，步法间的变换、连接协调，并为进行下一个动作做好准备；二是保持肌肉和关节自然放松，适度紧张，以利于攻防。

（1）姿势要点（以右手持剑者为例，左手持剑者反之）

① 脚的位置：右脚在前，脚尖向前，左脚在后，脚跟垂直于右脚跟的延长线，脚尖向外，两脚间的前后距离为一脚半，约与肩同宽。

② 腿的位置：右膝在右足背的垂直线上，膝屈曲约115°，踝部屈曲约65°，左膝在左脚的垂直线上，膝屈曲约135°，重心位于两脚之间。

③ 持剑臂的位置：右手手心向内斜上方，剑身与前臂在同一直线上，剑尖约与颈部同高，且指向对手第三部位，肘屈曲约125°，肘高身体右侧约10~15厘米，剑身、前臂、上臂与躯干保持在同一纵面上。

④ 非持剑臂的位置：手臂于体侧弯曲肘关节、自然抬起，上臂与躯干约呈80°角，手腕自然放松。

⑤ 头与躯干的位置：躯干直立略含胸，两肩自然放松；头竖直，面向前方对手，平视前方。

（2）易犯错误

两脚方向不正确，两膝内扣且分别离开前、后脚背的垂直线。两脚间距过长或过短。躯干过于前倾或腰背紧张，过于挺胸。持剑臂肘关节外展，手腕弯曲，前臂、上臂与躯干没在同一纵面上，暴露了第三部位。

（五）步法技术

步法技术是击剑基本技术之一。步法技术的重要意义在于通过移动保持、寻求有利的战斗距离及配合手上动作做出决定性的进攻和防守还击。花剑的步法在3个剑种中最为丰富，一般可分一步、跃步、弹跳步、交叉步、垫步、弓步和冲刺步，还有改变身体姿势的下蹲和向外侧身等。弓步在步法中具有特殊地位，是因为多数决定性进攻都采用弓步来完成。弓步也是步法中技术性强、难掌握的一种。因此下面主要介绍弓步。

由实战姿势开始，完成弓步动作有3个环节：摆、伸、蹬。

1. 姿势要点

右腿弯曲，小腿与地面垂直，膝屈曲90°。脚尖向前，全脚掌着地。

左腿充分伸展，全脚掌着地，脚尖向内偏前。

上体稍前倾，向外侧。头竖直，脸向前，平视前方，腰部自然挺直，重心于两脚间略偏前。

右臂伸向前方，左臂伸直于后下方，手心向外。

弓步如图17-4所示。

图 17-4　弓步

2．动作要领

先伸右臂再（连同脚）伸（背屈）右脚尖，同时以膝关节为轴，脚跟紧擦地面，小腿向前摆出，膝关节尚未完全伸直时，大腿在小腿前摆的带动下积极前伸，重心随之前移。

随着重心前移，左脚以全脚掌后蹬送髋，在右脚跟着地之前，左腿充分伸展，以加大后蹬力量获得加速度，但脚掌不得离开地面。

右脚脚跟先着地再过渡到全脚掌着地，并随着重心前移使小腿与地面垂直，同时左臂在最后一刻猛力向后下方挥摆，以保持平衡，呈弓步姿势。

3．易犯错误

（1）右脚尖偏离正前方（偏内或偏外）。

（2）右膝关节位置偏前，使小腿不能与地面垂直。

（3）上体过分前倾，使重心在右腿上。

（4）左腿没有充分伸直，膝关节弯曲，左脚跟或脚掌外侧离开地面。

（5）未先伸右臂。

（6）启动时右脚尖背屈过度，造成小腿肌肉紧张，前摆时脚跟离地面过高。

（7）大腿前伸过早，使膝关节过早前移，影响了摆小腿的动作，迫使大腿向上抬起造成重心起伏，影响向前的速度。

（8）左脚蹬地过迟，使小腿与地面形成的角度太小，后蹬用不上力，造成弓步形成的深度、速度不够。

（9）摆、伸、蹬 3 个环节脱节，造成弓步动作不协调。

弓步错误姿势如图 17-5 所示。

图 17-5　弓步错误姿势

弓步还原成实战姿势时有以下几个注意方面。

1．动作要领

右脚全脚掌蹬地，过渡到脚跟用力前蹬并伸直膝关节，将身体向后上方推动。在右脚蹬地的同时，左腿膝关节迅速屈曲，靠双腿运动使躯干后移，最后还原成实战姿势。

2．易犯错误

（1）右脚蹬地时小腿回收过慢。

（2）左腿屈膝时臀部向后坐。

（3）上身有多余的后仰动作。

（六）进攻技术

进攻技术是指合理有效刺中对手有效部位的动作方法，即伸出手臂且连续威胁对手有效部位所做出的最初攻击动作方法。

刺可以分为直刺、角度刺、转移刺、交叉刺、压剑刺、滑剑刺、绕剑刺、对抗刺等。刺的动作方法有如下基本要求。

第一要正确用力。这是刺中的关键。刺中要求亮灯即可，不必用很大力量去刺对手。过分用力反而达不到刺中的目的，会影响刺的准确性，也容易导致断剑造成伤害事故，是技术不成熟的表现。因此刺时用力要正确，提倡轻巧地刺，手臂、手指、手腕不要过于紧张，肌肉强度要能同各肌肉群、关节与刺的动作相适应。正确用力还体现在用力的顺序、方向和着力点上：用力要以手指、手腕和肘关节的顺序进行；方向要指向前，持剑臂完全伸直，并以剑尖带动剑身向前刺出；着力点在剑尖上。

第二要弄清有效部位（面）、剑身（线）、剑尖（点）三者之间的关系。这是刺的根本依据。为了达到刺中的目的，必须使剑身、剑尖与对手有效部位（面）形成有利角度。在同等条件下，这个角度越接近 90°，刺中的成功率就越高，反之则越低，如果平行（180°）就毫无刺中的可能。

第三要做到眼、脑、手、脚、体位的互相配合。做刺的动作前，必须通过眼的敏锐观察获得对手的信息，经过脑的分析综合判断做出刺的决定，而刺时手、脚、体位的动作要有机协调。手脚动作（体位与手脚动作相随）是有先后的，必须先伸手（剑身先动）后上步。这是因为手臂质量小、伸手的距离比上步要小，所以手比脚快，而先动脚易引起对手注意，手动晚了不利于刺中，且规则规定前出手才算是进攻者。先伸手后上步就像射击要先瞄准后扣动扳机一样。而先伸手还必须以剑尖领先来带动剑身，使前臂、剑身、剑尖呈一条直线，对准有效部位。这就像瞄准时缺口、准星与目标要呈一条直线一样。后上步必须要步法平稳、圆滑和连贯，跟着剑尖走，才能保证剑尖指向目标的准确性。

1. 直刺

（1）动作要领

以实战姿势开始，剑尖下落指向目标，以剑尖领先带动剑身和手臂，平稳地呈直线向前伸展。

剑尖接近目标时，手臂充分伸直（有送肩动作，但不僵硬），刺中目标时，剑尖与护手盘下沿同高，剑身呈弓形向上。

还原成实战姿势时，肘关节下落，手臂处于实战姿势时的位置。

直刺如图 17-6 所示。

图 17-6　直刺

（2）易犯错误

① 手指、手臂、肩关节过分紧张，造成动作僵硬、不协调。

② 未以剑尖带动剑身，肩关节上抬。

③ 重心前倾。

直刺错误动作如图 17-7 所示。

图 17-7　直刺错误动作

结合步法的直刺有以下几种。

（1）向前一步直刺

① 动作要领

先出手，持剑臂自然前伸，待近于伸直时向前一步刺出。后脚蹬离地面的同时向后摆动非持剑臂，掌心向上。还原时后脚先后退一步，在前脚离地时以非持剑臂回收加以辅助，还原成实战姿势。

② 易犯错误

向前一步和刺出动作不同步或先上步后刺出。

（2）弓步直刺

① 动作要领

先上步后出弓步：待持剑臂伸直时出弓步，剑尖刺到目标前一瞬间前脚跟着地，在前脚跟落地前伸直后腿，持剑臂和脚应一同加速；在后脚蹬离地面时非持剑臂向后摆，掌心向上。

还原成实战姿势时前脚离地回收，同时非持剑臂回收加以辅助，持剑臂回收成实战姿势。

刺出的动作要连贯、平稳，与脚的动作配合协调一致，并有加速度。

② 易犯错误

出手不及时，不应先出弓步后出手。手、脚动作不协调。在注意刺的动作时，忽视了弓步的完成；在注意弓步时，忽视了刺的动作的完成。没有加速度。

（3）向前一步接弓步直刺

动作要领和易犯错误同弓步直刺。只是有 3 个要点：先出手，向前一步接弓步时的衔接要连贯、协调和有节奏，要有加速度。

2. 转移刺

（1）动作要领

转移刺是指剑尖沿对手护手盘经过剑身刺中有效部位的动作方法。转移包括从内到外，从外到内，从上到下，从下到上，也可以是顺时针或逆时针。转移剑尖的轨迹可以是半圆、圆和螺旋形的。转移应与对手的剑平行，走最短的路线。距离远时要等手臂、剑完全伸直后才转移，必须经过对方剑身。中、近距离时要边转移边向前伸，要经过对方护手盘。转移时主要用手指、手腕来控制，手腕的还转动作幅度不能过大。在上步的开始阶段，手应沿对手的剑前伸，后脚蹬地时开始转移，脚落地时完成转移刺。

（2）易犯错误

不是用手指、手腕控制剑尖转移，前臂旋转。没有根据与对手的距离和手臂位置来进行转移，且转移路线不对。

3. 交叉刺

（1）动作要领

交叉刺是用剑身从对手剑尖绕过刺中有效部位的动作方法，有由内到外和由外到内地绕过对手剑尖之分，经过的轨迹呈折线，行程比转移刺要长。交叉动作要求手指、手腕和前臂有机配合。前臂屈曲要合适，伸前臂和剑尖下落要快，刺时以剑尖带动剑身。中距离做一步或弓步交叉刺时，要在完成交叉动作开始刺出时，再做向前一步或弓步。

（2）易犯错误

做绕过对方剑尖的动作时，抬肩和上臂；前臂屈曲不当，伸前臂和剑尖下落不快。

4. 击打刺

（1）动作要领

击打是接触剑身的一种方法。击打刺是用剑身的中强部某一点以一定力量撞击对方剑身中强部以获得进攻主动权或使对手短暂失去对剑的控制，并刺中对手有效部位的动作方法。击打时以手指、手腕快速发力，击打的力量以能让对手剑身离开原来位置或短暂失去控制为度，击打要短暂并发出"啪"的脆响，击打后要控制剑身，使剑尖转向对手有效部位。可从不同姿势或同一姿势开始向同一方向或不同方向击打，也就是可从上线至上线、下线至下线、上线至下线、外线至内线、内线至外线等击打。击打的轨迹可以是直线（横线、纵线、斜线）、半圆、圆等。击打刺的优点是事先不易暴露意图，出其不意。另外击打也可以用于实现第二意图，如用弱部击打，以试探对手，准备进攻。

（2）易犯错误

击打时用力不恰当，接触时间过长，击打后不能及时停住。击打时有挥臂动作，不是用手指、手腕发力。

5. 压剑刺

压剑也是接触剑身的一种方法。压剑刺是用剑身强部向对手剑身中弱部施加压力并刺中对方有效部位的动作方法。压剑时手指、手腕要有静止用力的过程，比击打刺接触剑的时间长些，接触面大些，力量小些，有摩擦和滑动的声音。压剑可以正压、反压、划圆压、转移压，其轨迹可以是直线、斜线、半圆、圆等。

（七）防守与还击技术

击剑运动是进攻与防守不断转换的过程，直到一方被刺中。进攻与防守是一对矛盾，是运动本身的两个方面，攻防转换是运动的表现形式。防守是防止被对手刺中，并为还击创造有利条件而采取的合理有效的动作方法。防守有积极和消极之分：积极防守是指有准备、有意识，并为还击创造有利条件的防守；消极防守是指被迫而动的，无准备的防守。

要做到积极防守，应具备以下条件：一是掌握全面的防守技术和技巧；二是处在有利的距离，即有良好的距离感；三是有防守的有利时机，即有良好的时间感。按击剑运动特点，规则规定在防守中不单要阻止、破坏对手的进攻，还要迅速还击刺中对手得分。因此，防守与还击是防守技术体系中的一个整体。

在击剑运动中，花剑在交锋中所运用的防守形式、防守技术、击剑线、回击技术等都具有鲜明的特征。

1. 防守形式

一是格挡式防守。格挡式防守的路线一般比击打防守长，在时间上比击打防守开始得要晚些。也就是说，在对手进攻的最后一剑就要结束、尚未刺中时，用剑的强部和护手盘将对方的剑推压出自己的有效部位。在做格挡式防守时，手指、手腕要适度用力控制住对手的剑。二是击打防守。击打防守的路线相对较短，这种情况仅限于两剑在同一水平面上的直线击打防守（如第四、第六击打防守）。击打防守的用力，是靠手指、手腕转动同时摆动前臂来完成。在击打动作结束时要控制住自己的剑，以便及时还击。击打防守因为行程远，运行轨迹呈弧线或折线。三是缠绕式防守。这种防守形式主要用在对手刚刚发动进攻时，以预防、破坏、阻截对手进攻。

2. 防守技术

（1）第一防守姿势

① 姿势要点

呈实战姿势，但剑在第一部位。

持剑的上臂与前臂成直角，前臂与胸部平行。

持剑手手心向下，腕向下微屈并微内收，剑尖指向前下方与膝同高。

② 动作要领

持剑前臂内旋，手心向下。

在前臂内旋的同时腕微屈，剑尖下落，并屈肘（约 90°），持剑手内移。剑尖划一小弧线至第一部位呈第一防守姿势。

手指、手腕适度紧张，肩关节放松。

第一防守姿势如图 17-8 所示。

图 17-8　第一防守姿势

③ 易犯错误

前臂内旋、屈腕不及时，剑尖下落慢。

屈肘时上抬上臂，肩关节紧张，持剑手内移不及时。

（2）第二防守姿势

① 姿势要点

呈实战姿势，但剑在第二部位。

持剑手与腰部同高，手心向下，肘关节弯曲并距腰侧一拳。

剑身与身体外侧平行，剑尖指向前下方与膝同高。

② 动作要领

持剑前臂（与手腕同时）内旋，手心转向下方。

持剑臂下落呈第二防守姿势。

持剑臂下落时，剑尖稍划一小弧线，手稍向外移动。

第二防守姿势如图 17-9 所示。

图 17-9　第二防守姿势

③ 易犯错误

剑尖下落时划的弧线过大。

持剑臂肘关节外展。

手腕过分放松，剑尖转动幅度过大或过小。

（3）第三防守姿势

① 姿势要点

呈实战姿势，但剑在第三部位。

持剑手手心向前下方。

② 动作要领

持剑前臂与腕同时内旋，手心转向前下方。

在内旋、向外侧移动时，手腕微伸（背屈）。

第三防守姿势如图 17-10 所示。

图 17-10　第三防守姿势

③ 易犯错误

持剑臂内旋时，肘关节上抬。

剑尖移动幅度过大。

（4）第四防守姿势

① 姿势要点

呈实战姿势，但剑在第四部位。

肘关节弯曲，前臂与上臂成角（略大于 90°），腕关节微伸，肘距身体约一拳，手与腰部同高，手心向内。

剑尖同肩高，指向前方偏内侧。

② 动作要领

持剑臂内旋，使手心转向内，在内旋的同时以前臂带动剑身向内移至第四部位。

剑尖与护手盘同时平行向内移动至第四部位，手指、手腕保持适度紧张。

第四防守姿势如图 17-11 所示。

图 17-11　第四防守姿势

③ 易犯错误

向内移动时前臂向后收，剑尖移动幅度过大。

剑尖与护手盘没有同时平行移动。

（5）格挡防守及击打防守

格挡防守是用剑身强部和护手盘格挡住对手剑身的动作方法。击打防守是用剑身中部撞击、阻拦对手剑身弱部的动作方法。格挡防守的形成有短暂的两剑接触停留和静止用力，其动作在对手的动作快要结束时进行。击打防守的路线要短些，是在对手进攻的半路就击打阻挡，尽量在对手刚发动进攻时就将其破坏掉，其动作短促有力，接触时间短。击打防守是以手指握剑柄发力，其防守的时机要适当，动作要快，要能制动，尽可能离身体远些，要与对手的剑形成适宜的角度（斜着相交）。动作及其力量的大小，离身体的远近、手臂的角度等都要根据当时所处的情势变化。所经过的路线轨迹有直线、半圆、圆等。

易犯错误

防守的时机过早或过晚。

未能用剑身强部去接触对手剑身弱部。

击打接触时间过长，不是以手指、手腕短促用力。格挡时没有静止用力过程，脱离了对手的剑。

3. 击剑线

击剑线是指持剑臂伸直，肩、臂、剑三者呈一直线，剑尖威胁对手有效部位。它是击剑防守技术中的一种特殊形式，是制约对手向前紧逼进攻的特殊手段。击剑线虽然是防御行动，但又具有优先裁判权性质，也就是说对手进攻时，必须破坏掉击剑线，才能获得优先裁判权，进攻才能得分。

（1）动作要领

持剑臂伸直，剑尖指向有效部位。

呈相对静止状态。

击剑线要在对手进攻之前形成。

（2）易犯错误

持剑臂没有伸直，剑尖偏离有效部位。

剑尖不断地移动。

4．还击技术

还击技术是在防守成功之后立即向对手有效部位进行攻击，刺中得分的动作方法。

防守后的还击有以下4种：一是立即还击，二是延迟还击，三是防守后再接触到的还击（跟进的情况下），四是防守后不离剑的还击（近距离的情况下）。

另外，还有反还击，即对对手的还击进行防守后做出的攻击动作；反攻，即在对手进攻时做出的攻击动作或防御性的攻击动作。

（1）击打防守后的直接还击和转移还击

中距离击打后的直接还击：在做出短促有力的击打防守动作后，要控制住自身剑击打后的反弹力，才能快速直接还击，立即刺中对手；如距离不够时可向前一步刺中对手；如对手进攻后继续向前，可后退一步或不收臂或收臂还击。这种具有决定性的快速还击，多在对付对手的决定性最后一剑时采用。

对手紧逼击打后的直接还击：在对手刚刚出剑时快速迎向前，用自己的剑，以短促用力的方式接触对方的剑获得优先裁判权后，就快速直接地还击刺出。

击打后的转移还击：当击打防守后由于距离发生变化或对手后退并有回防动作，无法立即还击时，应先向前伸臂做转移还击；如距离相对近而对手的反防守动作较快时就不必先伸手臂，而应立即做快速还击或交叉还击；如果距离过近则要收臂做转移还击或交叉还击。

利用时间差的还击：在防守后，运用时间差避开对手反防守的一种还击方法。这种还击形式多表现为击打防守后将剑藏起来，如四击打防守后将剑放在对手护手盘下方或成低的第二姿势，以过对手的第四或第六划圆防守，待对手完成防守动作后进行还击。这种还击形式常在近距离快速交锋中运用。

（2）格挡防守后的直接还击和转移还击

直接还击：由于格挡防守有不脱离剑的短暂停留，以便控制对手的剑，因此格挡防守后的直接还击动作，要在不脱离对手剑的情况下有向前推进的过程。另外，有效还击还取决于防守后剑尖与有效部位形成有利的角度，而且在还击的过程中，对手的剑始终处在还击者的控制下。而第四格挡防守后，相对来说不易形成直接还击的有利角度，因此直接还击成功率很低，但可作为复杂还击的前奏。

转移还击：往往是格挡防守之后，在对手进行反抗用力时，借手感进行转移还击，或在防守后不利于直接还击的情况下寻找有利角度和部位进行转移还击或交叉还击。

第三节 击剑基本战术

只有掌握了正确的技法和战术，运动员才能在击剑比赛中游刃有余地发挥应有的技术水平。花剑实战技法与战术包括实战技法、进攻战术、简单防守战术、假动作战术等。

（一）实战技法

实战技法是指实战比赛中运用的技术方法，包括直刺、弓步刺出、冲剑等。

1. 直刺

动作方法：两腿屈膝，两脚距离同肩宽，脚的姿势与实战姿势相同；重心在两腿之间；持剑手臂伸直与剑身呈一直线，剑尖低于护手盘；左臂的上臂与地面平行，前臂与地面垂直，手腕自然放松。

技术要点：先将手臂伸直，再用剑尖找目标；身体前倾，后腿伸直。

2. 弓步刺出

动作方法：持剑手臂伸直，剑尖低于护手盘；手心向上，目视前方。

技术要点：先将手臂伸直，用剑尖找目标，再一同加速刺出。

3. 冲剑

动作方法：持剑手臂伸直；左腿蹬地，重心前移；当重心超过右腿时，右腿蹬地，左腿迅速向前抬起，并伸展全身；左脚落地后向前冲去。

技术要点：注意重心前移，向前冲肘时展体。注意右腿蹬直，左腿迅速前提。

（二）进攻战术

进攻战术是击剑比赛中主动取得胜利的必要手段，包括进攻中刺中、重复进攻等。

1. 进攻中刺中

动作方法：若部分对手的有效部位暴露，可以接着从最短路线直刺，伸直手臂，用弓步直刺；若部分对手的有效部位积极掩蔽，可以使用转移刺；用剑绕过对方的剑，自下向刺出的方向呈螺旋形刺出。

技术要点：若要在运动中快速找到进攻目标，需要灵活的头脑和多变的身体运动，速度不宜单一不变；做弓步直刺时，前腿弯曲，不宜直腿站立。

2. 重复进攻

重复进攻是指当对方处于弱势并已失去反攻机会，给对方以致命性打击的一种剑法，特点是进攻连续、快速。

动作方法：从开始的姿势起做弓步刺，在对方离开的时候，向前还原，呈实战姿势，然后用弓步做第二个进攻动作。

技术要点：重复进攻时要保持身体平衡，以便进行连续进攻；下肢灵活，配合进攻的方向变换步法。

（三）简单防守战术

花剑简单防守战术是指防守中根据对方的进攻动作所采取的反抗动作，简单防守的每一个动作和姿势，都起着保护某一部位的作用。花剑简单防守战术包括直线防守、半圆防守、划圆防守、退却防守等。

1. 直线防守

动作方法：由一种姿势转向另一种姿势时，剑尖沿直线移动并进行防守。

技术要点：防守时两脚迅速移动；持剑臂与肩同高，不宜耸肩。

2. 半圆防守

动作方法：由一种姿势转向另一种姿势时，剑尖沿弧线移动，如由第六姿势转向第二姿势和由第四姿势转为第七姿势等。

技术要点：避免剑尖运动路线混乱；看准来剑的目标；精神集中，但身体不要僵硬紧张。

3. 划圆防守

动作方法：防守时剑尖沿不规则的圆心移动，且第六姿势的划圆防守是剑尖顺时针向右、向下、向左、向上移动，第四姿势的划圆防守是逆时针向下、向右、向上、向左移动。

技术要点：防守动作是否正确，与做动作的剑尖走的路线有关；身体不要紧张；划圆时腕部灵活，敏捷有力。

4. 退却防守

动作方法：当对方从近距离刺来时，后退一步或两步，进行中、远距离的防守。

技术要点：在与未曾相遇的对方实战时，一开始就可以采用这种战术，目的在于观察对方的进攻方法，以便采取可行的进攻方法，它也是防守对方突然进攻的唯一战术。

（四）假动作战术

用剑或身体来威胁和挑衅对方，使其暴露有效部位的行动称为假动作。花剑假动作战术包括假直刺、转移等。

1. 假直刺

动作方法：实际上就是直刺的动作，不过不做完整的直刺，以便做下一个真正的进攻动作。

技术要点：假动作要做得让对方信以为真，腿部运动要敏捷、迅速，路线应灵活多变。

2. 转移

转移就是使自己的剑从对方的护手盘的一方经过，绕一个小弧而移到对方剑的另一方。

动作方法：移动并转动持剑手的腕部，使剑尖从左经下到右，或从右经下到左，或从左经上到右，或从右经上到左。

技术要点：移动时手腕转动幅度不要太大，避免转移弧度太大。

第十八章
游泳

游泳是人类在与大自然的斗争中产生和发展而来的一项简单易行的体育活动，具有广泛的群众基础。

第一节　游泳概述

游泳是人体在水里凭借肢体的动作，同水相互作用而进行的活动。游泳内容丰富且形式多样，它能将水浴、空气浴、日光浴很好地结合起来，对增强体质、陶冶情操、促进身心全面发展具有显著的作用。

游泳主要分为竞技游泳、实用游泳、大众游泳。竞技游泳是指具有特定的技术规格，并按游泳竞赛规则进行比赛的游泳项目。正式的游泳竞赛项目有爬泳（自由泳）、仰泳、蛙泳、蝶泳、个人混合泳和接力6个大项。实用游泳是指直接为生活、生产或军事服务的游泳技术。大众游泳是指以游泳作为基本手段，以增进身体健康、丰富业余生活为直接目的的各种游泳活动。

1896年第一届现代奥林匹克运动会时，游泳就被列为正式比赛项目，当时只举行了100米、500米和1200米自由泳3个项目的比赛。1900年第一届奥运会时，增加了仰泳项目。1904第三届奥运会时，又增加了蛙泳项目。1908年第四届奥运会时，成立了国际业余游泳联合会，简称国际游联，审定了各项游泳世界纪录，制定了国际游泳比赛规则。1912年第五届奥运会时，增设了女子比赛项目，但当时只有100米自由泳和4×100米自由泳接力两项。在奥运会上，游泳是最早设置女子比赛的项目。1952年第十五届奥运会后，国际游联把蛙泳和蝶泳分开，作为两个独立的项目进行比赛。至此，现代竞技游泳的泳式演化基本完成，形成了以蛙泳、爬泳（自由泳）、仰泳、蝶泳4种泳姿为基本技术的游泳竞赛项目群。世界性游泳大赛有每4年一届的奥运会游泳比赛，也有每4年一届与奥运会间隔进行的世界游泳锦标赛，还有每2年一届的世界短池游泳锦标赛和每年都举行的世界短池游泳系列赛。

第二节　熟悉水性

熟悉水性是游泳初学者必经的阶段，其目的是让初学者体会和了解水的特性，逐步适应水中的环境，消除怕水心理，并掌握游泳的一些最基本的动作，如呼吸、浮体、滑行和站立等，为以后学习和掌握各种游泳姿势打下基础。

一、水中行走的练习方法

水中行走是体会水中阻力和浮力，初步掌握在水中维持身体平衡的方法。

（1）在齐腰深的水中向前、向后、向侧走或跑。

（2）在水中站立，两手手掌与水面垂直，向前后或向左右划水，体会水的阻力。三人面对面站立，互相拨水练习。

二、水中睁眼和闭气的练习方法

（1）站在池内，双手扶住池壁，吸一口气，尽量吸多一点，但也不能太多。然后把头浸入水中，睁开眼睛，一上一下地做蹲起动作。

（2）由同伴拉着练习者的双手或一只手在池中做蹲起动作，吸气要求与上面的练习一样。

三、水中呼吸的练习方法

（1）站在池壁旁，用嘴深吸一口气，两手扶住池壁。然后没入水中蹲下，在水中用嘴、鼻子同时均匀地吐气，快吐完时站立再吸气。

（2）站在池壁旁连续做蹲起呼吸练习，下蹲时吐气，站立时吸气。

（3）练习者由同伴拉着手做蹲起的呼吸练习，下蹲时吐气，站立时吸气。

四、浮体与站立的练习方法

（一）抱膝浮体与站立

原地站在齐腰或齐胸深的水中，深吸一口气后下蹲，然后低头，两手抱膝，膝尽量靠近胸部，呈低头团身抱膝姿势，使身体浮于水面；这时用嘴和鼻子慢慢吐气，到快吐完时，两臂前伸，手掌向下压水并抬头，同时两腿向下伸直；当两脚踩住池底时站立，两手于体侧压水以保持身体平衡。抱膝浮体如图 18-1 所示。

图 18-1　抱膝浮体

（二）抱膝、展体、漂浮和站立

抱膝浮体于水面时，两臂前伸并拢，头夹在两臂之间，两腿向后伸并拢，使身体俯卧漂浮在水面上；站立时收腹、收腿、抬头，同时两手往下压水，两脚向下触到池底站立。

（三）展体、漂浮与站立

两脚开立，两臂前伸，深吸气后低头，身体前倾，两膝微屈，两脚轻轻蹬池底，两腿放松上漂呈俯卧姿势，漂浮于水面，臂和腿自然伸直；站立时，收腿抬头，同时两臂向下压水，两腿向下伸直，脚掌踩住池底站立，然后吸气。展体、漂浮与站立如图 18-2 所示。

（四）仰浮与站立

于水中站立，深吸一口气后，可在同伴的帮助下慢慢后仰上体，做仰卧漂浮练习，漂浮时两手自然放松并前后拨水；站立时，双手从后向前泼水，然后收腹、收腿、上体前倾，当两脚触底时站立，熟练后可以自己练习。仰浮与站立如图 18-3 所示。

图 18-2　展体、漂浮与站立　　　　　　　图 18-3　仰浮与站立

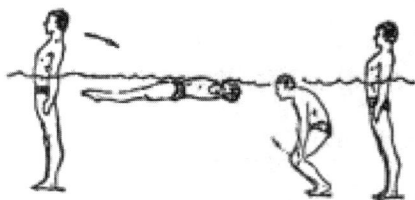

五、滑行和简单的游泳动作的练习方法

（1）蹬池底滑行与站立：两脚前后开立，两臂前伸，两手并拢，深吸一口气后上体前倾，两膝微屈；当头和肩浸入水中时，前脚掌用力蹬池底，随后两腿并拢，使身体呈流线型向前滑行；站立时，收腹、收腿、抬头，同时两臂下压，两腿下沉伸直，脚触底后站立。

（2）蹬壁滑行与站立：一只手拉住池槽，一臂前伸，然后收腹屈腿，两脚蹬池壁，使上体前倾至平行于水面；做好准备姿势后，吸一口气，低头，随即放下拉槽的手，两臂并拢前伸，头夹于两臂之间，同时两脚用力蹬壁，使身体呈流线型向前滑行。站立时方法同上。

（3）蹬壁或蹬底的仰卧滑行与站立：两手拉住池槽于体前，两脚蹬池壁或蹬池底，然后放手，同时两脚用力蹬壁，使身体仰卧滑行；站立时，双手从后向前拨水，然后收腹、收腿，上体向前倾，两腿触底后站立。

第三节　游泳基本技术

凡游泳竞赛规则中明确规定的游泳项目均称为竞技游泳。竞技游泳的泳式可分为蛙泳、爬泳（自由泳）、仰泳、蝶泳 4 种。在正式比赛中，这些泳式的出发、转身、动作姿势及场地设备都有具体的要求和规定。其比赛项目，从游泳的发展情况看，则是随着游泳技术的发展而逐步增加。下面介绍蛙泳和爬泳（自由泳）的基本技术。

一、蛙泳

蛙泳是身体俯卧水中，两肩与水面平行，依靠两臂对称向后划水，两腿向后对称蹬夹水而向前游进的姿势。整个动作与青蛙游水十分相似，所以名为蛙泳。蛙泳的特点是省力、持久、易观察、声音较小，头部可以出没水中呼吸，视野广阔，因此蛙泳是一种实用性较强的泳式。

（一）蛙泳的动作要领

1. 身体姿势

蛙泳时，身体水平俯卧于水中，两臂向前伸直并拢，两腿自然向后伸直并拢，同时上体稍挺起，头略抬，使身体和前进方向呈 5°～10° 角（见图 18-4）。这种流线型的姿势，既能减少前进的阻力，又可以充分发挥手、臂、腿的作用，加快游速。

图 18-4　身体姿势

2. 腿部动作

腿部动作是蛙泳时推动身体前进和加快游速的主要动力，可分为滑行、收腿、翻脚和蹬水 4 个动作。

（1）滑行。滑行是蛙泳的开始姿势，当身体借助惯性高速向前滑行时，两腿并拢向后伸直，身体呈水平姿势，下肢放松，只靠腿部肌肉的适当收缩，把脚跟稍稍提向水面，为收腿做好准备。

（2）收腿。收腿是蹬水的准备动作，路线要短，阻力要小，要为蹬水创造有利条件。收腿时两腿稍内旋，使脚跟分开，膝关节随腿向前边收收分。分腿结束时，大腿和躯干之间的角度为 130°～140°，小腿尽量靠近臀部（见图 18-5），并藏于大腿的投影之中，两膝的距离约与肩同宽，两脚掌几乎平行向前收，靠腿的内翻使脚跟分开与臀部同宽。

图 18-5　腿部动作

（3）翻脚。翻脚实质上是从收腿到蹬水之间的一个过程，是收腿的继续，蹬水的开始。

为了增长蹬水的路线，随着收腿的结束，两脚应继续向臀部靠近，大腿内旋使两膝内压的同时小腿向外翻，接着脚尖也向两侧外翻，便脚掌内侧正对蹬水方向。整个翻脚动作由内收腿，压膝，翻脚 3 个连贯动作组成。

（4）蹬水。蛙泳蹬水就像蹬池壁一样，要使蹬水方向向后，由髋部发力，带动膝关节和踝关节，然后相继伸直。如用窄蹬动作，能利用小腿内侧和脚掌内侧的合理对水，形成向前的推进作用力。另外，翻脚时大腿内旋造成膝内压，能带动小腿和脚向后蹬水，使蹬水形成一个有力的鞭状打水的动作。

3. 臂部动作

蛙泳的臂部动作可分为滑行、抓水、划水、收水、伸臂 5 个连续的动作。

（1）滑行。伸臂结束后，身体向前滑行，这时两臂向前伸直，手指并拢，掌心向下，两手尽量接近水面，使身体在较高的位置保持稳定，整个身体呈流线型。

（2）抓水。抓水是滑行后进入划水前的动作，如果立即进入划水动作，动作方向会向外下方，不仅不利于推进身体，还会造成身体过分起伏，所以从滑行到划水之间要有一个准备划水的抓水动作。抓水时，肩保持前伸，两臂内旋，使两臂和掌心转向斜外下方，屈手腕呈 150°～160° 角。结束抓水时，两臂和水平面及前进方向应呈 15°～20° 角，肘关节伸直（见图 18-6）。

（3）划水。抓水后，紧接着划水。划水路线是向偏外下方，划至与前进方向约呈 80° 角。划水时，肘高于手并前于肩。手带动前臂和上臂向后划水的过程中，肘关节的角度为 120°～130°。划水是用手掌加速内拨的动作，这个动作带动前臂收至超过垂直部位并开始降肘，掌心从外后转向内后急促拨水而结束。

图 18-6　抓水

（4）收手。划水结束即开始收手。收手就是结束划水后，手掌在向内上移动的同时，上臂外旋，向前推肘的动作过程。收手时，要尽量把两臂收在身体的投影之中，以利用划水造成的推进惯性作用，减少水对臂前移的阻力。

（5）伸臂。收手后继续推肘伸臂。推肘不是先伸肘关节，而是伸肩关节的同时伸肘关节。两手先向上，再向前伸。两臂伸直后即恢复滑行姿势，伸臂时不能有停顿的动作。

4. 呼吸和完整动作的配合

蛙泳的呼吸方法有两种：一种是早吸气，另一种是晚吸气。早吸气是两臂抓水时抬头用力呼气，在划水过程中吸气，在收手过程中闭气低头，伸臂滑行时慢慢吐气。晚吸气是划水几乎结束时才开始抬头用力吸气，在两臂结束划水和收手时闭气低头，伸臂的后段直到划水过程中慢慢吐气。

（二）蛙泳的练习方法

1. 腿部动作的练习方法

（1）坐在凳上或池边，上体稍后仰，两手撑在体后，两腿伸直并拢，髋关节展开，做蛙泳的收腿、翻脚、蹬夹水和停止动作。练习时，先分解做，再连贯做。

（2）俯卧在凳子上做收腿、翻脚、蹬夹水、停止的动作。先做分解动作，再做连贯的完整动作。

（3）一只手抓住池槽，另一只手撑住池壁，使身体浮起平卧于水中，髋关节展开，两腿后伸并拢，然后做收腿、翻脚、蹬夹水和停止的动作。先分解做，然后连贯做，也可由同伴帮助做。

（4）扶池槽俯卧做蹬夹水练习。

（5）在水中由同伴托住腰腹后，做蹬夹水练习。

（6）由同伴拉着前伸的手，在牵引下做腿部动作的完整练习。

（7）自己蹬池壁滑行后，做蹬夹水练习。

2. 臂部动作的练习方法

（1）原地站立，上体前屈，两臂前伸，掌心向下，做蛙泳划水动作。

（2）在水中原地站立，上体前屈呈水平姿势，然后两掌心向下前伸于水中，做划水、收手、前伸的动作。

（3）在水中上体前倾，走动中做两臂划水、收手、前伸的连贯动作。

（4）由同伴托扶腰腹，使身体呈水平姿势，在水中做手臂的划、收伸动作。

（5）自己蹬池壁，在滑行中做双臂的划水连贯动作。

3. 蛙泳呼吸的练习方法

（1）在水中原地站立，上体前倾，头没入水中，两臂在水中伸直，当两臂向左右分开时，即抬头呼吸，随之划水低头。

（2）在水中练习走动的呼吸动作。由同伴帮助夹抱双腿，使身体俯卧于水面，然后听同伴的口令做吐气、吸气的呼吸练习。

4. 完整配合技术的练习方法

（1）在同伴的托扶下练习完整配合技术，并可根据同伴的口令做划水、呼吸、低头划水、收手收腿、伸臂蹬夹的动作。

（2）采用浮体物（如打水板、救生圈等）练习完整配合技术。练习时可以自己默念动作名称，做划水、吸气、收手、收腿、伸臂、蹬腿动作。

（3）漂浮俯卧后做一次划水，两次或三次蹬腿，一次呼吸的配合动作。同伴在旁指导。

（4）做一次划水，一次呼吸，一次蹬腿练习。要求动作慢而正确，要放松，不要紧张，以防动作变形。

（三）蛙泳常见错误的直接原因及纠正方法

1. 小腿向下打水

直接原因：收腿时两膝下沉不够，向上勾小腿；蹬夹水时仅靠小腿下压，髋关节没有充分伸展。

纠正方法：强调加大屈髋程度，多收大腿；强调蹬夹水时先伸髋后伸膝，使脚接近水面后蹬。

2. 臀部上下起伏

直接原因：收腿时用力过猛，屈髋太多。

纠正方法：放慢收腿速度；减少屈髋程度，积极收小腿，使脚跟尽量靠近臀部；蹬夹水时腹肌适度紧张，使身体保持平直姿势。

3. 划水时手摸水

直接原因：手臂力量弱，划水时肘部下沉。

纠正方法：加强手臂力量练习；多做水中原地或夹打水板的划水练习，强调屈臂高肘。

4. 划水太靠后

直接原因：外划太宽，内划太慢；划水方向过于向后；内划结束时手停顿，没有及时向前伸臂。

纠正方法：采用上臂基本不动的"小划臂"技术，屈臂高肘，不要用前臂弧形划水；强调动作连贯，内划紧接着前伸，中间不停顿。

5. 手臂边前伸边外划

直接原因：急于用手划水前进，急于抬头吸气。

纠正方法：强调手臂内划后并拢前伸，滑行一段后再分手外划；多做水中原地的划水练习；要求两臂前伸并拢时拇指相扣，停2秒后再开始下一个动作。

6. 蹬夹水的同时划臂

直接原因：手臂前伸后没有滑行，急于划水；收腿太慢，蹬夹水滞后。

纠正方法：强调腿蹬直后手臂保持伸直并拢姿势滑行一段距离；多做臂一次、腿一次的分解练习，体会臂、腿交替的要领；从蹬三次腿划一次水，过渡到蹬两次腿划一次水，最后回到正常的蹬一次腿划一次水，限制手臂过早外划。

二、爬泳

爬泳又称为自由泳，指身体俯卧水中，依靠两臂轮换划水，两腿上下交替打水向前游进。两手轮换划水的姿势很像爬行，所以称为爬泳。

（一）爬泳的动作要领

1. 身体姿势

爬泳时，身体平直地俯卧在水中，身体的纵轴与水平面呈 3°～5° 角，头微微抬起，这种平直的姿势能缩小前进的截面，有助于减少阻力，颈部自然后屈与水平面呈 20°～30° 角，两眼注视前下方。两臂轮换前伸向后划水，两腿上下交替打水。身体保持平直，既不要收腹提臀，也不要挺胸塌腰，但在游进中身体可以绕纵轴有节奏地转动，转动范围一般为 35°～45°（见图 18-7）。

图 18-7　身体姿势

2. 腿部动作

爬泳的打水能使身体保持平衡，有利于划水，表现为两腿不停地上下交替摆动。向下时，腿自然伸直，用髋关节发力，大腿带动小腿，打水的幅度一般为两腿间相距 30～45 厘米。向下打水时，动作要快而有力，向上提腿时应放松一些。在向下打水时，由于惯性的作用，此时小腿和脚仍继续向上移动，而膝关节有些弯曲，弯曲程度一般为 140°～160°。在打水时脚尖自然伸直，在向下打水时，两腿应自然向里转一些。

一般是一个完整的臂部动作配合 6 次打水，但也有人采用 4 次打水和 2 次打水，这要根据个人的特点来定。

3. 臂部动作

爬泳的臂部动作是产生推力的主要形式。整个臂部动作可分为入水、抱水、划水、出水和空中移臂 5 个不可分割的部分。它们之间并没有明显的界限，是一个完整的动作。

（1）入水。在完成空中移臂后，手应向前，自然放松地入水，入水点一般在身体纵轴和肩关节的前方延长线之间。入水时手指自然伸直并拢，通过臂内旋使肘关节抬高，呈 130°～150° 角，这时肘关节处于最高点，掌心斜向外下方。

（2）抱水。臂入水后，手掌从向斜外下方转向斜内后方，开始屈腕、屈肘，并保持高抬肘姿势。抱水时，上臂和水平面约为 30° 角，前臂与水平面约为 60° 角，手掌接近垂直对水，肘关节屈曲约呈 150° 角，像抱了一个球似的（见图 18-8）。

（3）划水。划水是整个臂部动作产生推力的主要环节。在抱水的基础上，划水时臂与水平面呈 35°～45° 角（见图 18-9）。

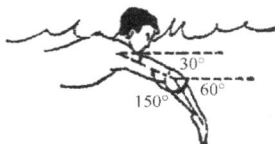 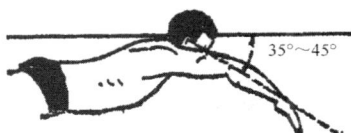

图 18-8 抱水　　　　　　　　　图 18-9 划水

开始划水时，屈肘呈 100°～120° 角。此时前臂移动快于上臂，当划至肩下垂直面时，屈肘呈 90°～120° 角。前臂迅速向后推水至侧腿旁，结束划水。在划水过程中，手掌微凹。

（4）出水。划水结束后，臂借助推水后的惯性，利用三角肌、肩带肌的收缩及身体沿纵轴的转动，将肘部向上方提起，并迅速将臂部提出水面，这时臂部和手腕应放松。

（5）空中移臂。这是臂部在一个划水周期中的休息放松阶段。移臂时，肘稍屈，处于比肩和手部都要高的位置。

（二）两臂配合的常用方法

两臂协调配合，是保证爬泳前进速度均匀性的重要条件。

前交叉：一臂入水时，另一臂处在滑下阶段，这是一种带滑行阶段的技术。

中交叉：一臂入水时，另一臂已经进入划水阶段的中间部分。

后交叉：一臂入水时，另一臂已经进入划水阶段的后半部分（见图 18-10）。

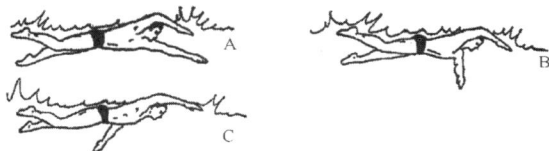

注：A. 前交叉；B. 中交叉；C. 后交叉。

图 18-10 前交叉、中交叉、后交叉

1. 爬泳的呼吸

爬泳的呼吸是利用头向左侧或右侧转动，用嘴进行的。以向右侧转头呼吸为例：右手入水以后，嘴和鼻子开始慢慢地呼气，右臂划至肩下向右侧转头，呼气量开始增加，当右臂推水即将结束，呼气量进一步加大；右臂出水时，马上张嘴吸气；移臂到一半时，呼气结束，并开始转头复原，此时又闭气，继续转头和移臂，脸部转向前下方；头部姿势稳定时，开始下一次呼吸；如此反复循环进行呼吸。

2. 呼吸和完整动作的配合

腿、臂、呼吸的配合，一般采用两臂各划水一次、呼吸一次和两腿打水六次的方法。

第四节　游泳救护

一、接近溺水者和解脱的方法

救护者入水后，应尽快接近溺水者，一般采用速度较快的抬头自由泳。

（一）接近溺水者的方法

（1）在接近溺水者以后，如从正面进行直接救护，则先用右手握住其右手腕，用力向右边拉，使溺水者的身体借助惯性顺势旋转，背向自己即可拖带。

（2）有些溺水者在沉没时手脚会乱抓，在这种情况下，救护者应游到溺水者背后，然后进行救护。

（二）被溺水者抓住的解脱方法

1. 溺水者双手抓住救护者单臂时的解脱方法

救护者应尽快用手握住溺水者一手的拇指，向外用力拉开，接着将被抓的手迅速由内向上外翻转，并反握溺水者的两臂用力向下压，即可解脱。然后，在解脱的同时将溺水者身体扭转，背向自己拖带上岸。

2. 溺水者两手抓住救护者两手腕的解脱方法

救护者两手应及时由内向外翻转，之后反握溺水者的两臂用力向下压，即可解脱（见图18-11）。

3. 溺水者从后面双手抱住救护者颈部的解脱方法

救护者用右手（或左手）托住溺水者的肘，另一只手握住溺水者同一只手腕，同时将托肘部的手用力向上推肘，从溺水者的臂中钻出来。解脱后将溺水者身体扭转，背向自己拖带上岸（见图18-12）。

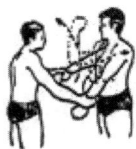

图 18-11　解脱方法 1　　　　　　　　　　图 18-12　解脱方法 2

4. 溺水者从前面双手抱住救护者上体的解脱方法

救护者用左手抱住溺水者腰部，用力向自己身边拉，右手用力抬住溺水者的下颌，由下往上推或两手将溺水者头部扭转（见图18-13），溺水者就会自行松手。解脱后将溺水者身体扭转，背向自己拖带上岸。

5. 溺水者从后面（或前面）双手抱住救护者两臂的解脱方法

救护者两腿用力向下踩水，当头出水后深吸一口气，然后向下，从溺水者的两臂中钻出来（见图18-14）。解脱后将溺水者身体扭转，背向自己拖带上岸。

图 18-13　解脱方法 3　　　　　　　　　　图 18-14　解脱方法 4

6. 溺水者从后面拦腰抱住救护者的解脱方法

救护者左手握住溺水者左手一指，右手握着溺水者右手一指，分别向左右两侧扳，然后放开一只手，另一只手用力拉，使溺水者转体，背向自己拖带上岸。

7．溺水者从前面抱住救护者双腿的解脱方法

救护者一只手抓溺水者的下颌，另一只手抓住溺水者的后脑，向一侧扭转，溺水者便会松手。解脱后将溺水者身体扭转，背向自己拖带上岸。

8．两个溺水者互相抱住的解脱方法

救护者两手抓住其中一溺水者的下颌，使其头部后仰，同时两脚跨过该溺水者的肩膀，踩在另一名溺水者的肩上，用力向下蹬。这样一蹬一拉即可解脱（见图 18-15），然后分别拖带上岸。

图 18-15　解脱方法 5

二、拖带溺水者的方法

（一）仰式拖带法

使溺水者仰卧于水面，救护者用双手托住溺水者的下颌和脸部的两侧或托住溺水者的腋窝，用反蛙泳的姿势进行拖带（见图 18-16）。这种拖带法容易使溺水者的脸部露出水面，从而呼吸到空气。

图 18-16　仰式拖带法

（二）侧式拖带法

这种拖带法动作简单，操作方便，而且救护者也不容易被乱动的溺水者挣脱。拖带时，救护者用左手从溺水者的左肩通过前胸夹住其右腋窝后用侧泳进行拖带。拖带时救护者可适当用自己的臂部把溺水者顶起，使溺水者平浮于水面，减少阻力（见图 18-17）。

（三）两人拖带法

救护者在溺水者的左右两侧，各用一手夹住溺水者的腋窝，用侧泳或反蛙泳拖带（见图 18-18）。

图 18-17　侧式拖带法

图 18-18　两人拖带法

三、在拖带溺水者时，应注意以下问题

（1）拖带时，要使溺水者的嘴和鼻露出水面，这样可使溺水者呼吸畅通，以免再次喝水。

（2）无论采用哪种方法拖带溺水者，都要使自己平浮于水面，这样可以减少阻力，轻松拖带。

四、出水和护送的方法

把溺水者拖带至岸边后，要尽快上岸进行急救处理。出水时，救护者先上岸，然后将溺水者从下往上拉出水面。

第十九章
定向运动

定向运动几乎不受性别、身材、体能等因素的限制，大学生只要喜欢锻炼，能够基本识别地图和使用指北针，往往就能参与其中。

第一节　定向运动概述

定向运动起源于欧洲北部斯堪的纳维亚半岛的瑞典，最初是一项军事体育活动。"定向"在1886年首次使用，源自瑞典语"Orienteering"一词，意思是在地图和指北针的帮助下，越过不为人知的地带。定向运动是一项参赛者借助地图和指北针，在尽可能短的时间内到达若干个被同时标记在地图上和实地中的检查点的运动。真正的定向运动比赛于1895年在瑞典斯德哥尔摩和挪威奥斯陆的军营区举行，这标志着定向运动作为一种体育比赛项目的诞生，距今已有百余年的历史。

定向运动本身作为一种体育项目先从北欧开始兴起，到20世纪30年代，已在芬兰、挪威、瑞典、丹麦立足。1932年，第一次世界定向运动比赛举行。

国际定联总部设在芬兰，是国际体育联合会总会会员之一，宗旨是普及和发展定向运动，加强运动员的友好关系，尊重《奥林匹克宪章》。为此，国际定联委托并监督定向越野世界锦标赛和国际比赛，为该项目科学地划分、确定了全世界统一的正式专业项目、主要赛事、主要比赛项目，并制定了一系列的比赛规则与技术规范，同时监督其实施，确保成员在国际定联所有活动中的自主与平等，作为最终裁决人处理定向运动中的冲突，在与之合作的其他体育组织中维护定向运动的利益。

定向运动是一项智慧型体育项目，是智力与体力并重的运动。它不仅能强健体魄，而且还能培养人独立思考、独立解决困难的能力，以及在体力和智力受到考验下迅速反应、果断决策的能力。它是一项大学生非常喜爱的体育项目，能让大学生在参与的过程中回归自然、放松身心、陶冶情操、融洽关系、增加乐趣。它能培养大学生独立分析、解决问题的能力和良好的逻辑思维能力，教会大学生如何在大自然中把握自己，爱护自然，遵守相关守则。它也是一项花费较少的群众性体育项目，所需的只是一张有效的定向地图和一个指北针，服装可以是定向专业套装，也可以只是普通运动服。比赛中，不论男女老少，都可相互交流，共享人生。

1992年，我国正式加入国际定联，我国定向运动协会是其成员之一，国际定联组织了许多世界经典赛事，如世界锦标赛、世界青年锦标赛、世界杯赛等。1960 年第一届世界定向越野锦标赛在芬兰举行。世界定向越野锦标赛作为世界上水平最高，最具有权威的传统定向运动比赛，最初每两年举行一次，自 2004 年起，每年举行一次。

我国的定向越野运动的发展分为三大阶段。首先为引入阶段。1983 年，在广州举办了军事性的定向越野运动赛。其次为推广阶段。在 20 世纪 90 年代初，开始正式成立定向越野相关组织。最后为快速发展阶段。在进入 21 世纪后，定向越野运动正式成为运动项目进入全国性的运动会。近年来，定向越野运动逐步被纳入学校体育课程体系，在我国学校中也取得了较快的发展。

第二节　定向运动基本技术

进行定向运动首先需要会对比赛地形认识，本章会介绍如何识别地图、指北针的使用等基本技术。

一、基本技术

（一）认识等高线

等高线是由地面上高程相等的各点连接而成的闭合曲线，使用者利用它可以了解自己所处位置及周边地势高低等地理信息。等高线剖面图如图 19-1 所示。

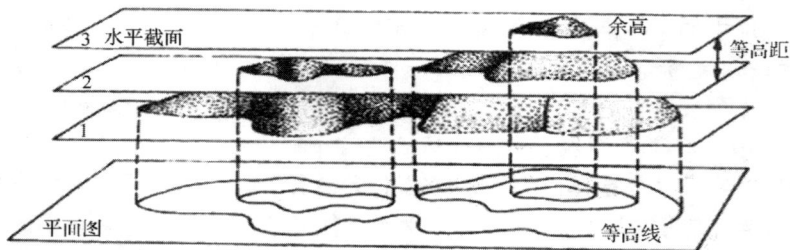

图 19-1　等高线剖面图

（二）识别地图

1. 认识不同形态的山
为了区别凹地与山顶，山顶的等高线呈小的闭合环圈。表示凹地的环圈都要加绘示坡线。示坡线是指示斜坡降低方向的短线，它与等高线垂直相交，与等高线不相接的一端指向下坡方向。

2. 认识山谷
山谷，是相邻山背、山脊之间的低凹部分，由于山谷是聚水的地方，所以最低凹入部分的底线叫合水线。

3. 认识鞍部
鞍部是相连两山顶间的凹下部分，形如马鞍。

4．认识山脊

山脊，是由两个坡向相反坡度不一样的斜坡相遇组合而成条形脊状延伸的凸形地貌形态。山脊的最高棱线叫山脊线。

（三）识别定向地图

定向地图一般由方向指示标识、比例尺、符号和颜色、图例注记和检查点符号说明表等要素组成。

1．方向指示标识

阅读地图，首先要辨别图上方向。地平面上有东、南、西、北4个基本方向，如果地图没有方向指示标识，通常默认"上北下南，左西右东"的图上方向。定向地图用磁北方向线和指向箭头指示图上方向。

2．比例尺

比例尺是地图最重要的参数之一。要想学会识别、使用定向地图，首先应懂得识别比例尺。地图上某线段长度与相应的实地线段长度之比，叫比例尺，它确定了地图与实地地面缩小的倍数。

比例尺主要有以下3种表示方式。

（1）数字式：如 1：10000 或 1：1 万。

（2）文字式：如图上一厘米等于实地一百米，或一万分之一。

（3）图解式：如 0   100   200   300   400米

3．符号和颜色

为使更多的定向运动爱好者都能轻易理解定向地图，国际定联统一规定了定向地图的符号和颜色，具体分为地貌符号、岩石与石块符号、水系与淤泥地符号、植被符号、人工地物符号、比赛路线与技术符号和检查点说明表等。

（四）了解检查点说明表

检查点说明表是影响比赛成绩的一个重要因素。能熟练运用检查点说明表辅助进行路线选择，迅速而准确地"捕捉"检查点也是反映定向运动技能水平的一个重要方面。

1．检查点说明表的作用

检查点说明表通常被印制在地图上。在国外，检查点说明表通常在比赛开始前一天发给运动员，使运动员更好地了解比赛路线的设置情况。而在国内，多数情况下只有到比赛开始时，运动员才有机会阅读检查点说明表。

2．检查点说明表的类型

检查点说明表有3种基本类型，分别适用于不同类型的比赛对象。

（1）象形图案型：用直观形象的图案对检查点进行说明，适用于幼儿。

（2）文字说明型：用文字对检查点进行说明，适用于刚接触定向运动的初学者和没有机会进行系统定向练习、只是学习的定向运动体验者。

（3）通用符号型：用国际定联制定的通用符号体系对检查点进行说明，适用于有一定基础的定向运动初学者、爱好者及运动员。

各类检查点说明表的基本结构都是相同的，都遵循国际定向运动检查点说明规范所制定的检查点说明表结构标准。

3. 检查点说明表的结构

检查点说明表主要分为表头、起点说明、各检查点说明和终点说明 4 个部分。

（1）表头：说明比赛名称、路线组别、路线号、路线长度和爬高量等内容。

（2）起点说明：说明比赛起点的位置。

（3）各检查点说明：按检查点序号描述检查点特征，点标旗与检查点特征间的位置关系，由 8 个栏目组成。在初级水平的比赛中，检查点较简单，因此各检查点的说明也较简单，使用得较多的通常只有 A、B 和 D、G4 个栏目。

（4）终点说明：指出最后一个检查点到终点的距离，及两点间是否有标记物。

4. 利用检查点说明表的优势

（1）检查点说明表能让寻找点标变得相对简单

定向越野的一个重要目标，就是通过寻找检查点的方式，提高运动员识别、使用地图的能力。根据我国经常参与定向运动的人的经验，在定向越野比赛中，特别是在设计有多条比赛路线和检查点数目较多的比赛中，一张精确的地图再配合这套说明系统，对于简化寻找点标的过程，减少寻找点标的差错，的确非常有帮助。

然而，我们还需牢记许多有经验的人的告诫：发现检查点不能仅仅依靠这些说明符号，主要还是靠识图、用图的能力及对检查点特征物的正确判断。

（2）检查点说明表有利于更准确地寻找点标

一般情况下，检查点说明表只采用符号表的形式（见图 19-2）。如运动员中新手较多或出于其他原因，可将符号表与文字说明同时提供给运动员，以便让运动员更快地找到所要找的点，提高准确率。

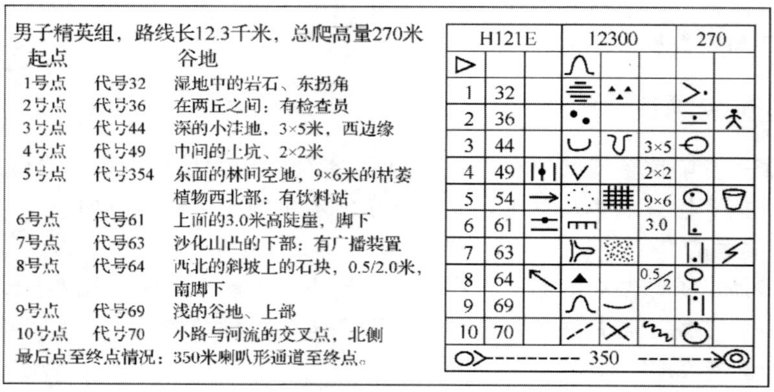

图 19-2　检查点说明表

（五）指北针的使用

指北针在野外的主要作用有：辨别方向、标定地图、确定站立位置与目标点的方向、简易测绘。

在定向运动比赛中，运动员们通常使用专业的定向运动指北针。这是一种主体为透明有机玻璃的基板式指北针，由于它的磁针盒内充满一种起稳定磁针作用的特殊液体，因此很适合在奔跑时使用。

使用指北针时需注意以下问题。

（1）使用前要检查磁针是否灵敏。方法为用一钢铁物体（如小刀）多次扰动磁针，若磁针每次都能迅速摆动并停止于同一处，则表明磁针灵敏；反之则说明该指北针已不能使用。

（2）使用时应避开各种电器、钢铁类物体。

（3）不能在磁力异常的地区使用。

二、技术训练

（一）实地标定地图

使用定向地图时，必须水平放置，水平持图，并对地图进行定向（也即标定地图/正置地图，将地图的方向与实地保持一致）。在初期定向教学中，应培养方位感，强调正确的持图方法（标定地图/正置地图），学会充分利用定向地图上的信息寻找目标。在没有指北针或不用指北针的情况下，应利用实地的环境特征标定地图。实地持图练习如图19-3所示。

在行进过程中，当方向改变后，持图方法也要随之改变，同时重新标定地图，保证地图的方向与实地的方向一致。

图 19-3　实地持图练习

1．方向感练习

设计一条或多条路线，路线纵横交错，方向多变，并在路线上设置较多较密的检查点，让学生先利用指北针准确地找到目标方向，每次前往目的地前，可先观察目的地周围的地形，加深印象，务必快速及准确地到达目的地。然后要求学生在不使用指北针的情况下找点，从而培养学生的方向感。

2．距离感练习

如果没有良好的距离感，在实际的比赛中很容易错过要找的检查点。要培养比较强的距离感，一般可以先用某一比例尺的地图进行练习，培养了一定的感觉之后，再改用其他比例尺的地图进行练习，通过反复的练习，使学生逐渐感觉到因为比例尺的改变而带来现实中的距离的差异。如此反复，学生能够依据不同的比例尺来估测实际的距离，并逐渐形成良好的距离感。

（二）行进间持图练习

1．持图走练习

持图走应强调地图和实地地形的对照。在定向地图上设计一些简单的路线让学生进行持图走练习，不要用指北针，而是让学生完全靠自己对地图与实地的对照进行练习。练习时强调"人在实地跑，心在图中移"，并能很好地应用拇指辅行法。

2. 按规定路线行进练习

在定向地图上只设置起点和终点，规定学生按照规定路线行进，在路线的途中放置几面点标旗，要求学生回来后说明发现了几面，并在地图相应的位置圈出点标旗所在的点；也可以不设点标旗，由学生根据自己在完成规定的路线的过程中所发现的地形点确定几个点，回来之后在地图上圈出来，并说明理由。

3. 安全路线选择

依托明显地物来设置检查点，这样检查点特征明显、目标明确，学生在找点过程中也容易判断，然后再慢慢增加找点的难度。首先，应该依托地物的特征设置检查点，如交叉处、拐弯处、山谷、山顶等；其次，选择靠近线形地物的明显地物设置检查点；再次，选择离线形地物稍远的明显地物设置检查点；最后，使用复杂的野外地图，增加颜色等干扰因素进行上述练习。

（三）定向赛练习

1. 校园个人定向赛练习

校园个人定向赛练习，主要是让学生单独体验和完成整个定向活动，独立分析校园地形特点，并到适合自己的最佳行进路线。校园个人定向赛练习可以提高学生的看图、识图能力，以及路线分析判断能力，非常适合初学者。在校园个人定向赛练习中，学生还可以通过熟悉的校园环境，对自己所选择的路线进行对比和纠正。

2. 野外个人定向赛练习

野外个人定向赛练习，主要是让学生在野外环境下，单独体验和完成整个定向活动。野外个人定向赛相对于校园个人定向赛来说，视野不够开阔，有效参照物较少，难度更大，不适合初学者。野外个人定向赛对学生独立分析野外地形特点等定向技能的要求更高，学生必须结合野外地形特点，找到适合自己的最佳行进路线。野外个人定向赛练习可以提高学生的看图、识图能力，以及路线分析判断能力，还可以检验学生的心理素质和野外生存的能力，适合有一定定向运动经历的学生。

3. 团队定向赛练习

团队定向赛是以团队为单位，借助地图和指北针，按要求完成到访若干必过点和若干自由点，并以最短时间完成全赛程的运动。一般团队定向赛分为男子团队赛和女子团队赛，各由 4 名运动员参加。

团队定向赛主要是使学生在团队协作中体验定向运动的乐趣，发挥个人的定向技能。团队定向赛既能考验个人对定向技能的应用，也能考验队员之间的信任和默契程度，还可以检验队员对地图的理解、分析能力和快速抉择能力。团队定向赛的规则规定必过点有一名队员错打、漏打、串打会造成团队成绩无效，自由点有一个或多个检查点漏打都会造成团队成绩无效；而多打没有关系。团队定向赛对个人定向技能水平的提高和团队协作能力的培养有非常好的效果。

第三节　定向运动基本战术

定向运动基本战术有很多，主要是要求运动员根据比赛的类型、特点以及地形等灵活选用，不能墨守成规。另外，运动员要特别重视赛后反馈与交流，找出常犯的错误与原因，从而提高自己的技术水平。

一、个人定向赛战术

现阶段，个人定向赛主要有公园定向赛、校园定向赛、野外定向赛、百米定向赛等。运动员应根据不同比赛形式采用不同的战术。下面对这些战术进行简单说明。

（一）公园定向赛战术

公园定向赛一般进行短距离和中距离的比赛，由于地形简单、变化多样，通视的程度较高，可跑性比较强，且观众多、人员杂，外界因素对运动员的影响较大，因此运动员应采用以自身为主，"快、准、狠"结合的战术，路线选择以地物参照为主，地貌分析为辅。由于比赛距离短，运动员做出选择后不能犹豫不决，应果断执行。

（二）校园定向赛战术

校园范围广，地形简单，参照物明显，可跑性强，通视的程度高，人员流动大，外界对运动员的干扰较大，因此运动员可在校园定向赛中采用公园定向赛战术。

（三）野外定向赛战术

野外定向赛一般在森林（中、长距离，地形复杂）进行，对运动员的体力和技术要求比较高，要求运动员采用以稳为主，稳快结合的战术，路线选择以地貌分析为主。

（四）百米定向赛战术

百米定向赛是定向运动的一个新兴项目，具有观赏性强、技术性高、易参与、竞争激烈等特点。百米定向赛的线路一般长达 150～400 米，在大约 100 米×100 米的场地内进行，设置 15～25 个点标，预计胜出时间为 3～4 分钟。由于该比赛场地小、线路简单、时间短，因此运动员需要有出众的反应能力和奔跑速度，采用"全力奔跑，自信乐观，认真仔细，灵活转向"的战术。

二、团体定向赛战术

现在国内外团体定向赛主要有接力定向赛和团队定向赛两种。因本书篇幅有限，在此主要介绍接力定向赛的战术。接力定向赛的接力人数由比赛组织单位设定，我国既有比赛通常设定 3 名接力人员，也有比赛设定 2 名或超过 3 名接力人员。为充分发挥本队特点，获取好成绩，教练应熟悉本队队员的技术水平和心理状态，合理安排接力棒次。

第四节　定向运动竞赛规则与裁判法

定向运动在我国按照国际标准正式作为一项体育活动开展训练和比赛是在 1983 年。其竞赛规则在不断地修改与完善。总而言之，定向运动竞赛规则注重体现比赛的公平性，运动员不能借助外部因素，应独立完成比赛。下面对一些常见的规则进行简单的介绍。

一、项目

项目一般按比赛持续时间划分为长距离赛、中距离赛、短距离赛、百米定向赛、其他距离赛。

二、安全

运动员应充分认识定向运动存在的潜在危险，考虑自身安全参加比赛的能力，并根据竞赛规程的要求购买保险，自行承担赛事风险。组委会（竞赛委员会）应在竞赛规程中说明赛事中可能存在的安全风险，如果不能在竞赛规程中说明，则应以补充通知的形式告知运动员。组委会（竞赛委员会）应在竞赛规程中对运动员的身体健康检查做出规定，并在运动员报到时进行确认。凡是身体条件不合规定的或不能提交身体检查证明的运动员不得参赛。

三、组别

运动员可按性别、年龄、线路难度分组，如按性别可分为女子组和男子组。

四、参赛办法

运动员必须在相关部门进行注册，持运动员注册证参加比赛。不符合竞赛规程规定的运动员不得参赛。没有按规定购买保险的运动员不得参赛。

五、出发顺序

间隔出发是指运动员按相等的时间间隔逐一出发。集体出发是指同一组别的所有运动员同时出发。在接力赛中，集体出发方式仅适用于第一棒队员。在间隔出发的比赛中，运动员出发顺序应在赛事监督和总裁判长的监督下，通过抽签决定。出发抽签可以是公开的，也可以是保密的。抽签可用电脑操作，也可手工操作。在集体出发的比赛中，应首先为每种线路组合分配出发号码，然后通过抽签决定运动员的出发号码。

六、场地

比赛区域包括起点区、赛场、终点区在内的所有区域。任何与比赛有关的人员不得以任何理由进入禁区。如有特殊情况需进入禁区，应向组委会（竞赛委员会）提出申请，得到许可后方可进入。

七、地图

地图、线路符号和其他叠印符号应根据《国际定向运动地图规范》或《国际短距离定向运动地图规范》测绘和印制。与规范不符的内容应得到中国定向运动协会的许可。在地图印制后，如有可能影响比赛的地图错误或比赛场地变化，须用叠印符号说明，并同时在领队、教练员和裁判长联席会议上说明。比赛地图应防水耐用。

八、线路

线路的标准应与比赛级别和组别的要求一致。线路应能检验运动员的定向技能和奔跑能力、体现运动员各种各样的定向技术。在个人赛中，运动员的检查点组合可以不同，但所有运动员的总线路应相同。线路设计员不应鼓励运动员采取诸如穿越障碍物或禁区等不公平的行为。

九、禁止通行区

禁区或危险区、禁止通行的线路、禁止穿越的线状地形特征等都应标示在地图上，如有必要，也应在实地中标出。运动员禁止进入、穿越这些区域，或沿这些区域行进。必经线路、通过点和通道都应清晰标示在地图和实地中，运动员应通过线路上所有被标记部分的全程。

十、检查点说明

检查点在实地中的准确位置应用检查点说明详细描述。检查点说明应按各线路的正确顺序粘贴或打印在比赛地图正面。反映检查点位置的特征应明显不同于周围的地形，并标记在地图上。检查点应设置在运动员能用与地图比例尺一致的精确度、地图上出现在检查点附近的细节定位的位置，并且应设置在运动员打卡时不会让正在附近寻找该点的其他运动员获利的位置。

地图上的检查点应在实地明确标示，并配备能证明运动员到达的电子打卡器和机械打卡器。每个检查点应用点标旗标示。点标旗由 3 个按三角形排列的正方形组成，每个正方形的大小为 30 厘米×30 厘米，并沿其对角线分为右上部的白色和右下部的橙色。点标旗应悬挂在地图上标明的与检查点说明一致的特征的某一位置。当运动员看到检查点说明描述的位置时，应能看到点标旗。点标旗应悬挂在上缘离地面不超过 1 米，下缘不低于 0.4 米的高度。两个检查点间的距离不能小于 30 米。两个位置相似或看起来有相似特征的检查点间的距离不能小于 60 米。

十一、打卡系统

只有传统的针式打卡系统和得到国际定联或中国定向运动协会认可的电子打卡系统才能用于比赛。检查卡在运动员报到时分发。如采用电子打卡系统，应在模拟赛或赛前为运动员提供练习机会。比赛地图上应提供备用检查卡。备用检查卡应带有 3 个清晰的打卡位置，每个打卡位置的边长不应小于 18 毫米。运动员对在每个检查点准确打卡负责。运动员应使用组委会（竞赛委员会）提供的打卡系统准确打卡，证明自己通过了检查点。如使用备用检查卡，应在打卡位置中间打卡。打在打卡位置外或大部分打在打卡位置外无效。

十二、出发

一般情况下，个人赛和团队赛采用间隔出发，接力赛采用集体出发。在百米定向赛中，不同组别的比赛可以采用不同的出发形式，但精英组的比赛应采用分组集体出发。采用间隔出发的团队赛中，同一团队的成员集体出发。起点区最好按签到处、隔离区和出发区进行设置。出发区应按检录处、就位区和待发区及出发线设置。在隔离区与出发区间应设置通道或通过点。

十三、终点和计时

运动员身体的任何部位越过终点线或在终点打卡器上完成打卡，即表示比赛完成。应用彩带或绳子隔离出通往终点的冲刺通道，冲刺通道的最后 20 米应是直道。终点线至少应有 2 米宽，并与冲刺通道垂直，位置应准确醒目。运动员通过终点后应上交比赛地图，并在成绩处录入成绩，打印成绩条。终点计时以运动员身体的任何部位抵达终点线后沿垂直面的瞬间，或以运动员在终点打卡器上打卡时检查卡记录到的时间为准。

十四、犯规

有下列行为之一者即为犯规，应取消比赛资格。

（1）有意妨碍他人比赛（包括有同一性质的其他任何不良言行）者。

（2）蓄意损坏点标、点签和其他比赛设施者。

（3）比赛中搭乘交通工具行进者。

（4）未通过全部检查点，并伪造点签图案者。

十五、违例

有下列行为之一者被视为违例，裁判人员应给予警告。裁判人员将根据违例的性质和程度，采取从降低成绩直至取消比赛资格的处罚。

（1）在出发区越位（提前）取图和抢先出发者。

（2）接受别人的帮助，如指路、寻找点标、使用点签者。

（3）为别人提供帮助，如指路、寻找点标、使用点签者。

（4）为从对手的技术中获利，故意在比赛中与对手同路或跟进者。

（5）故意不按比赛规定顺序行进者。

（6）不在规定位置佩戴号码布者。

十六、成绩无效

有下述情况之一者，比赛成绩将被判为无效。

（1）有证据表明在比赛前勘察过线路者。

（2）未通过全部检查点，即检查卡片上点签图案不全者。

（3）点签图案模糊不清，确实无法辨认者。

（4）在检查卡片上不按规定位置使用点签者。

（5）在比赛结束（终点关闭）前不交回检查卡片者。

（6）超过比赛规定的终点关闭时间（检查点一般也在同一时间撤收）而尚未返回终点者。如确系迷失方向，应向附近任意一条大路或原检查点位置靠拢，等候工作人员的处置。